필독서
시리즈
05

2028 대입 개편 반영, 현직 고등학교 선생님들이 직접 고른

생기부 필독서 100

주경아 × 정재화 × 방희조 × 이재환 × 이현규 지음

KB208004

센시오

독서로 채우는
완벽한 생기부 시나리오

"생기부 잘 만들려면 어떻게 해야 하나요?"

입시를 준비하는 학생과 학부모들이 가장 간절히 묻는 질문 중 하나일 것입니다. 대학이 학생부종합전형, 즉 '학종'으로 학생을 선발하기 시작한 지 20년 가까이 되면서 필연적으로 선발 방식과 생기부에도 많은 변화가 뒤따랐습니다.

한때는 봉사가, 또 한때는 수상이 생기부에서 중요한 영역을 차지한 적도 있습니다. 하지만 최근 입시에서 가장 주목받는 영역은 단연 '세특(세부능력 및 특기사항)'일 것입니다. 대입의 공정성 때문에 생기부 각 영역에 기재할 수 있는 글자 수는 점점 축소되고 있지만, 세특은 그렇지 않습니다.

예를 들어 과세특의 경우, 각 과목 선생님들이 500자 분량의 내용을 교과목별로 작성하게 되므로 그 기록이 3년간 완벽하게 쌓인다면 어마어마한 양과 영향력을 갖추게 됩니다. 다시 말해 '세특이 생기부의 대부분을 차지한다'고 해도 과언이 아닙니다. 대입 제도의 변화로 생기부가 곧 교사 추천서이자 자기소개서의 역할을 하게 된 지금, 학생들은 세특을 결코 소홀히 할 수가 없습니다.

세특을 작성하는 것은 전적으로 교사의 재량입니다. 특히 과목별 세특은 교과 교사가 수업을 통해 했던 활동들, 수행평가 등과 연계하여 작성합니다. 그렇다면 과세특을 통해 학생들은 무엇을 보여줄 수 있을까요? 어떻게 하면 입학사정관에게 자신을 매력적으로 어필할 수 있을까요? 그것이 결국 '좋은 세특', '좋은 생기부'를 가르는 열쇠가 됩니다.

한마디로 답하자면, 교과 수업 중 배운 내용이 심화되고 확장된 모습이 과세특을 통해 녹아들어야 합니다. 여러 가지 방법이 있을 테지만, 그중에서도 가장 효과적이고 매력적으로 학생의 역량과 노력을 드러낼 수 있는 방법이 바로 '독서를 통한 확장'입니다.

교과 수업을 통해 다양한 의문점이나 더 알고 싶은 내용이 생겼을 때, 지식을 확장하기 위해서 관련 책을 찾아 읽고 부족한 부분을 채워나가는 자기주도적 탐구 과정을 보여주는 것.

바로 과세특을 위한 '완벽한 시나리오'라 할 수 있습니다.

이 책은 과목별 현직 교사 다섯 명이 머리를 맞대고서, 학생들이 최선의 생기부를 만들도록 돕기 위해 만들었습니다. 과목별 세특에 도움이 될 만한 책들을 추천하고, 이를 세특에 활용할 구체적인 방법들을 찬찬히 조언하고자 합니다.

당장 어떤 책을 골라 읽어야 할지 선택조차 어려운 학생부터, 상당한 독서량을 갖추었으나 심화된 독후 활동으로 연결지을 아이디어를 고민하는 학생들까지, 이 책에서 현실적인 가이드라인을 찾을 수 있을 것입니다. 이 책에 수록한 100권의 책들은 서울대 필독서, 베스트셀러, 교실에서 학생들이 많이 읽고 반응이 좋았던 책, 그리고 교과 교사들이 추천하는 책들 중에서 엄선했습니다. 청소년 필독서나 대입 필독서로 너무 많이 알려져서 누구나 생기부용으로 염두에 둘 만한 책들은 최대한 배제하려 했습니다. 여기에 시대상을 반영하여 지금, 현재를 살아가는 우리가 읽고 지식을 더하기에 좋을 만한 책들 위주로 골랐습니다.

또한 그 책을 읽고 학생들이 고민해보면 좋을 내용, 책을 매개로 창의성과 역량을 보여줄 수 있는 심화 활동들을 100권의 책마다 일일이 제시했습니다. 함께 읽으면 좋은 책들도 소개했으니, 이를 참고하여 교과목의 내용을 확장해도 좋고 여기에서 제시한 방법으로 다른 책들을 통해 탐구해도 좋겠습니다.

'자기주도적 학습을 통한 창의성의 발현'만큼 생기부에서 매력적인 요소는 없습니다. 이 책에서는 학생들이 그러한 매력을 세특에 충분히 반영할 수 있도록 구체적인 사례를 실었으니 꼭 참고하길 바랍니다.

100권의 필독서는 전공계열별이 아닌 과목별로 엮었습니다. 이는 통합적 사고를 중시하는 현재의 트렌드를 반영한 것입니다. 공대생이라고 해도 인문학에 대한 이해가 없다면 자신의 영역에서 최고의 자리에 오르기 힘듭니다. 문과생이라 하더라도 수학과 과학에 대한 기본적인 이해가 없다면 자신의 스토리를 확장시켜 나가는 데 한계가 있습니다. 그렇기에 엔지니어가 꿈이라고 해서 그 계열과 관련된 책만 읽고 탐구하는 것은 시대의 추세에 맞지 않습니다. 엔지니어에게도 심리학과 사회학은 중요하며 경영학도에게도 메타버스, 블록체인 AI의 개념은 중요합니다.

과거 생기부에서는 자신의 진로를 미리 정하고 고등학교 3년 동안 그 진로 하나를 향해 성실히 나아가는 모습을 이상적으로 보았다면, 지금 대학에서 학생들에게 요구하는 자질은 그 결이 다릅니다. 설사 진로를 미리 확정하지 않았더라도 다양한 학문적 영역을 탐색하고 이를 통해 창의성을 드러내고자 노력하는 과정을 보여주는 것을 더 이상적으로 봅니다.

　AI와 컴퓨터가 많은 일을 해결해주는 시대가 왔지만, 인간만이 할 수 있는 생각의 확장은 아직 AI가 따라가지 못합니다. 기업들은 인간 고유의 영역이 빛나는 창의적인 인재를 찾기 위해 노력하며 이는 대입에서도 다르지 않습니다. 이렇게 급변하는 사회 속에서, 학생들의 개성과 창의성을 보여줄 수 있는 포트폴리오가 각광 받는 것은 어쩌면 당연한 일일지도 모릅니다.

　그러므로 이 책에서 과목별로 소개하는 책들을 하나의 진로, 하나의 교과목에만 끼워 맞추려 하지 말고 과목 간의 연결고리를 찾아내어 교과통합 주제를 탐색해보았으면 합니다. 무엇보다 이 책을 통해 '막막'하던 책읽기가 '만만'해졌으면 좋겠습니다. 이 한 권의 책이 계기가 되어, 학생들이 자신의 진로나 심화 활동과 관련 있는 책들을 거침없이 탐색한다면 좋겠습니다. 책의 안내를 따라 후속 활동으로 이어나가는 과정에서, 생기부만을 위해 책을 읽는 것이 아니라 나의 꿈을 찾고 미래를 계획할 수 있는 바탕을 마련했으면 하는 바람입니다.

　세상이 복잡할수록 가장 중요한 것은 '기본'입니다. 그리고 학문의 기본은 '독서'입니다. 학생들에게 특히 확장적 독서를 권하고 싶습니다. 교실에서 배운 것에 그치지 않고, 책이라는 도구를 통해 더 많은 지식을 스스로 알아가는 것. 가장 단순하고 이상적인 학습이라 할 수 있습니다.

어떤 학생이든 이런 생각을 가지고 있다면, 이를 생기부에 녹여내는 것은 어렵지 않을 것입니다. 학생들의 그 여정에 이 책이 좋은 길잡이 역할을 할 수 있다면 좋겠습니다.

차례

PART 3

인문사회 계열
책 읽기

PART 4 과학 계열 책 읽기

수학 계열 책 읽기

PART
1

확 바뀐 입시 제도,
독서가 생기부의 질을
좌우한다

어떤 전형을 노리든
생기부와 독서를 놓으면 안 되는 이유

◆ 급변하는 입시제도 속에서 기억해야 할 한 가지 ◆

2024학년도에 이어 2028학년도 대입에서도 큰 변화가 예고되었습니다. 연달아 급격하게 변화하는 입시 제도 속에서 학생들은 저마다 진로와 적성을 어떻게 탐색하고 드러내야 할지, 내신과 생기부는 어떻게 챙겨야 할지 고민이 많습니다. 학부모들도 어느 장단에 맞춰야 할지 모르겠다고 토로하는 모습을 흔히 접합니다. 그러나 변화하는 제도 안에서도 확실한 것들이 있습니다. 입시 제도의 큰 흐름과 줄기를 알면 세부적인 변화에 초조해하거나 휘둘리지 않고 차분히 입시를 준비할 수 있습니다. 다음 페이지의 표를 먼저 살펴볼까요?

표준 대입전형 체계

전형 유형	주요 전형 요소
학생부 위주	학생부교과: 교과 중심
	학생부종합: 교과, 비교과
논술 위주	논술 등
실기 · 실적 위주	실기 등
수능 위주	수능 등

대입 전형 체계를 보면 '학생부 위주' 전형과 '논술 위주' 전형은 수시에 해당합니다. '학생부 위주' 전형은 학생부 교과 전형과 학생부 종합 전형이 있습니다. '수능 위주' 전형은 정시에 해당합니다. '실기 · 실적 위주' 전형은 수시와 정시 모두에 해당하는데 대부분 예체능 분야이며 제한적으로 특기자 전형이 포함됩니다.

이들 전형 가운데 이 책에서 중점을 두는 것은 '학생부종합전형(학종)'입니다. 학종은 입학사정관 등이 참여해 학교생활기록부(입시 전형에서는 학생부라는 용어를, 학교 현장에서는 주로 생기부라는 용어를 사용합니다)를 종합적으로 평가해 선발하는 전형입니다. 학생부 '교과' 전형은 학교생활기록부 교과의 교과성적(내신)을 중심으로 하는 '정량' 평가이고, 학생부

'종합' 전형은 내신뿐 아니라 생기부의 모든 영역을 종합적으로 평가하는 '정성' 평가입니다. 학종은 한마디로 '생기부 종합 예술'이라 표현할 수 있습니다. 학생의 학교생활 단면들을 보여주는 생기부의 영역 하나하나가 모두 중요하기 때문입니다.

대다수 대학에서 학생부교과전형의 내신 커트라인이 학생부종합전형 커트라인보다 높게 나타납니다. 그 이야기는, 학생부종합전형은 내신 점수 외에 +a를 갖추었다는 뜻으로 해석할 수 있다는 것입니다. 학생부교과전형의 경우 정해진 내신 점수만큼만 합격을 보장해 주어서 상향 지원을 하기 어렵지만, 학종은 내신 점수 대비 상향 지원할 수 있는 여지가 있습니다.

실제로 고3 학생들을 지도한 경험에 따르면, 설령 종합전형 준비가 덜 되었더라도 수시에 지원할 수 있는 여섯 개 카드 중에 두 개 정도는 학종에 지원하는 것이 보통입니다. 일찌감치 학종을 선택지에서 지워버린 결과 생기부를 잘 관리하지 못한 것을 후회하는 학생들을 많이 보았습니다. 학생부종합전형은 내신과 더불어 교과서 너머의 다양한 지식과 적극적인 학교 활동을 요구합니다. 긴 고등학교 시절 3년 동안 다양한 활동을 계획하고 도전해본다면, 한 걸음 한 걸음 도전하고 성취한 내용들이 쌓여 큰 자산을 이룰 수 있을 것입니다.

그렇다면 학생부종합전형이 아닌 학생부교과전형이나 정시를 목표로 하는 학생들은 생기부에 신경을 쓰지 않아도 될까요? 결론을 말하자면, 그렇지 않습니다. 그 이유를 좀 더 자세히 설명해보겠습니다.

◆ 내신파도 정시파도, 생기부를 놓치면 안 되는 이유 ◆

최근 정시 비중이 늘어나면서 내신보다 수능에 강점이 있다고 생각하는 학생들이 정시를 입시 전략으로 택하기도 합니다. 하지만 내신 등급과 모의고사(전국연합학력평가)를 비교했을 때 모의고사 등급이 더 뛰어난 학생들은 그리 많지 않습니다. 그렇기 때문에 고등학교 1, 2학년 때 내신 관리를 잘 하지 않은 학생이 정시로 원하는 대학에 입학하기를 바라는 것은 어불성설이라 할 수 있습니다.

2024학년도 서울대 정시모집 최초 합격자 중 고3 재학생의 비율은 38.1%였던 것에 비해 N수생의 비율은 59.7%에 달했습니다. 이 수치의 차이만 봐도 현실이 어떤지 잘 알 수 있습니다. 실제로 영재고나 특목고 학생들은 고등학교 3년간 모의고사에 응시하지 않는 경우가 많으며, 대신 다양한 교육과정과 수업 및 학생 활동에 집중하면서 학생부종합전형을 준비하곤 합니다.

정시를 준비하는 학생들도 생기부를 관리해야 하는 이유는 '2025학년도 서울대학교 신입학생 안내'만 보아도 확실히 알 수 있습니다.

서울대학교는 정시모집 수능 위주 전형 중 지역균형전형은 교과 평가를 40%, 일반 전형은 2단계에서 교과 평가를 20% 반영한다고 되어 있습니다. 그중 교과 이수 현황, 교과 학업성적, 세부능력 특기사항(세특)을 반영하여 학생의 학문 분야에 필요한 교과 이수 및 학업 수행의 충실도를 평가한다는 내용입니다. 세특을 평가한다는 것은 곧 생기부를 적극 참고하겠다는 이야기이므로, 이는 곧 정시에서도 생기부 관리를 해야 하는 이유가 됩니다.

2024학년도 대입부터 자기소개서가 일괄 폐지되어 생기부를 통해 자신을 잘 알리는 일이 더욱 중요해졌습니다. 그렇기 때문에 학생들은 생기부를 관리하고 만들어내는 일에 집중해야 합니다. 다양한 활동을 수행하면서 자신의 성향을 파악하고, 어떤 분야에 관심이 있는지 고민하며 의미 있는 진로 탐색의 기회로 삼길 바랍니다.

2025 서울대학교 정시모집 교과평가

1. 교과평가 활용 전형

정시모집 지역균형전형		정시모집 일반전형		
수능	교과평가	1단계	2단계	
		수능	1단계 성적	교과평가
60	40	100%	80	20

2. 평가 자료

학교생활기록부, 교육과정 편성표, 학교생활기록부 대체 서식 등

3. 평가 항목

① 과목 이수 내용

평가 내용	교과학습발달상황 영역
• 교과(목)별 위계에 따른 선택 과목 이수 내용 • 진로·적성에 따른 선택 과목 이수 내용	교과(목) 이수 현황

② 교과 성취도

평가 내용	교과학습발달상황 영역
• 기초 교과 영역 및 모집단위 관련 교과 성취도의 우수성을 평가함 • 과목 수준, 수강자 수, 원점수, 평균(표준편차), 성취도별 분포비율 등을 고려함	교과(목) 학업성적

③ 교과 학업 수행 내용

평가 내용	교과학습발달상황 영역
• 교과(목)별 수업 활동에서 나타나는 학업수행의 충실도를 평가함	세부능력 및 특기사항

28

◆ 새롭게 시행되는 고교학점제, 어떻게 대비해야 할까요? ◆

학생 스스로 자신의 기초 소양과 학력을 바탕으로 진로와 적성에 따라서 과목을 선택하고, 이수 기준에 도달한 과목에 대해 학점을 취득해서 졸업할 수 있는 제도가 '고교학점제'입니다. 이전까지는 주어진 교육과정에 따라 모든 학생이 거의 비슷한 수업을 들었다면, 앞으로는 학생 각자가 원하는 진로에 따라 원하는 과목을 선택해서 수업을 듣게 된다는 의미입니다. 획일적인 교육을 지양함으로써 학생의 동기와 흥미를 유발하고 다양성을 고려해 미래 사회에 필요한 역량을 기르기 위해 마련된 제도입니다.

다시 말해 고교학점제란, 고등학교 교과과정 및 과목이 대학처럼 학생의 진로와 전공 관심사에 따라 세분화되고 좀 더 학생 친화적으로 바뀌는 것이라고 이해하면 될 것입니다. 고등학교 1학년 때는 대개 공통과목 중심 교과목이 편성되고, 2학년 때부터 선택과목 중심으로 편성이 이루어지므로, 1학년 동안 나중에 어떤 선택과목을 수강할지 미리 고민해둘 필요가 있습니다.

현재도 2학년 때부터 선택과목에 따라 해당 교실로 이동해 수업을 듣는 학교가 많으며, 2022 개정 교육과정을 따르는 2025년 입학생부터는 고교학점제가 전면 시행됨에 따라 한층 밀도 있는 고교학점제가 도입됩니다. 이제는 고등학교 3년 동안 총 192학점을 이수해야 졸업할 수 있으며, 고등학교 교육과정의 편성이 달라지고 교과도 재구조화됩니다.

고등학교 졸업에 필요한 192학점은 교과 174학점(필수이수학점 84학점, 자율이수학점 90학점)과 창의적 체험활동 18학점으로 구성됩니다. 고교학점제에 대한 구체적인 내용과 과목 안내는 에듀넷(www.edunet.net)을 참고하기 바랍니다.

고교학점제 안착을 위해서 지역 교육청은 학생의 과목 선택권을 최대한 보장하고 원하는 과목을 수강해 듣는 것을 지원하기 위해 여러 노력을 기울이고 있습니다. 진로와 적성에 따른 다양한 과목을 개설하고 소속 학교에 개설되지 않은 과목도 수강할 수 있도록 돕습니다. 지역별 공동교육과정, 온라인 학교, 지역 및 대학 연계 프로그램 등 교육청 지원 프로그램을 잘 활용해서 자신이 원하는 과목, 꼭 필요한 과목들을 수강하기 바랍니다. 자신이 원하는 학과에 진학하는 데 필요한 과목을 이수했는지, 진로 탐색에 얼마나 적극적으로 노력했는지를 알 수 있는 부분이기도 하기 때문입니다. 지역 교육청 또는 대학교의 과목 선택 가이드북을 참고해서 계열별로 어떤 과목을 선택해 공부하면 좋을지 알아보기를 바랍니다. 인문·사회, 자연과학 및 공학의 다양한 계열이 소개되어 있습니다.

특정 교과목을 선택하고 싶어도 자신이 속한 학교에는 개설되지 않은 경우가 있을 것입니다. 이때 도움을 받을 수 있는 것이 학교 간 공동교육과정입니다. 학생이 진로와 적성에 따라 희망 과목을 수강할 수 있도록 과목 선택권을 최대한 보장하기 위한 제도입니다. 단위 학교에서 개설이 어려운 소인수·심화 과목 등을 학교 간 연계 및 협력을 통하여 운영하는 교육과정인 셈입니다. 거점형, 학교 연합형으로 주로 운영되며 온라인까지 있어 물리적·시간적 한계를 극복한 실시간 쌍방향 온라인 수업이 가능합니다.

학교 간 공동교육과정이 갖는 의미는 학교 여건상 미개설된 과목을 수강할 수 있다는 데 그치지 않습니다. 물리학 실험, 국제정치 등 전문교과는 대부분 고등학교에서 개설되기 쉽지 않습니다. 이런 교과를 학교 간 공동교육과정을 통해 이수하면 학종 평가 때 진로와 연계된 교과 지식이 풍부해진 점과 더 적극적으로 진로와 관련된 교과를 이수한 노력 등을 높게 평가받을 수 있습니다. 이 점이 학교 간 공동교육과정을 추천하는 이유입니다.

각 지역 교육청은 지역 유관기관 및 대학들과 업무 협약을 맺어 다양한 교과목 및 진로 연계 프로그램을 개발하고 있습니다. 지역 사회의 교육 자원을 활용해 진로 심화 탐색을 돕는 교육 프로그램을 제공하는 것이죠. 당분간은 생기부 기록이 가능한 진로 연계 프로그램에 한계가 있겠지만, 앞으로는 더욱 다양하고 폭넓은 선택지가 마련돼 학생들이 더 활발히 수강할 수 있게 될 것입니다.

공립 온라인 학교도 속속 늘어나는 추세입니다. 다양한 과목을 시간제 수업으로 제공하는 새로운 형태의 학교입니다. 소인수 과목, 신산업 신기술 분야 과목 등 개별 학교에서는 개설이 어려운 과목을 중심으로 운영하고 정규 일과시간 내를 기본으로 하되 탄력적으로 운영되며, 졸업 이수 학점에 포함됩니다. 온라인 학교 수업을 수강한 학생의 학적 및 졸업, 학력 인정 등은 학생이 재학 중인 소속 학교에서 이루어집니다.

◆2028 대입개편안, 생기부와 세특은 갈수록 중요해집니다◆

2023년 12월 27일 교육부는 '미래 사회를 대비하는 2028 대학입시제도 개편 확정안'을 발표했습니다. 2025학년도 고등학교 1학년부터 적용되는 이 개편안에 따라, 대입의 핵심인 내신과 수능에 큰 변화가 생겼습니다. 내신에서는 5등급 절대평가(A~E등급)와 상대평가(1~5등급)를 함께 기재하는 것으로 변화되었습니다. 쉽게 말해 9등급제에서 5등급제로 개편된 것입니다.

내신 5등급제 개편은, 학령 인구가 줄어드는 상황에서 과도한 경쟁을 줄이는 것이 목적입니다. 5등급제에서는 상위 10%까지 1등급을 받게 됩니다. 9등급제에서 4%까지 1등급, 누적 11%까지 2등급이었던 것과 비교하면 차이를 실감할 수 있습니다.

현행 9등급제		개편 5등급제	
1등급	4%	1등급	10%
2등급	7%		
3등급	12%	2등급	24%
4등급	17%		
5등급	20%	3등급	32%
6등급	17%		
7등급	12%	4등급	24%
8등급	7%		
9등급	4%	5등급	10%

이렇게 상대평가의 급간이 늘어났기 때문에, 학생의 실력을 내신으로 세밀하게 구분할 수 없게 되었습니다. 다시 말해, 내신 등급에 따라 정량적으로 평가하는 교과 점수의 의미가 줄어든 셈입니다. 내신 등급의 변별력 자체가 줄어든다는 것은, 생기부 비중이 더 커질 수밖에 없다는 의미이기도 합니다. 특히 사회와 과학 교과의 융합선택 과목 9개와 체육 · 예술/

대입전형자료 구성안

구분	학교생활기록부					
	절대평가		상대평가	통계정보		
	원점수	성취도	석차등급	성취도별 분포비율	과목평균	수강자수
보통교과	○	A·B·C·D·E	5등급	○	○	○
사회 과학 융합선택	○	A·B·C·D·E	-	○	○	○
체육 예술/ 과학탐구실험	-	A·B·C	-	-	-	-
교양	-	P	-	-	-	-
전문교과	○	A·B·C·D·E	5등급	○	○	○

* 과목별 평가 정보: 지필평가-수행평가 비중, 수행평가 영역명, 성취도별 분할점수
* 교육과정 운영상 특이사항: 과목 개설 유형(공동교육과정, 온라인학교, 학교 밖 교육 등), 과목 이수 상황(출석률 미달로 인한 추가학습 이수, 미이수, 대체이수 등), 학적 변동(편입, 전학 등)으로 인한 이수과목 차이 등

과학탐구실험, 교양 과목은 절대평가만 실시합니다. 탐구와 문제 해결 과정을 중심으로 수업을 내실 있게 운영한다는 취지입니다. 내신 5등급제로 변화함에 따라 세특의 중요성은 더욱 강조될 수밖에 없습니다.

다음으로, 수능 개편 확정안을 살펴보겠습니다. 가장 두드러지는 변화는 선택과목제를 폐지하는 통합형 수능으로 개편된다는 점입니다. 기존의 수능 체제에서는 학생들이 어떤 과목을 선택하느냐에 따라 상대적으로 유리하거나 불리한 상황이 발생했는데, 이런 문제를 해소하기 위해 모든 응시자가 동일한 과목으로 시험을 치르게 한다는 것입니다.

지금까지는 학생의 진로와 관심에 따라 국어, 수학, 탐구 영역에서 원하는 과목을 선택할 수 있었으나, 2028학년도부터는 선택과목이 폐지되고 어느 전공 계열을 희망하든 누구나 동일한 수능시험을 치르게 됩니다. 심화수학(미적분Ⅱ, 기하) 도입 여부를 추가 검토하였지만, 최종적으로는 제외하는 것으로 결정되었습니다. 결국 수학에서 미적분Ⅱ와 기하가 제외되며, 탐구에서도 선택과목이 폐지되고, 1학년 공통과목인 통합사회와 통합과학을 모든 학생이 치르게 됩니다.

교육부는 2028 수능 예상 문제를 공개하면서 융합적 사고를 강조했습니다. 하지만 대학교에서 배우는 내용과 직결

2028학년도 수능 개편 확정안

영역		현행(~2027 수능)	개편안(2028 수능~)
국어		공통 + 2과목 중 택1 • 공통: 독서, 문학 • 선택: 화법과 작문, 언어와 매체	공통 (화법과 언어, 독서와 작문, 문학)
수학		공통 + 3과목 중 택 1 • 공통: 수학Ⅰ, 수학Ⅱ • 선택: 확률과 통계, 미적분, 기하	공통 (대수, 미적분Ⅰ, 확률과 통계)
영어		공통 (영어Ⅰ, 영어Ⅱ)	공통 (영어Ⅰ, 영어Ⅱ)
한국사		공통 (한국사)	공통 (한국사)
탐구	사회·과학	17과목 중 최대 택 2 • 사회: 9과목 한국지리, 세계지리, 세계사, 동아시아사, 경제, 정치와 법, 사회·문화, 생활과 윤리, 윤리와 사상 • 과학: 8과목 물리학Ⅰ, 화학Ⅰ, 생명과학Ⅰ, 지구과학Ⅰ, 물리학Ⅱ, 화학Ⅱ, 생명과학Ⅱ, 지구과학Ⅱ	• 사회: 공통 (통합사회) • 과학: 공통 (통합과학)
	직업	1과목: 5과목 중 택 1 2과목: 공통 + [1과목] • 공통: 성공적인 직업생활 • 선택: 농업기초 기술, 공업 일반, 상업 경제, 수산·해운 산업 기초, 인간발달	• 직업: 공통 (성공적인 직업생활)

* 파란색으로 표기한 과목은 2028 개편안에서 수능 미포함

되는 과목들이 제외된 결과, 내신뿐 아니라 수능의 변별력 또한 약화될 것으로 예상됩니다. 학생의 선택을 강조하는 고교학점제에 역행하고, 정시 부담이 줄어들면서 공교육이 다시 약해질 수 있다는 우려도 제기되는 상황입니다.

 2028 대학입시제도 개편 내용을 종합해보면, 내신과 수능 모두 영향력이 줄어드는 방향으로 변화가 이루어짐을 알 수 있습니다. 그렇다면 그 영향력을 어디에서 새롭게 채울 수 있을까요? 또한 공교육의 테두리 안에서 고교학점제의 취지를 살리기 위해 어떤 부분을 강화해야 할까요?

 이에 대해서는 대학들이 나서서 면접, 서류(생기부), 수능 최저 강화, 본고사 부활 등 여러 방안을 마련할 것입니다. 그중에서도 학생들이 주목해야 할 가장 유력한 방법이 바로 '생기부 평가 강화'입니다.

 2028 대학입시제도 개편 확정안 이후 2024년 11월 20일, 서울대학교는 '2028학년도 대학 신입학생 입학전형 주요 사항(안)'을 발표했습니다. 그중 지역균형전형(안)을 자세히 살펴보겠습니다.

	1단계	2단계	
지역균형전형	서류평가	1단계 성적	면접 평가
	100% (3배수)	70점	30점
일반전형	100% (2배수)	100점	100점
기회균형전형 (사회통합)	100% (2배수)	70점	30점

정시모집

지역균형전형	일반고 2명 이내 추천	수능	교과역량평가
		60점	40점
일반전형	1단계	2단계	
	수능	수능	교과역량평가
	100% (3배수)	60점	40점
기회균형전형 (농어촌/저소득)	수능 최저학력기준 폐지	수능	교과역량평가
		60점	40점

　　수시모집 지역균형전형에서는 고교별 추천 인원이 확대되어, 서류평가(생기부)의 중요성이 커질 전망입니다. 고교별 추천 인원은 늘어나는데 대학 선발 인원은 큰 변화가 없으니, 자연히 경쟁률이 높아집니다. 내신은 5등급제로 변화되어 더 치열해진 경쟁 속에서 변별력이 감소할 것이고, 나머지 요소

수시모집
고교별 추천 인원 확대
입학생의 수도권 편중을 완화하고 지역에서 고르게 인재를 선발하기 위해 고교별 추천 인원을 2명에서 3명으로 확대함.
수능 최저 폐지 및 SNU 역량평가 면접 도입
수능 최저학력기준을 폐지하고, 서울대학교가 추구하는 인재 역량을 다면적으로 심층 평가하기 위해 SNU 역량평가 면접을 도입함.

정시모집
모집단위 확대
정시모집 지역균형전형을 실시하는 모집단위를 확대함(모집단위 광역화 포함).
교과역량평가 강화
현행 교과평가를 교과역량평가로 강화하여 학생 역량을 심층적으로 평가함.

인 서류와 면접의 비중이 커지게 됩니다.

정시모집의 경우 지역균형전형과 일반전형 모두 교과역량평가가 40점으로 확대되었습니다(기존에는 지역균형전형 40점, 일반전형 20점). 개편된 수능은 선택과목을 배제하기 때문에, 고교학점제의 학생 선택 교육과정을 반영하지 못한다는 단점이 있습니다. 이를 보완하기 위해 학생들의 교과목 이수

내역, 학업 수행 내용의 수준과 깊이를 더 체계적으로 평가한 다는 것입니다. 이런 변화에 따라 학생들이 적성에 따라 전공을 선택하도록 유도하는 긍정적인 효과도 기대하고 있습니다.

서울대 외의 다른 대학들이 어떤 입학전형을 도입할지는 아직 결정되지 않았지만, 기준이 되는 서울대학교의 입학전형(안)을 통해 생기부가 여전히 중요하다는 사실을 확인할 수 있습니다. 2028 대학입시제도 개편에 담긴 큰 변화를 통해 다양한 변수가 발생하리라 예상됩니다. 하지만 분명한 한 가지는, 생기부는 여전히 대입에서 매우 중요한 상수가 될 것이라는 사실입니다.

간소화된 전형,
입학사정관들은 어디에 주목하는가?

♦생활기록부 반영 항목의 변화♦

생기부는 한 학생의 고등학교 활동 전반에 대한 기록을 담은 것입니다. 학생의 성장과 학습 과정을 상시 관찰하여 평가한 누가기록으로, 지원자의 고교 3년간의 학교생활을 이해하는 기초 자료가 됩니다. 대학은 학종에서 지원자의 역량을 평가하기 위해 생기부를 중요한 평가 자료로 활용합니다.

다음 표를 보면, 2024학년도 대입부터는 생기부에서 대입 자료로 활용하는 항목이 대폭 줄어드는 것을 알 수 있습니다. 학생들이 자율적인 활동을 통해 자신의 역량을 보여주는 용도로 활용되었던 자율동아리가 이제는 대입에 반영되지 않

생기부 반영 항목(2024학년도 대입 전형 기준)

교과활동		과세특 과목당 500자 / 개세특 500자 방과후 학교 활동(수강) 내용 미기재 영재 발명교육 실적 대입 미반영
행동특성 및 종합의견		연간 500자
비교과활동	자율활동	연간 500자
	동아리활동	연간 500자 자율동아리 대입 미반영 청소년단체활동 미기재 소논문 기재 금지
	봉사활동	특기사항 미기재 개인봉사활동 실적 대입 미반영 단, 학교 교육 계획에 따라 교사가 지도한 실적은 대입 반영
	진로활동	연간 700자 진로희망 분야 대입 미반영
	수상경력	대입 미반영
	독서활동	대입 미반영

* 미기재: 생기부에서 삭제. 미반영: 생기부에는 기재하되, 대입 자료로 미전송

출처: 2024학년도 대입정보 119(한국대학교육협의회)

으며, 공동체 역량을 보여주기에 적합했던 개인 봉사활동 실적 역시 반영되지 않을 예정입니다. 또한 희망하는 진로나 직업을 기재하는 진로희망 분야도 대학에 제공되지 않으며, 학

업 역량을 보여주었던 수상 경력, 학생이 읽은 책의 목록을 기재했던 독서 활동 항목도 반영되지 않습니다.

결국 대입에 반영되는 것은 과세특 과목별 500자, 개세특 500자, 행동특성 및 종합의견 500자, 자율활동 500자, (정규)동아리 활동 500자, 진로활동 700자뿐입니다. 교사 추천서와 자기소개서까지 폐지되었기 때문에, 이제는 생기부 자체가 교사 추천서이며 자기소개서의 역할까지 하게 된 셈입니다. 학생들이 진로나 개성을 드러내는 데 생기부는 더욱 절대적인 역할을 하게 될 것입니다. 다시 말해, 생기부에서 대입에 반영되는 항목들의 중요성은 상대적으로 더욱 커졌다고 볼 수 있습니다.

과목별 세부능력 및 특기사항

과목별 세부능력 및 특기사항, 즉 과세특은 각 과목별로 학생이 보여준 강점과 노력, 성장 등을 교사가 직접 관찰하고 기록한 것입니다. 모든 교과 교사가 모든 학생들을 대상으로 기록하며, 1년 동안 열 과목을 배운다면 모두 5,000자 분량이 되므로, 생기부의 대부분을 차지하는 가장 중요한 영역이라고 할 수 있습니다. 세특에는 학생의 교과 흥미나 학생이 수업 활동 중에 보여준 태도, 학습 참여도, 학업 역량, 진로 역량 등을 기재합니다.

창의적 체험활동

 창의적 체험활동은 자율활동, 동아리활동, 봉사활동, 진로
활동으로 이루어집니다. 이 중 봉사활동은 특기사항을 기재
하지 않으며 개인 외부 봉사활동은 대입에 반영되지 않으므
로 실질적으로 영향이 없다고 볼 수 있습니다.

 자율활동: 자율활동은 교내 행사나 활동 중 학생의 참여
도, 활동 의욕, 태도의 변화 등에 대해 기재하는 것입니다. 전
교 회장, 학급 회장 등 자치활동에 임한 학생이라면 자율활동
에 그 내용이 기재됩니다. 자율활동은 보통 학교교육계획에
의해 이루어지는 활동을 기록하기 때문에 학생들 대부분의
활동 내용이 비슷한 경우가 많습니다. 이렇게 되면 학생 개인
의 역량을 보여주기 힘듭니다. 비록 학교에서 단체로 하는 활
동이라 하더라도 각자 배우고 느끼는 바는 천차만별일 것입
니다. 활동에 적극적으로 참여하여 구체적이고 개별화된 내
용을 드러낸다면 좋은 평가를 받을 수 있습니다.

 동아리활동: 동아리활동은 교내 교육 계획에 따라 이루어
지는 동아리 활동만 대입에 반영됩니다. 진로와 관련된 동아
리에 가입하여 전공역량을 보여주는 활동을 하는 것이 바람
직하지만, 무조건 진로와 연관된 동아리에 가입해야만 대입

에서 좋은 평가를 받는 것은 아닙니다. 어떤 동아리든 활동에 적극적으로 참여하여 다양한 세상을 탐색하는 모습을 보이는 것도 의미가 있습니다.

진로활동: 진로활동은 학교에서 주최하고 주관하여 실시한 진로활동을 바탕으로 기재합니다. 희망하는 진로와 관련된 학생의 자질, 학생이 진로 활동 중에 수행한 노력과 결과, 또 학급 담임교사, 교과 담당교사 등이 관찰하고 평가한 내용을 기재할 수 있습니다. 학생이 어떤 진로를 목표로 삼았는지보다 '왜', '어떠한 계기로' 진로를 희망하게 되었는지를 설명하는 것이 중요합니다.

희망 진로는 언제든 바뀔 수 있습니다. 예를 들어 경제학과에 진학을 원하는 학생의 진로활동에 3년 내내 경제학과와 관련된 내용이 기재되지 않았다고 해서 불합격하는 것은 아닙니다. 진로가 바뀌었다 해도, 그 이유와 계기가 설득력 있게 기록되어 있다면 아무 문제가 없습니다. 진로활동은 진로를 탐색하기 위한 활동에 얼마나 충실하게 임했는지를 보여주는 항목이지 한번 정한 진로에 두 발을 묶는 항목이 아님을 이해해야 합니다.

진로활동은 유일하게 분량이 700자로, 다른 항목보다 200자가 더 많습니다. 다른 활동에 비해 진로활동의 비중이 더 크다는 사실을 간접적으로 알 수 있습니다.

행동특성 및 종합의견

행동특성 및 종합의견은 담임교사가 1년간 학생의 전반적인 학교 생활 태도를 관찰하여 학생의 학업, 인성, 행동 등의 성장과 변화를 기록하는 것입니다. 내용이 긍정적일지라도 근거 없이 추상적인 단어들로 글자 수만 채운다면 좋은 평가를 받기 힘듭니다. 구체적인 근거를 바탕으로 기록해야만 더 좋은 평가를 받을 수 있으므로, 학생들은 학교 생활에 충실한 모습을 보여줄 필요가 있습니다.

이렇게 생기부에 어떤 항목들이 포함되는지를 알고, 각 항목에 기재되는 내용을 잘 이해해야 학생들은 학교 생활을 현명하게 해나갈 수 있습니다. 학종에서 성패는, 3년간 생기부 내용이 어떻게 기재되느냐에 따라 판가름 납니다. 각 항목의 내용이 유기적으로 연결되며 대학에서 요구하는 역량이 잘 드러나도록 생기부를 구성할 필요가 있습니다.

교사마다 수업 방식과 평가 방식, 그리고 생기부 기록 방식이 모두 다릅니다. 그러므로 교사의 지도를 잘 따라가는 것을 넘어 더 넓은 시야를 가지고 질문하고, 그 해답을 찾기 위한 노력의 과정과 결과를 드러내는 적극성이 필요합니다.

책, 논문, 인터넷 등 다양한 매체를 활용하여 수업 내용을 발전시킨 심화 활동이나 진로 활동을 추가로 실행했다면 반드시 보고서를 작성하거나 포트폴리오를 만들어 교사에게 제출해야 합니다. 생기부는 교사가 작성하지만, 결국 본질적인 내용은 학생 본인이 만들고 제시하는 것입니다.

◆ 세부능력 및 특기사항의 중요성 ◆

생기부 항목들을 설명하면서 세특이 특히 중요하다는 이야기를 했습니다. 학부모님과 학생들도 생기부에서 '세특'을 잘 챙겨야 한다는 이야기를 들어보셨을 텐데, 세특에 대해서 잠시 설명하고 넘어가도록 하겠습니다.

세특은 학업과 관련된 지적 성장의 과정을 엿볼 수 있는 기록입니다. 세특은 크게 '과목별 세부능력 및 특기 사항(과세특이라고 줄여 부릅니다)'과 '개인별 세부능력 및 특기사항(개세특이라고 줄여 부릅니다)'으로 나눌 수 있습니다.

'과세특'은 교과 교사가 교과 시간에 한 활동, 수행평가 등을 바탕으로 학생의 발전 과정을 기록해줍니다. 과세특은 생활기록부에서 많은 분량을 차지하므로 가장 중요한 영역으로 꼽힙니다. 과세특은 교과 교사 재량이므로 그 시기와 방법은 다를 수 있습니다. 학기 중 수업 시간 동안의 활동 내용을 기록하는 경우도 있고, 학기 말 과제를 제시해주고 그 발표 내용을 기록하는 경우도 있습니다.

중요한 것은 교과 교사가 학기 초에 계획한 내용을 바탕으로 활동 내용을 기록한다는 데 있습니다. 그래서 수업 시간이 정말 중요합니다. 과제 제출형 기록의 경우에도 결국 학생 개인의 역량에 따라 그 내용이 달라지므로 주어진 과제를 성실하게 수행해나가는 것이 무엇보다 중요합니다.

'개세특'은 담임 교사가 기록해주는 것인데, 이는 학교마다 특색이 다릅니다. 개세특에 어떤 내용을 기록할지 학기 초에 계획을 세워 자율적 교육과정을 운영하기 때문입니다. 이때 학생들의 독서 기록을 받아서 진로와 연관된 구체적인 내용을 기록해주는 학교도 있습니다.

♦입학사정관이 말하는 좋은 세특이란?♦

2020년에 이루어진 공동연구에 따르면•, 세특이 학생부

• 건중한, 고교사업 기여대학 지원사업 공동연구 논문 〈학생부종합전형의 학생부 평가 방안 연구─세부능력 및 특기사항을 중심으로〉(2020)

종합전형의 평가에 미치는 영향력을 묻는 질문에 대해 교사의 90.5퍼센트와 입학사정관의 89.0퍼센트가 세특의 영향력이 크다고 응답했습니다.

세특에 어떤 사항을 중요하게 반영해야 하는가를 물었을 때 입학사정관들은 '과목에 대한 흥미, 진로 연계성', '학습 태도 · 성실성 · 참여도'에 높은 점수를 주었습니다. 학생이 배운 교과목을 얼마나 우수하게 학습했는가 하는 부분보다는, 학생 자신의 관심과 흥미를 바탕으로 질문과 답을 스스로 구성한 노력의 과정, 학습 태도 등이 세특에 잘 기술될 경우 변별에 도움이 된다고 응답했습니다.

세특 평가 시 지원자를 변별하는 데 가장 유용한 요소를 물었을 때는 '수업 내용과 연계된 탐구 활동에 대한 기술'과 '교과 성취 수준의 이해 및 성취도에 대한 기술'이라는 답변이 가장 많았습니다. 다시 말해, 수업 내용과 연계된 구체적인 탐구활동을 입학사정관들이 가장 높게 평가한다는 이야기입니다.

그렇다면, 학생들은 본인의 관심과 흥미를 바탕으로 어떻게 질문을 구성하고 탐구하는 과정을 보여줄 수 있을까요? 가장 효과적인 방법과 자료는 독서입니다.

입학사정관들이 실제 세특에 기재된 다양한 내용 중에서 평가에 가장 많이 활용하는 요소로 꼽은 항목은 '학생 제출 과제물 내용'과 '교과서 내용 기반의 응용 탐구 활동', 그다음으로는 '교과 수업 외 개인별 심화 학습 활동'과 '교과목 외 학교/학급별 탐구 프로젝트 내용' 순서로 나타났습니다. 과제물의 수준이나 제목보다는 주도성, 학업태도, 성실성, 문제해결력 등이 변별력의 기준이 된다고 응답했습니다.

입학사정관들이 말한 과제물은 학교에서 치르는 수행평가와 연계되는 경우가 많습니다. 이러한 수행평가에 다양한 독서가 활용되며, 이는 교과서 내용을 기반으로 응용 탐구 활동을 할 때도 마찬가지입니다. 실제로 학교에서는 과세특을 위한 프로젝트 수업이나 보고서 발표 등 다양한 활동을 하는데, 이때 책을 활용하는 경우가 많으므로 교과나 진로에 맞는 적절한 책을 선정하는 것은 정말 중요합니다.

◆ 세특의 평가 요소 항목들 ◆

대학에서는 생기부의 세특 내용을 통해 학생의 학업역량, 전공적합성, 발전가능성 등을 평가합니다.

과거에는 '학업역량', '전공적합성', '인성', '발전가능성'의 네 가지 평가 요소를 따랐는데, 2023학년도 대입부터 생기부 평가 항목이 개편되어 이제는 세 가지 역량을 중심 평가 요소로 삼고 있습니다(건국대, 경희대, 연세대, 중앙대, 한국외대 5개교가 발간한 〈NEW 학생부종합전형 공통 평가요소 및 평가항목〉 기준). 학업역량, 진로역량, 공동체역량 중에서 학업역량과 진로역량을 평가할 때 특히 독서 활동이 중요합니다. 학업역량에서 독서를 통해 학생의 주도적인 학습 능력을 보여줄 수 있으며, 진로역량에서 독서를 통해 자신의 진로에 관한 노력의 정도를 효과적으로 보여줄 수 있기 때문입니다.

학종 공통 평가 요소 및 평가 항목

1. 학업역량: 대학 교육을 충실히 이수하는 데 필요한 수학 능력

❶ 학업성취도
❷ 학업태도
❸ 탐구력

2. 공동체역량: 공동체의 일원으로서 갖춰야 할 바람직한 사고와 행동

❶ 협업과 소통능력
❷ 나눔과 배려
❸ 성실성과 규칙 준수
❹ 리더십

3. 진로역량 : 자신의 진로와 전공(계열)에 관한 탐색 노력과 준비 정도

❶ 전공(계열) 관련 교과 이수 노력
❷ 전공(계열) 관련 교과 성취도
❸ 진로 탐색 활동과 경험

출처: 건국대, 경희대, 연세대, 중앙대, 한국외대 5개 대학 공동연구,
〈NEW 학생부종합전형 공통 평가요소 및 평가항목〉

그럼 세 가지 평가 요소와, 여기에 독서 활동을 어떻게 접목시킬 수 있을지를 조금 더 자세히 들여다보겠습니다.

학업역량

학업역량이란 '대학 교육을 충실히 이수하는 데 필요한 수학 능력'을 말합니다. 미래 사회를 대비해야 하는 대학이 요구하는 학업역량은 단순히 정량적 지표에만 의존하지 않습니다.

학업성취도: 학업역량의 첫 번째 평가 항목인 '학업성취도'만 봐도 그렇습니다. 학업성취도란 '고교 교육과정에서 이수한 교과의 성취 수준이나 학업의 발전 정도'를 의미합니다. 학생부교과전형의 경우에는 정량지표 위주의 학업성취도가 지원자의 학업 역량을 평가하는 주요 항목이 됩니다. 하지만 정성평가를 기본으로 하는 학생부종합전형에서는 학업성취도 외에도 전공에 대한 관심이나 학문적 발전 가능성 등을 종합적으로 판단하게 됩니다.

그래서 내신 등급과 원점수, 성취도뿐만 아니라 이수 과목, 이수자 수, 평균과 표준편차, 세특 등을 함께 고려합니다. 더불어 학년이나 학기에 따른 성적의 변화를 살펴보며, 학문적 발전 가능성 또한 중요하게 여깁니다. 한마디로 이런 정성평가적 관점에서는, 지원자가 어느 정도 성장했는지에 주목합니다.

예를 들어, 학년이 올라갈수록 학업 성취도가 꾸준히 향상된다든지 자신의 관심 분야에 대한 지속적인 발전 모습을 보여준다면 좋은 평가를 받을 수 있습니다.

학업태도: 두 번째 평가 항목인 '학업태도'는 '학업을 수행하고 학습해나가려는 의지와 노력'을 말합니다. 평가자들은 학생들이 자기주도적으로 학업을 수행하고 학습하는 자발적인 의지와 태도를 중요하게 고려합니다. 그래서 학업에 대한 적극적인 노력과 의지, 도전정신과 실험정신, 지적인 호기심, 각종 교내 활동에 대한 열정 등이 확인될 때 의미 있게 평가합니다.

이러한 자기주도적 학습 태도는 다양한 측면에서 엿볼 수 있습니다. 교과 수업에 적극적으로 참여하며 스스로 탐구하고 이해하는 태도를 보였는지를 알기 위해 어떤 교과목을 선택하여 이수하였는지를 확인할 수 있습니다.

2015 개정교육과정에서는 학생의 과목 선택권을 보장하고 있으며 2025년도부터 본격적으로 도입될 고교학점제도 자유로운 과목 선택을 전제로 운영될 예정이어서, 어떤 과목을 선택하여 어떻게 학습하였는지는 학업태도를 이해하는 데 매우 중요한 판단 기준이 됩니다. 또한 교내에서 열리는 각종

대회 참여도와 노력, 동아리 활동이나 자율활동, 진로활동 등에서 보이는 진취성과 능동적 자세 등을 통해 자기주도적 학업역량을 확인할 수 있습니다.

특히 세특은 학업역량을 파악할 수 있는 가장 좋은 지표가 됩니다. 토론이나 실험, 과제수행, 집단학습 등을 통해 스스로 배움을 확장해나갔는지, 창의성이나 자기주도성을 보였는지 확인할 수 있습니다. 특히 대학에서는 수업과 과제수행 과정에서 보여준 주도적인 노력, 열의와 관심, 다양한 탐구 방법의 모색 등 의미 있는 지적 성취에 주목합니다.

이때 교과 학습 내에서 학생들이 주도적인 학습 태도를 보여줄 수 있는 중요한 수단이 바로 독서입니다. 교과 과정에서 학습한 내용을 심화 발전시키기 위해 관련 분야의 서적을 스스로 찾아 읽고, 그 내용을 토대 삼아 한층 발전적인 모습을 드러낸다면 좋은 평가를 받을 수 있습니다. 2024학년도 대입부터는 학생들의 독서 활동 상황이 대학에 제공되지 않지만, 세특이나 행동특성 및 종합의견 등에 기록되는 사항을 통해 간접적인 평가는 얼마든지 가능합니다.

대학은 학생들이 스스로 지적 호기심을 발휘해보았는지, 또는 어떤 한 가지에 심취해보았는지 하는 경험을 파악하고자 합니다. 지적 성취뿐 아니라 학생 본인의 관심 분야에 대한 지적 호기심까지 추론하기 위해 토론과 탐구, 연구 활동, 글쓰기, 실험 실습, 독서 활동을 자세히 들여다본다는 사실에 주목해야 합니다.

탐구력: 학업역량의 다음 평가 요소인 '탐구력'은 '지적 호기심을 바탕으로 사물과 현상에 대해 탐구하고 문제를 해결하려는 노력'을 말합니다. 다시 말해, 어떤 대상에 대해 호기심을 가지고 깊게 꾸준히 연구할 수 있는 역량을 지칭합니다. 학업역량은 교과 학습뿐 아니라 관심 분야에 대한 다양한 학습 경험을 통해 형성되는 것이기 때문에, 탐구력은 고차원적인 학업역량을 보여주는 필수적인 요소라 할 수 있습니다.

대학은 탐구력을 평가하기 위해 적극적인 독서 활동, 글쓰기, 탐구 및 연구 활동, 실험 실습, 교내 행사 참여 등 학교에서 이루어지는 다양한 탐구 활동에 학생들이 얼마나 적극적이고 자발적인 의지를 가지고 참여했는지 그리고 그 활동을 통해 이룬 성과는 무엇인지를 확인하고자 합니다. 그래서 수업 도중 생긴 궁금증을 풀어보고자 하거나 혹은 자신의 역량을 기르기 위해서 학교의 어떤 프로그램으로 관심을 확장해 나갔는지를 종합적으로 판단합니다.

사실 '학업역량'에서 가장 중요한 것은 과목별 성취도입니다. 쉽게 말해 내신 성적이 평가에서 가장 큰 비중을 차지합니

평가 요소: 학업역량

대학 교육을 충실히 이수하는 데 필요한 수학 능력

1. 학업성취도

정의	고교 교육과정에서 이수한 교과의 성취 수준이나 학업 발전의 정도
세부 평가 내용	· 대학 수학에 필요한 기본 교과목(예: 국어, 수학, 영어, 사회/과학 등)의 교과 성적은 적절한가? 그 외 교과목(예: 예술 체육, 기술 가정/정보, 제2외국어/한문, 교양 등)의 교과 성적은 어느 정도인가? 유난히 소홀한 과목이 있는가? · 학기별/학년별 성적의 추이는 어떤가?

2. 학업태도

정의	학업을 수행하고 학습해나가려는 의지와 노력
세부 평가 내용	· 성취 동기와 목표의식을 가지고 자발적으로 학습하려는 의지가 있는가? · 새로운 지식을 획득하기 위해 자기주도적으로 노력하고 있는가? · 교과 수업에 적극적으로 참여해 수업 내용을 이해하려는 태도와 열정이 있는가?

3. 탐구력

정의	지적 호기심을 바탕으로 사물과 현상에 대해 탐구하고, 문제를 해결하려는 노력
세부 평가 내용	· 교과와 각종 탐구활동 등을 통해 지식을 확장하려고 노력하고 있는가? · 교과와 각종 탐구활동에서 구체적인 성과를 보이고 있는가? · 교내 활동에서 학문에 대한 열의와 지적 관심이 드러나고 있는가?

출처: 건국대, 경희대, 연세대, 중앙대, 한국외대 5개 대학 공동연구,
〈NEW 학생부종합전형 공통 평가요소 및 평가항목〉

다. 하지만 그러한 과목별 성적을 성취하기 위한 노력의 과정이 담긴 '과세특'도 평가의 중요한 요소가 된다고 평가자들은 말합니다. 과세특 안에서 교과 심화 활동을 보여주는 중요한 방법 중 하나가 바로 독서입니다. 독서를 활용하여 교과에서 부족하다고 느꼈던 내용을 심화 보충하고 이를 과세특에 기록한다면 아주 훌륭한 노력의 과정이 되기 때문입니다.

진로역량

'진로역량'이란 '자신의 진로와 전공(계열)에 관한 탐색 노력과 준비 정도'를 말합니다. 학업역량이 고교 교육과정의 전반적인 학업 수준과 능력을 말한다면, 진로역량은 대학 입학 후 해당 전공을 수학할 때 필요한 기초 소양과 자질을 의미한다는 점에서 미래의 성장 잠재력에 초점을 둔다고 볼 수 있습니다.

학생들이 성장 잠재력을 표현할 수 있는 방법은 결국 '얼마나 다양한 시도를 하고 경험을 했는가'를 보여주는 것입니다. 하지만 고등학생들로서 직접적인 경험을 하는 것은 한계가 있기 때문에 다양한 간접경험으로 자신을 드러낼 수 있습니다. 이러한 간접경험에서 독서는 최고의 방법이라 할 수 있습니다.

진로역량의 세부항목을 살펴보면 전공(계열) 관련 교과 이

수 노력, 전공(계열) 관련 교과 성취도, 진로 탐색 활동과 경험을 제시하고 있습니다.

전공(계열) 관련 교과 이수 노력: 고교 교육과정에서 전공에 필요한 과목을 선택하여 이수한 정도를 말합니다. 그런데 한 고등학교에 모든 수업이 다 개설될 수는 없으며, 공동교육과정을 적용한다고 하더라도 수강하지 못하는 과목이 생길 수 있습니다. 이때 이수하지 못한 과목이 내가 진학하고 싶은 전공과 관련이 있다면 낭패일 수밖에 없습니다.

이렇게 학교가 수업을 개설하지 않아 희망 전공 관련 필수 과목을 이수할 수 없을 경우 공동교육과정, 동아리, 독서 등 개인적 학습 노력으로 보완할 필요가 있다고 평가자들은 말합니다. 여기서 특히 의미 있는 보완 수단으로 독서를 제시합니다.

전공(계열) 관련 교과 성취도: '고교 교육과정에서 전공에 필요한 과목을 수강하고 취득한 학업 성취 수준'으로 정의합니다. 전공과 관련된 과목의 성취 수준, 전공과 관련된 동일 교과 내 일반선택과목 대비 진로선택과목의 성취 수준 등을 평가합니다.

진로 탐색 활동과 경험: '자신의 진로를 탐색하는 과정에서 이루어진 활동이나 경험 및 노력 정도'를 말합니다. 학교 수업을 통해 생긴 관심 분야나 흥미를 다양한 활동과 경험, 전공에 대한 탐색 활동 등으로 어떻게 확장하려 노력했는지를 평가합니다.

이는 창의적 체험활동이나 세특 등의 독서 활동을 통해 파악할 수 있습니다. 특히 학생의 독서 활동을 살펴보면, 얼마나 다양한 영역의 지식과 문화적 소양을 쌓았는지를 확인할 수 있습니다. 이러한 과정은 자기주도적 성찰과 학습을 추구하는 교육의 목적과도 맞닿아 있습니다. 궁극적으로 대학은 학교 교육에서 학생들이 이뤄낸 자기주도적인 성찰과 경험을 중요하게 평가합니다.

평가 요소: 진로역량

자신의 진로와 전공(계열)에 관한 탐색 노력과 준비 정도

1. 전공(계열) 관련 교과 이수 노력

정의	고교 교육과정에서 전공(계열)에 필요한 과목을 선택하여 이수한 정도
세부 평가 내용	· 전공(계열)과 관련된 과목을 적절하게 선택했으며, 이수한 과목은 얼마나 되는가? · 전공(계열)과 관련된 과목을 이수하기 위하여 추가적인 노력을 하였는가?(예: 공동교육과정, 온라인수업, 소인수과목 등) · 선택과목(일반/진로)은 교과목 학습 단계(위계)에 따라 이수하였는가?

2. 전공(계열) 관련 교과 성취도

정의	고교 교육 과정에서 전공(계열)에 필요한 과목을 수강하고 취득한 학업 성취 수준
세부 평가 내용	· 전공(계열)과 관련된 과목의 석차 등급/성취도, 원점수, 평균, 표준편차, 이수단위, 수강자 수, 성취도별 분포 비율 등을 종합적으로 고려한 성취 수준은 적절한가? · 전공(계열)과 관련된 동일 교과 내 일반선택과목 대비 진로선택과목의 성취 수준은 어떠한가?

3. 진로 탐색 활동과 경험

정의	자신의 진로를 탐색하는 과정에서 이루어진 활동이나 경험 및 노력 정도
세부 평가 내용	· 자신의 관심 분야나 흥미와 관련된 다양한 활동에 참여하여 노력한 경험이 있는가? · 교과 활동이나 창의적 체험활동에서 전공(계열)에 대한 관심을 가지고 탐색한 경험이 있는가?

출처: 건국대, 경희대, 연세대, 중앙대, 한국외대 5개 대학 공동연구,
〈NEW 학생부종합전형 공통 평가요소 및 평가항목〉

공동체역량

학생부종합전형이 다른 대입 전형과 차별화되는 지점은 학생의 학업 능력뿐만 아니라 개인의 소질, 잠재력, 발전 가능성 등을 종합적으로 평가하고자 정성적인 평가 요소를 설정하여 반영한다는 점입니다. 공동체 역량은 '공동체의 일원으로서 갖춰야 할 바람직한 사고와 행동'을 말합니다. 대학에서

평가 요소: 공동체 역량

공동체의 일원으로서 갖춰야 할 바람직한 사고와 행동

1. 협업과 소통능력

정의	공동체의 목표를 달성하기 위해 협력하며, 구성원들과 합리적인 의사소통을 할 수 있는 능력
세부 평가 내용	· 단체 활동 과정에서 서로 돕고 함께 행동하는 모습이 보이는가? · 구성원들과 협력을 통하여 공동의 과제를 수행하고 완성한 경험이 있는가? · 타인의 의견에 공감하고 수용하는 태도를 보이며, 자신의 정보와 생각을 잘 전달하는가?

2. 나눔과 배려

정의	상대방을 존중하고 이해하여 원만한 관계를 형성하며, 타인을 위하여 기꺼이 나누어 주고자 하는 태도와 행동
세부 평가 내용	· 학교 생활 속에서 나눔을 실천하고 생활화한 경험이 있는가? · 타인을 위하여 양보하거나 배려를 실천한 구체적 경험이 있는가? · 상대를 이해하고 존중하는 노력을 기울이고 있는가?

3. 진로 탐색 활동과 경험

정의	책임감을 바탕으로 자신의 의무를 다하고, 공동체의 기본 윤리와 원칙을 준수하는 태도
세부 평가 내용	· 교내 활동에서 자신이 맡은 역할에 최선을 다하려고 노력한 경험이 있는가? · 자신이 속한 공동체가 정한 규칙과 규정을 준수하고 있는가?

출처: 건국대, 경희대, 연세대, 중앙대, 한국외대 5개 대학 공동연구.
〈NEW 학생부종합전형 공통 평가요소 및 평가항목〉

는 공동체 역량의 평가 항목으로 '협업과 소통 능력', '나눔과 배려', '성실성과 규칙준수', '리더십'을 제시합니다.

◆ 과세특을 돋보이게 하는 독서 ◆

과세특에서는 학생들의 다양한 모습을 교사가 관찰하여 '동기-과정-결과-심화'가 드러나게 작성하게 되는데, 이때 학생들의 개성이 개별적으로 드러나는 활동들이 정말 중요하기 때문에 이를 어떻게 만들어나갈 것인지가 생기부의 핵심 축이라 해도 과언이 아닙니다.

과세특을 기록하기 위해 교사들은 프로젝트 수업을 진행하거나 보고서 발표 등의 다양한 교육적 활동을 하게 되는데 이때 학생들 스스로 고른 책들을 활용하여 자신의 진로나 개성, 관심 분야 등이 생기부에 자연스럽게 드러날 수 있도록 돕습니다.

또한 수행평가 영역에서 '독서 수행평가', '주제탐구 수행평가' 등의 방법으로 책을 활용한 다양한 활동을 구상하여 이를 내신성적에 반영할 뿐 아니라 과세특에도 기록하도록 합니다.

특히 지필평가 없이 100퍼센트 수행평가로 이루어지는 경우에는, 책의 도움을 받아야 하는 수행평가를 과제로 제시하는 경우가 많습니다.

이처럼 생기부 안에서 책의 중요성이 큼에도 불구하고 적절한 책을 고르지 못해 결국 과세특을 적절하고 충실한 내용으로 채우지 못하는 학생들의 모습을 많이 봐왔습니다.

2024학년도 대입부터 생기부의 '독서 활동 상황'이 대입에 미반영 된다는 소식에, '이제 책을 읽지 않아도 되는 것 아닌가?' 하는 생각을 할 수 있습니다. 하지만 결론적으로 말하자면, 독서는 한층 더 중요해졌다고 할 수 있습니다. '독서 경험'이 생활기록부의 다른 영역에 모두 반영되며 이때 단순히 책 제목만 들어가는 것이 아니라 독서 후 후속 활동과 관련지어야 하기 때문에 더 정교한 노력이 필요합니다.

말했다시피 과세특에서는 '동기-과정-결과-심화'의 구조가 중요합니다. 이때 사고가 확장되고 심화되는 것을 잘 보여주는 수단이 바로 독서입니다. 따라서 과세특 작성 시 이러한 활동이 잘 녹아들 수 있는 책을 선정하는 것이 무엇보다 중요합니다.

PART
2

대학이 진짜로 원하는
독서는 따로 있다

고등 3년의 모든 빈틈을
채워주는 만능 툴

◆세특도 창체도
독서 없이는 챙길 수 없다◆

독서는 생기부를 개별화, 차별화하는 중요한 활동입니다. 또한 어떤 학생이든 쉽게 접근할 수 있을 뿐 아니라, 읽은 책을 통해 다양한 활동과 연계가 가능하다는 점에서도 상당히 중요합니다. 독서 기록을 대학에 더 이상 제공하지 않는다 하더라도 독서 활동 그 자체의 중요성은 사라지지 않는다는 점을 기억했으면 합니다.

독서는 학생의 학업 능력, 지적 호기심, 문제해결 능력, 주도성, 진로에 대한 관심 등 자신만의 역량을 잘 보여줄 수 있어 세특과 창의적 체험활동을 더욱 풍성하게 만드는 역할을 합니다.

예를 들어 학생이 수업 시간에 배운 교과 내용 중 더 탐구해보고 싶은 내용을 교과서가 아닌 다른 책에서 능동적으로 찾아보고 이를 다른 활동이나 경험으로 심화, 발전시키는 과정이 세특에 기록된다면, 학생의 개별적인 역량이 잘 드러나는 좋은 세특이 될 것입니다. 이는 과목별 세특뿐 아니라 창의적 체험활동도 마찬가지입니다.

이처럼 대학에서 요구하는 역량들을 길러나가려는 노력과 그 결과를 독서와 그 후속 활동으로 미루어 짐작할 수 있으므로 독서에 꾸준히 공을 들여야 합니다. 특히 학생부종합전형을 염두에 둔 학생들이라면 독서를 더욱 간과할 수 없으며, 고1부터 차근차근 준비할 필요가 있습니다. 생기부 그 자체를 나의 발전 과정과 성장 과정을 보여주는 자기소개서라고 생각한다면, 독서를 통해 3년간 학업 및 진로 역량이 점점 구체화되고 심화되는 모습을 보여줌으로써 충분히 좋은 평가를 받을 수 있습니다.

♦이전의 자개소개서 항목을
생기부 안으로 가져오라♦

지난 서울대 자기소개서에는 재학 기간 중 읽었던 책 중 자신에게 가장 큰 영향을 준 책을 두 권 선정하고 그 이유를 기술하는 부분이 있었습니다. 여기에 해당하는 내용을 학교 생활기록부 안으로 가져온다고 생각하면 좋겠습니다.

그럼 서울대 자기소개서에 있던 독서와 관련된 부분을 살펴봅시다.

서울대 자기소개서의 독서 관련 항목

3. 고등학교 재학 기간(또는 최근 3년간) 읽었던 책 중 자신에게 가장 큰 영향을 준 책 2권을 선정하고 그 이유를 기술하여 주십시오.(띄어쓰기 포함 800자 이내)

- '선정 이유'는 각 도서별로 띄어쓰기를 포함하여 400자 이내로 작성
- '선정 이유'는 단순한 내용 요약이나 감상이 아니라, 읽게 된 계기, 책에 대한 평가, 자신에게 준 영향을 중심으로 기술

선정 도서		선정 이유
도서명		
저자/역자		
출판사		

도서명	
저자/역자	
출판사	

책을 통해 어떤 주제에 관심을 갖게 되었고 어떤 궁금함이 생겼는지. 그리고 재학 기간 중 해당 분야를 더 알기 위해 어떤 노력을 해왔는지, 이 책이 어떤 영향을 주었는지를 이제는 생기부 안에서 보여주어야 합니다. 그렇기에 과세특에서 해당 과목에 관련한 책만 선정해야 한다고 한계 짓지 말았으면 합니다. 책을 매개로 다른 교과목과의 연결성을 드러낼 때 융합 인재로서의 면모와 심화 학습을 통한 학습 역량, 자신의 가치관을 보여주기 좋습니다.

카이스트의 경우에는 2024학년도 대입에서 자기소개서를 폐지하지 않아 여전히 남아 있습니다. 이때 재학 기간 중 자신에게 큰 영향을 준 책을 다섯 권 선정하여 독서 이력 목록을 작성해야 합니다. 선정 이유 없이 목록만 적지만, 면접 시 질문을 통해 확인할 수 있습니다. 또, 이 다섯 권의 책 중 일부는 자기소개서의 다른 항목을 작성할 때 자신에게 어떻게 영향을 주었는가 하는 내용으로 담아낼 수 있습니다.

특히, 카이스트 자기소개서 1번 문항인 '남과 다른 자신만의 질문'에 대해 작성할 때 독서 활동이 자연스럽게 녹아들게 됩니다.

KAIST 자기소개서 1번 항목

1. KAIST는 질문하는 인재를 양성하고자 합니다. STEM분야*에서 평소에 가지고 있던 남과 다른 자신만의 질문에 대해 작성하고, 이 질문을 하게 된 이유를 기술하여 주시기 바랍니다.

───────────────────────────────

자신만의 질문(300bytes 이내)

───────────────────────────────

───────

● STEM분야: Science, Technology, Engineering, Math.
   (참고) 질문 자체를 평가하는 것이 아니라 STEM 분야에 대한 태도, 호기심과 도전정신을 보고자 함. R&E 활동 관련 내용은 지양하고 자신만의 스토리를 작성하기를 권장함.

다양한 분야의 책을 읽으며 남들과는 다른 나만의 질문을 만들게 됩니다. 또한 질문에 대한 답을 찾아가는 과정에서 책을 통해 새롭게 알게 된 것이 무엇인지, 나의 사고와 관점에 어떤 변화가 생겼는지, 문제를 해결하기 위한 어떤 아이디어를 떠올리게 되었는지 등 자신만의 스토리를 풀어나갈 수 있다는 의미에서 독서는 굉장히 중요한 역할을 합니다.

◆똑같은 수업을 들었는데
더 좋은 점수를 받는 이유◆

학생들은 무엇보다 수업 시간에 배운 내용에 호기심, 궁금증을 갖는 태도가 중요합니다. 그 궁금증을 해결하기 위해 다양한 방법을 시도해볼 수 텐데, 독서는 그중에서도 구체적이고 깊이 있는 성찰의 경험을 하도록 돕습니다.

예를 들어 국어 시간에 박지원의 《허생전》을 배웠다면, 《허생전》이 탄생한 배경과 그 시대적 상황에 대해 궁금증을 갖고 조선 효종 시기의 정치적, 경제적 상황에 관한 도서를 탐색하여 읽어볼 수 있을 것입니다. 이런 작업은 《허생전》그 자체를 이해하는 것만이 아니라, 당시의 역사적 배경을 이해하는 데도 도움이 됩니다. 이를 꼼꼼히 기록해두었다가 국어 또는 역사 과목의 학기 말 주제탐구발표에 활용한다면 발표 준비 때문에 시간에 쫓기지 않을 수 있습니다.

학기 중에 시간이 부족하다면, 상대적으로 시간이 넉넉한 방학 기간을 활용하여 자신의 진로와 관련된 도서를 읽고 기록을 남겨놓아 봅시다. 학기 중 진로활동 시간에 활용하기 좋을 것입니다. 또한 학교에서 소집단 독서토론이나 작가와의 만남 등 독서와 관련된 활동을 실시한다면 적극적으로 참여해봅시다.

♦어떤 활동에도 활용 가능한 만능 툴, 독서♦

독서는 세특, 자율활동, 동아리활동, 진로활동에도 활용 가능한 만능 툴입니다. 교과 내용을 심화시킨다면 세특에, 자신의 진로나 교과 외 활동과 연계된 책이라면 자율, 동아리, 진로활동에 얼마든지 기입이 가능합니다.

독서를 하고 난 후에는 책의 줄거리, 기억에 남는 장면, 인상적인 문구, 책을 읽고 느낀 점, 책을 읽게 된 동기, 책이 나에게 미친 영향 등을 구체적으로 기록해놓아야 합니다. 읽은 내용에 대해 자신의 생각을 정리함으로써 책의 내용을 완전히 자신의 것으로 소화할 수 있게 되며, 향후 면접에서 책에 대한 질문을 대비하는 데 용이하기 때문입니다.

책에서 인상 깊었던 내용에 대해 더 심화된 책으로 연계해 읽어보는 것도 좋은 방법입니다. 꼬리에 꼬리를 무는 독서를 통해 본인의 탐구 능력, 지적 호기심, 자기주도성 등을 드러낼 수 있습니다.

또한 책에서 읽은 내용 중 관심 있는 주제를 선택하여 이를 깊이 파고드는, 주제탐구보고서 활동으로 확장해볼 것을 권합니다. 그저 생기부에 기록하기 위한 목적으로, 교과 과정을 넘어서는 난이도 높은 실험이나 활동을 하고 그럴듯한 결과를 창출해내는 것이 중요한 것이 아닙니다. 그 활동을 하게 된 동기와 탐구 과정, 그 과정에서 무엇을 배웠는지를 드러내는 것이 중요합니다. 그 활동의 기저에 탄탄한 독서가 뒷받침된다면 금상첨화일 것입니다.

독서기록장 예시

도서명		출판사	
저자		읽은 기간	

이 책을 읽게 된 동기, 이 책을 선정한 이유	
책의 줄거리, 주요 내용	
인상 깊은 내용과 그 이유	
책의 내용과 관계 있는 나의 경험	
새롭게 알게 된 내용과 나의 생각	
내 삶에 적용할 부분, 또는 책을 읽고 하고 싶은 것	
이 책을 권하고 싶은 사람과 이유	

독서는 양이 중요한 것이 아니라 정독하며 제대로 읽는 것이 더 중요합니다. 이 책의 3장 이후부터는 영역별 필독서들을 하나하나 소개할 텐데, 각각의 도서에 '같이 읽으면 좋은 책' 목록을 함께 선정했습니다. 이 책들을 참고하여 사고의 폭을 점점 더 넓혀가는 독서 경험을 해본다면 좋겠습니다.

◆ 대학이 진짜로 원하는 독서는? ◆

학생들이 흔히 착각하는 부분이 있는데, 대학에서 전공과 직접적으로 관련된 책 읽기를 요구하는 것이 아닙니다. 무조건 진로와 관련된 책을 읽고 생기부에 기록해야 좋은 평가를 받을 것이라고 생각하는 경우가 많은데, 이는 잘못된 생각입니다.

그런 고정관념에 사로잡혀 있다 보면 자신의 진로나 관련 과목이 아닌 교과에까지 억지로 전공역량을 드러내려고 무리한 시도를 하게 됩니다. 진로와 관련된 도서만을 지나치게 편식하는 것은 바람직하지 않습니다. 학생들이 세상을 살아가는 한 인간으로서 소양을 기르기 위해 인문, 사회, 과학, 역사 등에도 관심을 가지고, 세상을 바라보는 시야를 넓히려는 노력을 했으면 합니다. 다양한 분야의 독서를 통해 그런 시각을 보여주는 것도 좋은 평가를 받을 수 있습니다. 각 계열을 넘나드는 독서는 융합적 사고 역량을 보여주기에 충분할 것입니다.

책의 난이도도 큰 상관 없습니다. 엄청난 양의 독서를 했다고 좋은 평가를 받는 것도 아닙니다. 생기부 내에 기록된 독서 활동은 면접관들이 주로 질문하는 분야 중 하나입니다. 그러므로 줄거리만 간신히 파악하는 정도의 수박 겉핥기 식으로 책을 읽고 기록해서는 안 되며, 반드시 스스로 읽고 소화할 수 있는 책이어야 합니다.

수많은 추천 도서들이 누구에게나 좋은 것만은 아님을 기억하길 바랍니다. 자기주도적으로 자신의 역량에 맞는 책을 선정하는 것이 가장 좋은 방법입니다.

아무 책이나 읽지 말자, 내 생기부에 꼭 필요한 책 고르는 법

♦좋은 책 선정하는 방법♦

교실에서 많은 학생들이 토로하는 고민 중 하나가 "어떤 책을 읽어야 할지 모르겠어요"라는 것입니다. 세상의 많고 많은 책들 중, 자신의 필요에 딱 맞는 책을 고르기란 막연하고 어렵습니다. 양질의 책을 고르기는 더 힘듭니다. 다양한 분야의 책을 꾸준히 읽어서 자기 나름의 책 고르는 기준이 생기는 것이 가장 좋겠지만, 학생들은 당장 다독을 할 물리적 시간이 부족한 것이 사실입니다. 여러분이 좋은 책을 고르는 데 도움이 될 만한 방법을 몇 가지 소개합니다.

서울대학교 지원자들이 가장 많이 읽은 책 리스트

서울대학교는 매년 지원자들이 가장 많이 읽은 책 리스트를 홈페이지에 제공해왔습니다. 지원자들이 자기소개서의 '독서활동란'에 기록한 책들을 통계 낸 자료입니다. 전체 지원자뿐 아니라 단과대학별로도 통계를 내서 순위대로 세 권씩 목록을 제공합니다. 2024학년도 대입부터는 자기소개서가 폐지되면서 더 이상 목록을 제공하지 않는 것이 아쉽지만, 지난 자료들은 참고용으로 충분히 가치가 있습니다.

고전이라 불리는 책들부터 현재의 시대상을 반영하는 비교적 최근에 발행된 책들까지 스펙트럼이 다양합니다. 목록은 2014년부터 제공하고 있으므로 연도별로 훑어보고, 지금까지 순위에 오랫동안 올라 있는 책이라면 한번쯤 읽어보는 것도 좋겠습니다.

각 대학 추천도서

모든 학교가 제공하는 것은 아니지만, 각 대학에서는 학과 홈페이지에 추천도서 목록을 제공합니다. 자신이 가고 싶은 대학, 학과의 홈페이지를 방문하여 추천 도서 목록이 있는지 살펴보면 많은 도움이 될 것입니다.

기관 추천도서

국립중앙도서관은 사서추천도서 목록을 제공합니다. 양질의 도서이면서 현재의 사회상을 반영한 책들이 많습니다. 추천의 글과 목차까지 제공하고 있어 책을 직접 보지 않고도 책의 내용과 방향을 가늠할 수 있어 편리합니다.

'책따세'는 교사들이 모여 만든 독서 모임으로, 독서를 권장하기 위한 다양한 활동을 합니다. 공식 추천 도서 목록은 전·현직 교사들이 꼼꼼히 읽고 추천하는 도서로 구성되어 있으며 분야별, 연도별로 제공합니다. 책의 난이도와 추천 글도 제공하므로 학생들이 책을 고를 때 참고하기 좋습니다.

'학교도서관저널'은 교육 현장의 교사, 사서, 도서 전문가, 활동가 등이 활동하는 단체로, 어린이와 청소년에게 추천할 만한 책들을 선정하여 소개합니다. 문학, 인문, 과학, 예술 분야로 도서를 나누어놓아서 자신의 관심 분야에 해당하는 책을 골라볼 수 있습니다. 학교도서관저널의 블로그나 인스타그램에 추천 도서와 서평이 꾸준히 업로드되니 적극 활용하면 좋겠습니다.

교사 추천도서

학생들의 독서를 장려하기 위해 각 고등학교마다 추천 도서 목록을 제공하곤 합니다. 각 과목 선생님들이 선정한 책이라 교과의 특성을 반영한 도서들이 많으므로, 교과 내용을 더 심화하여 공부하고 싶을 때 유용합니다.

서점 스테디셀러, 베스트셀러

온라인 서점의 스테디셀러, 베스트셀러 목록을 꾸준히 살펴보는 것이 좋습니다. 스테디셀러 목록은 오랜 시간 사랑받아 온 양질의 서적을 고르기에 좋고, 베스트셀러 목록은 그 시기의 사회 트렌드 변화를 읽을 수 있는 가장 좋은 방법이기 때문입니다. 두 가지 목록 이외에도 자신이 관심 있는 분야의 카테고리를 꾸준히 살펴보면 좋습니다. 상세 페이지에서 책의 내용을 참고하거나, 그 책을 이미 읽은 사람들의 리뷰를 읽다 보면 자신과 맞는 책을 고르는 요령이 생길 것입니다.

희망 학과 교수가 집필한 대중서

자신이 희망하는 학교와 학과가 명확하다면, 그 학과의 교수님들이 쓴 책을 읽어보는 것도 좋습니다. 전공 서적을 읽을 수 있다면 좋겠지만, 대부분은 고등학생 수준에서 읽기 힘들기 때문에 교수님이 일반인을 대상으로 쓴 도서가 있는지 찾아보면 도움이 될 것입니다. 면접을 보는 경우라면 그 책들을 상당히 유용하게 활용할 수 있습니다.

　지금까지 현재의 입시 제도에서 생기부가 얼마나 중요한지, 더불어 개인의 역량과 노력을 보여주는 차별화된 생기부를 만드는 데 독서가 얼마나 중요한지를 이야기했습니다.
　다음 장부터는 학생들이 자신의 진로에 필요한 책을 어떻게 선정하고 또 활용하면 좋을지를, 전공 계열별 100권의 필독서를 통해 구체적으로 보여줄 것입니다. 현직 고등학교 교사들이 현장에서 직접 쌓은 노하우와 안목이 담겨 있으니, 차근차근 따라와 주길 바랍니다.

PART
3

인문사회 계열 책 읽기

인문사회 책들은
이렇게 읽어보세요

인문사회 분야는 학업, 진로 역량뿐만 아니라 삶에 대한 태도, 가치관을 보여줄 수 있다는 점에서 다양한 분야의 책을 읽을 것을 권합니다. 고등학생 필독서로 소개된 책이나 널리 알려진 책들만 선택할 필요는 없습니다. 유명한 책이 아니더라도 그 안에서 나에게 영감을 주는 한 문장을 만난다면 그것만으로도 많은 이야기를 이끌어낼 수 있습니다.

지금부터 소개하는 책들 역시 필수적으로 읽어야 한다는 뜻은 아닙니다. 필요한 책들을 취사선택해서 읽고 자신의 환경에 맞게끔 적절히 활용하길 바랍니다. 책을 활용하는 방법만 안다면, 어떤 책을 읽더라도 그 방향과 원칙을 적용할 수 있을 것입니다.

책을 읽게 된 동기와 과정에 학생의 지적 호기심, 자기주도적인 탐구 능력이 진정성 있게 드러난다면 어떤 영역의 책이라도 괜찮습니다. 책을 읽을 때는 책의 성격에 따라 새로운 개념이나 어려운 어휘를 꼼꼼하게 읽기, 질문하면서 읽기, 비판적으로 읽기 등 그 책에 맞는 읽기 전략을 활용해서 읽는 습관을 들이는 것이 좋습니다. 또한 독서를 하고 난 후에는 매번 독서 일지를 기록하는 것이 중요합니다. 일지에 기록한 내용들을 훑어보고 종합하여 한 편의 서평을 작성해봅시다. 자신의 언어로 고민하면서 서평을 작성하는 과정에서 책의 내용을 제대로 이해할 수 있으며, 오래도록 기억할 수 있을 것입니다.

보통 기말고사가 끝난 후, 혹은 수행평가를 할 때 '주제탐구 발표' 시간이 돌아옵니다. 주제탐구 발표는 세특에 기록될 가능성이 아주 높으므로 주어진 기회를 충분히 활용해야 합니다. 주제탐구를 발표할 때 평소 배웠던 교과 내용을 심화하거나, 자신의 진로와 교과 내용을 연관 지어 생각해보는 것이 중요합니다. 또한 과목 간 연결고리를 찾아내어 교과통합 주제를 선정해보는 것도 좋은 방법입니다.

국어과에서는 '한 학기 한 권 읽기'를 주제로 책 읽기 활동을 실시하기도 하는데, 이 시간에는 학생들이 혼자서는 하기 힘든 아주 깊이 있는 책 읽기 활동이 이루어집니다. 이 기회를 허투루 보내지 말고 활동에 적극적으로 참여하도록 합시다.

책을 읽고 후속 활동 주제를 정했다면, 그에 맞는 연구 방법과 결과물 산출 방식을 생각해보아야 합니다. 보통 학생들은 인터넷 검색으로 자료를 찾고 거기에 따라 보고서 쓰는 방법을 흔히 선택합니다. 비교적 품이 적게 들고 시간을 아낄 수 있기 때문입니다. 하지만 인터넷에 떠도는 자료를 짜깁기하여 보고서를 작성하는 것으로 그치는 것은 좋은 평가로 이어지기 힘듭니다. 비록 짧은 소견이라 하더라도 자신의 생각을 녹여낸 보고서와 그렇지 않은 보고서는 차이가 크며 쉽게 구분이 됩니다.

그러므로 자료의 정리와 이해에 그치지 않고, 자기만의 생각과 견해가 드러나는 보고서를 작성하기 위해 노력해봅시다. 그 과정에서 학생들 스스로 성장할 수 있으며, 세특에 그 과정이 잘 드러난다면 좋은 평가를 받을 수 있습니다. 보고서뿐만 아니라 다른 매체를 이용한 영상물 제작하기, 카드뉴스 제작하기 등의 활동 또한 마찬가지입니다. 다른 사람의 아이디어를 단순히 차용하지 말고, 자신만의 아이디어가 돋보이도록 고민해봅시다.

평소에 스스로 책을 읽기 어렵다면 마음 맞는 친구들과 독서 동아리를 운영해보는 방법도 바람직합니다. 비록 자율동아리 활동은 생기부에 기록되지 않지만 독서에 강제성을 부여하고 동기를 유발한다는 점에서 동아리 활동은 좋은 경험이 됩니다. 동아리원들과 진로의 방향이 유사하다면 진로와 관련된 책을 함께 읽어도 좋고, 그렇지 않더라도 인문학적 소양을 기르는 차원에서 함께 독서를 하면 효과가 배가됩니다. 다른 학생들의 생각을 듣고 자신의 생각을 이야기해봄으로써 다양한 의견을 나눌 수 있으며 세상을 보는 시야가 넓어지기 때문입니다.

BOOK 1

《존엄하게 산다는 것》

게랄트 휘터 | 인플루엔셜 | 2019. 05.

존엄을 잃게 만드는 사회에서
어떻게 인간답게 살 것인가?

인간답게 산다는 것은 무엇일까요? 무엇이 우리를 인간답게 만들어주는 걸까요?

《존엄하게 산다는 것》은 존엄을 잃게 만드는 사회와 환경에 대해 문제를 제기하는 책입니다. 동시에 우리를 인간답게 하는 가치인 '존엄'을 어떻게 우리 삶에서 되살릴 것인가를 이야기합니다.

뇌과학자인 저자가 '존엄성'이라는 추상적인 단어를 철학적 주제가 아닌, 인간의 뇌 구조와 기능으로 설명한다는 점이 흥미롭습니다. 저자는 동물의 뇌와 인간의 뇌가 어떻게 다른지, 우리 뇌가 인간의 존엄성을 어떻게 만들어나가는지를 상세히 설명합니다.

책에 따르면 인간과 사회가 자신들의 번영을 위해 선택해온 전쟁, 약탈과 같은 전략들은 모두 단기적인 성공만을 보장할 뿐, 인간 본연의 존엄성을 해치는 것이라고 합니다. 뿐만 아닙니다. 로봇이 인간의 노동력을 대신하고 스마트폰과 같은 전자기기에 우리 삶의 몫을 빼앗긴 지금, 우리는 인간의 존엄성을 되찾아야 한다고 경고합니다.

전 세계적으로 발생한 문제들을 장기적이고 지속적으로 해결할 방법을 찾기란 결코 쉬운 일이 아닐 것입니다. 이에 작가는 공동의 방향성을 바로잡아 줄 방법으로 교육의 중요성을 강조합니다.

이 책을 읽으며 '인간의 존엄이란 무엇인가?'라는 의문이 속 시원하게 해결되지는 않을지 모릅니다. 독자가 생각할 여지를 충분히 주는 책이기 때문에, 저자의 문제 제기를 바탕으로 학생들 자신의 생각을 개진하는 활동을 한다면 좋을 것입니다. 더불어 현재 인간의 존엄성을 해치는 사회 문화적 현상에 관심을 가지는 계기로 삼으면 좋겠습니다. 나아가 학급 친구들과 함께 그러한 현상을 어떻게 극복할 수 있는지 고민해 보고, 생각을 나누는 활동도 의미 있을 듯합니다.

🏛 관련 학과

철학과, 교육학과, 역사학과, 법학과

후속 활동으로 확장하기

 - 인간의 존엄을 해치는 사회적 현상(전쟁, 약탈, 기후 변화, 정보의 범람 등)을 조사
하고, 이에 대한 자신의 견해를 한 편의 보고서로 작성하여 발표해본다.
 - 우리 교육 환경에는 어떤 문제가 있는지 생각해보고, 인간의 존엄성을 되살릴
수 있는 교육의 방향에 대해 고찰한다.

 같이 읽으면 좋은 책

《호모 데우스》(유발 하라리 | 김영사 | 2017. 05.)

BOOK 2

《유튜브는 책을 집어삼킬 것인가》

김성우 · 엄기호 | 따비 | 2020. 04.

우리 시대 문해력에 대한 논의

이 책은 유튜브가 책의 공간을 잠식하면서 사람들의 문해력을 해치고 있다는 단순한 이야기를 하는 책이 아닙니다. 유튜브를 멀리하고 책을 가까이해야 한다는 뻔한 이야기는 더더욱 아닙니다. 두 학자의 대담으로 이루어진 이 책은 우리 시대의 문해력, 리터러시에 대한 담론을 담고 있습니다.

유튜브가 등장하면서 '읽고 쓰는' 시대에서 '보고 듣는' 시대가 도래했습니다. 유튜브를 통해 지식을 얻고 소통하는 시대. 유튜브의 시대 속에서 우리는 '리터러시'를 어떻게 정의해야 할까요?

길이가 짧고 자극적인 미디어에 길든 사람들은 깊이 있는 사유의 힘을 기르기 점점 힘들어집니다. 반향실 효과(비슷한 의견으로 둘러싸여 편견에 빠지는 현상)에 갇혀 자신을 성찰하지 못하기 때문입니다. 편협한 사고로 다른 사람들의 삶을 이해하지 못하고 쉽게 배척해버려 사회적 갈등을 불러일으키기도 합니다.

이에 저자는 '리터러시'를 대안으로 제시합니다. 이 책에서 정의하는 리터러시란 타인과 나를 연결해주는 다리이자 '좋은 삶'을 살기 위한 역량입니다. 저자는 리터러시 교육과 평가에 대해 이야기하며, 나아가 교육이 변화해야 할 방향성을 제시합니다.

리터러시를 개인의 역량으로 치부할 때 차별과 혐오가 생겨납니다. 경제 자본과 문화 자본이 풍부하여 좋은 콘텐츠를 골라 활용하는 가정과 그렇지 못한 가정에서 자라나는 아이들의 리터러시 격차는 점점 더 벌어질 것입니다. 이것이 개인의 영역을 넘어서 사회 전체의 위기가 될 것이라는 논의 역시 생각해볼 만합니다.

이 책은 리터러시와 관련해 방대한 내용을 담고 있으며, 독자들에게 성찰할 거리를 던집니다. 그런 점에서 학생들이 읽고 자신의 생각을 정리해 펼치기 좋은 책입니다. '미디어 리터러시'를 다룬 다른 책들을 추가로 읽고 그 내용을 자신의 미디어 생활과 접목해보는 것도 좋겠습니다. 또한 미디어 소비자인 동시에 생산자로서 우리의 역할에 대해 고민해보았으면 합니다.

🏫 관련 학과

언어학과, 사회학과, 미디어학과, 교육학과

✋ 후속 활동으로 확장하기

‑ 최근 학생들의 문해력이 저하되는 원인을 분석하고, 문해력 증진을 위한 교육의 방향에 대해 토론해본다.

‑ 미디어 리터러시와 관련하여 '미디어를 어떻게 제대로 활용할 것인가'에 대해 토론하고 그 내용을 카드뉴스나 신문으로 제작하여 전시해본다.

📖 같이 읽으면 좋은 책

《미디어 리터러시, 세상을 읽는 힘》(강용철 · 정형근 | 샘터 | 2022. 04.)
《다시, 책으로》(매리언 울프 | 어크로스 | 2019. 05.)

《언어의 줄다리기》

신지영 | 21세기북스 | 2021. 05.

우리가 몰랐던 언어 속의 숨은 의미 파헤치기

이 책의 제목을 보면 두 언어 사이에 첨예한 힘겨루기가 벌어지는 장면을 상상하게 됩니다. 팽팽한 줄의 긴장감마저 느껴집니다.《언어의 줄다리기》는 우리가 사용하는 언어의 사회, 문화적 맥락을 짚어보고 그 속에 숨은 정치와 이데올로기를 파헤치는 책입니다. 또한 이데올로기의 변화와 맞물려 새로운 언어가 기존의 언어를 위협하는 순간의, 그 힘겨루기를 자세히 다룹니다.

'대통령'과 '각하'는 민주주의의 가치를 훼손하는 단어입니다. '미망인'과 '과부'는 남성우월주의를 극단적으로 보여줍니다. '미혼'과 '기혼'라는 단어의 밑바탕에는 이분법적인 사고가 자리합니다. 책에서는 이렇게 과거의 이데올로기에서 벗어나지 못한 채 낡은 가치를 끌어안고 있는 단어들의 어원을 살펴봅니다. 그리고 단어의 이면에 담긴 진짜 의미를 모르고서 무심코 사용하는 우리의 실태를 되돌아봅니다.

책에서는 또 다른 언어들 사이의 줄다리기도 관전할 수 있습니다. '요즘 애들'과 '요즘 어른들' 간의 줄다리기, 일상 언어와 어문 규정, 표준어와 문화어, 한국어와 조선어 사이의 줄다리기도 흥미진진합니다.

언어가 가진 이데올로기는 우리의 사고를 지배하고, 그것은 다시 사회 전반의 이데올로기를 만들어나갈 것입니다. 그러므로 우리는 항상 비판적인 시각으로 예민하게 언어를 다루어야 합니다.

이 책을 통해 언어가 가진 힘을 이해하고, 언어의 감수성을 날카롭게 벼르어 일상에서 더 정확한 언어를 사용할 수 있을 것입니다. 또한 언어가 등장하고 소멸하는 과정을 사회상과 가치관이 변화하는 과정에 비추어 바라봄으로써, 우리 사회와 역사에 대한 이해를 한층 높일 수 있습니다.

🏛️ 관련 학과

국어국문학과, 사회학과

📖 후속 활동으로 확장하기

- 최근 '저출산'을 대체하는 단어로 '저출생'이라는 단어를 많이 사용하는데, 이 두 단어 사이의 정치적, 문화적 의미를 탐구한다.
- 현재의 이데올로기를 반영하여 과거와 쓰임이 변화한 단어들을 찾아보고 보고

서를 작성한다.

- '헬조선', '욜로YOLO', '소확행' 등 시대를 대변하는 단어들을 살펴보고 그 시대의 사회적 분위기와 경제적, 정치적 상황을 조사한다. 또한 이러한 단어들이 왜 유행하게 되었는지 연관 지어 생각해본다.

같이 읽으면 좋은 책

《미끄러지는 말들》(백승주 | 타인의사유 | 2022. 04.)
《말의 무게》(뤼시 미셸 | 초록서재 | 2022. 07.)

《몰입의 즐거움》

미하이 칙센트미하이 | 해냄 | 2021. 05.

한 번이라도 몰입해본 인생은
얼마나 아름다운가

무언가에 한 번이라도 몰입해보는 경험을 한 사람은 인생을 다르게 느낄 수 있습니다. 관심 있거나 좋아하는 무언가에 빠져서 시간 가는 줄 모르고 행복감을 느꼈다면 인생을 열심히 살아갈 에너지를 얻을 수 있기 때문입니다. 또한 몰입의 경험은 또 다른 일을 새롭게 시작할 때도 도움이 됩니다. 이 글의 작가는 몰입이 주는 기쁨과 삶에 미치는 영향에 대해 이야기합니다.

쉽지는 않지만 그렇다고 아주 버겁지도 않은 과제를 극복하기 위해서, 한 사람이 자신의 역량을 온통 쏟아부을 때 나타나는 현상. 작가는 몰입을 이렇게 정의합니다. 삶을 훌륭하게 가꾸어주는 것은 행복감이 아니라 깊이 빠져드는 몰입의 경험이라고 저자는 말합니다. 몰입 후 일이 마무리된 다음에 비로소 지난 일을 돌아볼 만한 여유를 가지면서 우리는 그 체험이 얼마나 값지고 소중한 것인지를 다시 한번 실감하게 된다는 소리입니다.

그렇기에 인생에서 중요한 것은 나만의 삶의 방식을 찾아내는 일입니다. 무언가에 빠져서 몰입하는 시간들이 쌓일 때 우리는 자신의 삶의 방식을 찾아낼 수 있게 됩니다.

몰입을 경험하기 위해서는 뚜렷한 목표를 가져야 합니다. 이 책을 읽으며 인생에서 나를 몰입하게 만드는 목표가 무엇일지 생각해보면 좋겠습니다. 기꺼이 몰입할 만한 그 목표에 대해 계획을 세우고 실천해가는 과정을 적어본다면, 원하는 대학이나 전공뿐 아니라 이후의 인생길을 설계할 때도 큰 도움이 될 것입니다.

🏛 관련 학과

심리학과, 교육학과, 모든 계열

✍ 후속 활동으로 확장하기

– '내 삶 속 몰입의 경험'을 주제로 에세이를 작성하여 발표한다.
– 목표를 설정하고 구체적인 계획을 세운 후 여기에 몰입하여 결과를 이뤄낸 과정을 사진이나 동영상으로 기록하여, 나만의 작은 영화를 만들어본다.

📖 같이 읽으면 좋은 책

《마음의 법칙》(폴커 키츠·마누엘 투쉬 | 포레스트북스 | 2022. 02.)

BOOK 5

《인간관계론》

데일 카네기 | 현대지성 | 2019. 10.

성공하는 인간관계를 맺으려면?

《인간관계론》은 쉽게 말해, 사람들과 관계를 잘 맺는 법을 이야기하는 책입니다. 언뜻 보면 고루하다고 느낄지도 모르겠습니다. 그러나 진리는 세월이 흘러도 변하지 않는 법입니다. 사람을 대하는 기본 원리 역시 변하지 않는다는 것을 기억해야 합니다.

이 책은 '사람을 다루는 기본 원칙', '사람들이 나를 좋아하도록 만드는 법', '타인을 설득하는 법', '사람을 바꾸는 법' 등 인간관계의 여러 원칙을 다양한 사례를 들어 설명합니다. 유명 인사들의 사례부터 평범한 우리도 겪을 법한 이야기까지 다채롭고 풍부한 사례로 채워져 지루하지 않게 읽을 수 있습니다.

내가 원하는 것을 이루기 위해 타인을 설득하고 바꾸려면 어떻게 해야 할까요? 내 목적을 달성하기 위한 것이니 관계의 중심이 '나'에게 있어야 할 것만 같습니다. 그러나 이 책을 관통하는 가장 핵심적인 메시지는 '타인의 관점에서 바라보기'입니다. 먼저 다른 사람의 관점에서 생각해보고, 그것을 기준으로 나의 언행을 결정해야 한다는 의미입니다.

사람은 누구나 자기중심적이기 마련이고, 자신의 욕구에 충실한 것은 인간의 타고난 본능일 것입니다. 하지만 그것을 뛰어넘어 역지사지의 태도를 가져야만 역설적으로 내가 원하는 것을 이룰 수 있음을 우리는 이 책을 통해 배울 수 있습니다. 그리고 그 배움이 의미를 발하기 위해서는, 배운 것을 실행에 옮겨야만 하겠습니다.

그런 의미에서 이 책은 학교생활에 매우 유용합니다. 학교에서 만나는 다양한 구성원들과 소통하고 리더십을 발휘할 때 도움이 될 것입니다. 다른 학교 구성원들과도 협동, 협업을 해야 하는 전교회장, 학급회장, 동아리 장이 되려는 학생들은 꼭 읽어볼 것을 추천합니다.

이 책에서 배운 내용을 직접 활용해보고, 누군가와 맺는 관계에 어떤 변화가 일어나는지 집중해봅시다. 사회의 구성원으로서 한 뼘 더 성장하는 경험을 하게 될 것입니다.

관련 학과

모든 계열

후속 활동으로 확장하기

– 《인간관계론》을 읽고 달라진 자신의 모습에 대해 에세이 작성하기. 책에서 배운 내용을 통해 어떻게 스스로를 성찰하고 주변을 돌아보는 계기를 마련했는지 적어본다.
– 책에서 배운 내용을 일상에서 맺는 관계에 실제로 활용해보고 그 변화를 기록한다.
– 책에서 인상 깊었던 에피소드를 카드 뉴스로 만들어 인터넷에 업로드해본다.

같이 읽으면 좋은 책

《인간력》(다사카 히로시 | 웅진지식하우스 | 2017. 05.)

BOOK 6

《책은 도끼다》

박웅현 | 북하우스 | 2011. 10.

얼어붙은 감수성을 깨뜨리는 우리의 '도끼'들

"책은 나의 도끼였다."

저자는 이렇게 말합니다. 이 책의 제목도 거기에서 따온 것입니다. 책을 도끼라고 칭한 이유는, 책이 얼어붙은 감성을 깨뜨리고 잠자던 세포를 깨우는 역할을 하기 때문입니다. 이러한 도끼 자국들은 그 사람의 머릿속에 선명한 흔적을 남깁니다. 특히 광고를 생업으로 하는 저자에게, 책 읽기는 감성을 깨울 뿐 아니라 반짝이는 아이디어를 떠올리는 데도 결정적인 역할을 했다고 합니다. 자신이 느낀 그 울림을 공유하고 싶어서 저자는 이 책을 썼습니다.

창의성을 위해서는 사람을 향한 시선이 필요하고, 따라서 인문학으로 시선을 돌려야 한다는 것이 저자의 생각입니다. 그리고 그 중심에는 책이 있습니다. 그림, 음악, 영화 등에서도 영감을 얻을 수 있지만 그래도 가장 핵심적인 매체는 책입니다. 그래서 작가는 다독보다는 정독을 추천하며, 한 문장 한 문장을 필사하면서 책을 깊게 읽는 것이 좋다고 말합니다. 이를 통해 저자는 영혼의 깊은 울림을 느낀다고 표현합니다.

이 책은 장별로 한 권의 책을 살펴보기보다는 작가 한 명의 책과 그 책과 함께 보면 좋은 다른 책이나 그림, 음악들을 한데 묶어서 이야기합니다. 작가가 말하는 '울림'을 확장하기 적절한 구성이라 할 수 있습니다.

학생들이 학교에서 배우는 교과목들도 마찬가지입니다. 서로 연관성이 없는 것 같지만 사실 결이 같은 경우가 많습니다. 문학사를 배우며 한국사를 이해할 수 있고, 물리의 원리를 배우면서 수학을 이해하며, 윤리와 사상 속에서 역사를 배우기도 합니다. 이렇게 여러 교과목들은 서로 수평적인 연관성을 가지고 있고 이를 연결할 수 있는 능력이 결국 배움의 핵심이 됩니다.

우리는 책을 통해서 수평적인 것들을 서로 연관시키고 그 안에서 창의성을 끌어낼 수 있습니다. 그 방법을 말하는 이 책을 통해, 단순히 책 읽기를 넘어서서 시야를 확장하는 방법을 배운다면 좋겠습니다. 현대를 살아가는 우리가 자기만의 감수성을 끌어내는 데 중요한 힌트를 얻을 수 있을 것입니다.

🏛 관련 학과

인문 계열, 사회 계열, 광고학과

👐 후속 활동으로 확장하기

– 이 책의 작가처럼 자신에게 삶의 도끼로 작용한 책을 찾아보고 소개해본다.
– 나에게 '울림'이 되는 책, 음악, 영화, 그림 등 여러 가지 매체를 하나로 묶어 의
미를 엮어본다.

📖 같이 읽으면 좋은 책

《다시, 책은 도끼다》(박웅현 | 북하우스 | 2016. 06.)
《여덟 단어》(박웅현 | 북하우스 | 2013. 05.)

BOOK 7

《인간 본성의 법칙》

로버트 그린 | 위즈덤하우스 | 2019. 07.

인간의 내면을 해독하는 열쇠를 얻고 싶다면

인간 행동의 뿌리를 제대로 알 수 있다면 어떨까요? 상대의 행동을 예측하여 훨씬 더 수월하게 대응할 수 있을 것입니다. 타인을 알기 위해서만이 아니라 자기 자신을 이해하기 위해서도 인간 본성의 법칙을 아는 것은 중요합니다. 나의 내면을 들여다보고 문제가 되는 감정의 출처가 어디인지, 왜 그 감정은 종종 나의 바람을 거스르는 행동을 하게 만드는지 알 수 있을 테니까요. 내 안의 낯선 이에 관해 좀 더 명확히 알게 되고, 그 낯선 이가 실은 내 일부라는 사실을 깨닫게 될 것입니다.

우리는 내면 깊숙한 곳에 위치한 여러 힘의 지배를 받습니다. 그 힘들은 의식보다 낮은 수준에서 활동하면서 우리의 행동을 좌우합니다. 작가는 이처럼 내면 저 깊은 곳에서 우리를 좌지우지하는 힘들의 집합을 '인간 본성'이라고 부릅니다. 그리고 "인간 본성을 간파하는 것은 우리가 손에 넣을 수 있는 가장 강력한 도구다"라고 단언합니다.

이 책은 지난 100년간의 심리학 자료들과 과학 지식, 인간 본성의 여러 측면을 조명한 철학자들의 연구를 망라하여 방대한 아이디어와 지식을 한데 모았습니다. 그리하여 특정한 관점이나 도덕적 판단이 아니라, '증거'를 기반으로 인간 본성에 관해 정확하고 유익한 정보를 제공합니다.

이 책을 통해 인간 행동의 다양한 측면을 살피고 근본적인 원인을 조명하는 법을 익힐 수 있을 것입니다. 그럼으로써 타인을 관찰하고 판단하는 법, 무엇보다 나 자신을 깊이 들여다보는 법을 알게 됩니다. 타인의 시선과 의도에 휘둘리지 않고, 더 이상적인 나의 모습에 다가갈 수 있다면 좋겠습니다.

관련 학과

심리학과, 교육학과, 모든 계열

후속 활동으로 확장하기

– 이 책을 읽고 자신의 행동을 좌우하는 인간 본성의 근원이 무엇인지 탐구해본다.
– 사회의 일원으로서 올바른 관계를 형성하기 위해 나는 무슨 노력을 할 수 있을지 생각해본다.

같이 읽으면 좋은 책

《인간 본성 불패의 법칙》(로런 노드그런 · 데이비드 숀설 | 다산북스 | 2022. 10.)

BOOK 8

《철학의 역사》

나이절 워버턴 | 소소의책 | 2019. 07.

소크라테스부터 피터 싱어까지,
위대한 철학자 40인으로 살펴보는 철학의 역사

철학은 고대부터 지금까지 인류가 향유해온 가장 오래된
학문 중 하나입니다. 인간은 왜 태어났으며 어떤 의미를 가지
고 살아가는가, 죽으면 어떻게 되는가 하는 '삶의 의미'와 '인
간의 근원'에 관한 탐구는 지금까지도 인류의 과제라 할 수
있습니다.

이는 인간만이 할 수 있는 고민이므로 과학이 지배하는 앞
으로의 시대에도 결코 사라지지 않을 활동일 것입니다. 미래
사회에서는 결국 인간만이 담보하는 가치가 더욱 중시될 테
니까요. 이 책은 고대 소크라테스[Socrates]부터 현대의 피터 싱
어[Peter Singer]까지, 각 시대의 대표적인 철학자 40인의 사상과
시대적, 사상적 배경을 쉽고 간결하게 설명합니다. 철학자들
의 일대기와 더불어 인물의 특징적인 면을 잘 포착해내어서

책의 설명이 오래도록 기억에 남습니다.

이 책의 특징은 철학의 역사를 자연스럽게 그려낼 뿐 아니라 철학과 과학, 철학과 종교가 어떤 관계에 놓여 있는지를 보여준다는 것입니다. '과학자들의 실험'과 '철학자들의 사고실험'이 어떤 점에서 같고 또 다른지, 신의 존재를 증명하려 했던 철학자들의 끝없는 도전이 철학사에서 어떤 줄기를 따라 이어져 왔는지를 알 수 있습니다.

이 책을 읽으며 철학의 큰 흐름을 이해하고, 위대한 철학자 40인의 굵직한 사상을 통해 삶의 본질에 대해 고민해보는 시간을 가진다면 좋겠습니다.

🏛 **관련 학과**

철학과, 인문 계열

✍ **후속 활동으로 확장하기**

본문에서 소크라테스는 이렇게 묻는다. "남을 속이는 것은 비도덕적이라고 할 수 있는가?" 그리고 다음과 같이 논쟁을 이어간다. "칼을 훔치는 행위는 비도덕적이지만, 친구가 자살할 것 같아서 친구의 칼을 훔쳤다면 그 행동은 오히려 도덕적이라고 할 수 있는 것 아닌가?" 이처럼 일반적인 견해가 모든 상황에 적용되지 않음을 보여주는 사례를 찾아서 토론해보자.

📖 **같이 읽으면 좋은 책**

《만화로 보는 3분 철학》 세트(김재훈 · 서정욱 | 카시오페아 | 2022. 05.)
《생각이 많은 10대를 위한 철학 사전》(황진규 | 나무생각 | 2021. 08.)

내 글을 쓴다는 건 나답게 산다는 것

이 책은 자기만의 글을 쓰는 법에 관한 책입니다. 나답게 살아가기 위해서는 반드시 글쓰기가 필요하며, 이를 위해서 내 생각을 헤아리고 담아낼 줄 알아야 한다고 저자는 말합니다. "투명인간으로 살지 않으려면 내 글을 써야 한다"는 저자의 말이 곧 이 책이 전하는 메시지라 할 수 있습니다.

저자는 글을 잘 쓰기 위해 마음을 어떻게 다스려야 하는지, 어떤 준비가 필요한지, 글쓰기 기본기는 어떻게 갖출 수 있는지, 실제 글은 어떻게 써나가는지 등을 자신의 경험에 비추어 차근차근 풀어냅니다.

독서란 "남의 생각을 빌려 자기 생각을 만드는 것"이라고 이 책은 말합니다. 만약 책을 한 권 읽었는데 내 생각에 새로워진 부분이 하나도 없다면 헛일이라는 소리입니다. 우리가 독서를 하는 이유는 남의 생각을 알기 위해서가 아니라, 자기 생각을 만들기 위해서라는 것이죠.

글쓰기를 통해 우리는 두 가지 문제를 해결할 수 있습니다. 하나는 "내가 말하고 싶은 한 줄을 찾는 일"이고, 다른 하나는 "찾은 한 줄을 문장으로 표현하는 일"입니다.

이 책을 읽으며 자신만의 글을 쓰겠다는 마음을 먹는다면 좋겠습니다. 나아가 실제로 글쓰기를 시작한다면, 이 책에서 최고의 소득을 거둔 셈일 것입니다. 나만의 글을 쓸 수 있다는 것은 창의적 인재의 가장 기본적인 역량이기 때문입니다.

🏛 관련 학과

문예창작과, 모든 계열

✍ 후속 활동으로 확장하기

"글쓰기는 두 가지 문제를 해결하는 일이다. 하나는 내가 말하고 싶은 한 줄을 찾는 일이고, 다른 하나는 찾은 한 줄을 문장으로 표현하는 일이다"라는 작가의 말을 토대로 '나만의 한 줄 찾기'를 해본다.

📖 같이 읽으면 좋은 책

《10대에 작가가 되고 싶은 나, 어떻게 할까?》(김은재 | 오유아이 | 2020. 11.)
《대통령의 글쓰기》(강원국 | 메디치미디어 | 2014. 02.)
《쓰기의 말들》(은유 | 유유 | 2016. 08.)
《유혹하는 글쓰기》(스티븐킹 | 김영사 | 2017. 12.)

《나는 생각하고 말하는 사람이 되기로 했다》

홍승우 | 웨일북 | 2021. 07.

'올바른 말하기'를 배우는 언어 감수성 수업

국립국어원은 감수성을 '외부 세계의 자극을 받아들이고 느끼는 성질'로 정의합니다. 우리를 둘러싼 외부 세계, 즉 사회는 계속해서 변화합니다. 그러니 언어 감수성 또한 시간의 흐름에 따라 업데이트되는 것이 당연합니다.

저자는 이 책을 통해 낡은 단어에 대해 이야기합니다. 말하는 사람의 의도보다 듣는 사람의 기분을 헤아려, 차별과 혐오를 유발할 수 있는 낡은 단어들을 버리는 것이 언어 감수성을 키우는 첫걸음이라고 저자는 말합니다.

구글의 한 임원은 리더십 강연에서 구글의 가장 중요한 조직 문화에 대해 말하기를 "모르는 게 있으면 숨기지 않고 질문하는 것"이라고 했습니다. '잘 모르겠다'고 말하는 건 결코 부끄러운 일이 아닙니다. 그런데 우리 사회는 질문이 많은 사람에게 '물음표 살인마'라는 조롱 섞인 별명을 붙입니다. 눈치를 잘 살펴서 요령 있게 일을 처리하는 사람도 있지만, 분위기를 몰라서 실수하는 사람도 있게 마련입니다. 그럴 때마다 '눈치 없다', '선 넘었다'라고 무안을 주는 건 다른 이의 실수를 용납하지 않겠다는 선언과 다를 바 없다고 저자는 지적합니다. 다른 이의 한계를 대할 때는 선을 긋는 단호함이 아닌 약간의 배려가 필요하다는 이야기입니다.

말은 그 사회를 반영하는 거울이라고 합니다. 내가 일상적으로 쓰는 말들은 현재 내 삶의 모습을 가장 잘 반영하는 장치인 셈입니다. 따라서 자신이 어떤 말을 많이 쓰는지, 그 말들이 나의 내면에 어떤 영향을 끼치는지 살펴보는 것은 아주 중요한 일입니다. 말에는 분명 큰 힘이 있습니다.

자신이 쓰는 말들을 돌아보고 나에게 영향을 미치는 중요한 말을 함부로 내뱉지는 않았는지 생각해본다면 의미 있는 활동이 될 것입니다. 이를 확장하여, 타인과의 관계 속에서 드러나는 나의 사회적 말하기 패턴을 찾아보는 것도 좋겠습니다. 혹시라도 타인에게 상처를 주는 말이나 나의 품격과 호감을 떨어뜨리는 말하기 패턴을 습관적으로 사용하는 것은 아닌지 점검해보아야 할 일입니다.

관련 학과

언어학과, 국어국문학과

후속 활동으로 확장하기

– 주변에서 흔히 쓰는 말들 가운데 옳고 그름을 가려볼 만한 사례를 찾아본다(예를 들어, 초심자를 어린이에 비유하는 것은 왜 문제가 될까?).
– 인터넷에서 흔히 사용하는 언어 가운데 언어 규범 및 윤리를 파괴하여 문제가 되는 경우를 찾아보고, 유익한 인터넷 언어 문화를 만들 수 있는 방법을 고민해 본다.

같이 읽으면 좋은 책

《언어의 온도》(이기주 | 말글터 | 2016. 08.)
《말의 품격》(이기주 | 황소북스 | 2017. 05.)

《진작 이렇게 책을 읽었더라면》

장경철 | 생각지도 | 2020. 11.

읽은 것이 고스란히 배움이 되는, 생산적 책 읽기

"만일 내가 다른 사람들처럼 많은 책을 읽었다면 나도 다른 사람들처럼 무식할 것이다."

토머스 홉스Thomas Hobbes의 말을 인용하며 시작하는 이 책은, 독서란 양이 중요한 것이 아니라 그 속의 많은 내용을 내 것으로 만드는 것이 중요하다고 강조합니다. 작가는 독서에 관해 수없이 묻고 책을 대하는 자세를 다듬으면서 자신만의 책 읽기 방법을 정립하게 되었다고 합니다.

이 책은 '왜 공부해야 하는가?', '어떤 대상을 찾아서 공부할까?', '어떻게 책을 읽을까?', '공부한 내용을 어떻게 활용할까?'라는 네 개의 장으로 구성되어 있습니다. 지금도 공부와 씨름 중인 고등학생들도 꼭 고민해보아야 할 내용들입니다.

목적이 없다면 방향을 잃기 쉽습니다. 그래서 공부도 독서도 자신만의 목표와 방향이 있어야 합니다. 책을 읽을 때 그 책의 내용을 어떻게 내 것으로 만들지를 고민하고 실행해보면 좋겠습니다. 또한 다른 모든 공부에도 이를 적용하여, 공부의 참된 의미를 생각해보고 그에 따라 목표를 실현해나가는 연습을 했으면 합니다.

평생을 공부하고 배우며 살아가는 우리에게, 이는 아주 유용한 삶의 태도가 됩니다. 이런 태도가 밑받침된다면 어떤 책 한 권을 읽더라도 자신의 것으로 소화하여 배움을 얻어내는 능력을 다질 수 있을 것입니다.

🏛 관련 학과

모든 계열

👆 후속 활동으로 확장하기

– 책 읽기의 목표와 의미에 대해 생각하는 글을 써본다.
– 이 책을 읽고 공부 계획을 세우고, 이를 실천할 방안 생각해본다.

📖 같이 읽으면 좋은 책

《공부머리 독서법》(최승필 | 책구루 | 2018. 05.)

《철학적 시 읽기의 즐거움》

강신주 | 동녘 | 2010. 02.

우리 시와 현대 철학이 만났을 때

국어 과목 중에서 학생들이 가장 어렵게 느끼는 영역 중 하나가 '시 읽기'일 것입니다. 도무지 시의 내용과 의미를 모르겠다고 고개를 젓는 학생들이 많습니다. 이해하기 어렵기는 철학도 마찬가지인데, 시와 철학 모두 고도의 사유 과정과 인문학적 소양이 뒷받침되어야 이해할 수 있기 때문일 것입니다.

그래서 저자는 '시를 읽고 철학을 공부하는 일이 산을 오르는 것과 같다'고 말합니다. 시와 철학은 산과 같아서 우리 삶을 조망할 수 있는 시야를 제공하며, 시인과 철학자들은 각각 하나의 봉우리라고 덧붙입니다. 이 책에는 21명의 시인과 21명의 철학자가 등장합니다. 이 봉우리들 하나하나를 등반하며 우리 삶을 높은 곳에서 조망하는 시간을 가질 수 있습니다.

국어 시간에 김춘수의 〈꽃〉이라는 시를 배웁니다. 내가 너의 이름을 불러주어 꽃이 되었다는 아름다운 시입니다. 아마 학생들은 선생님의 부연 설명에 따라 교과서 한쪽에 밑줄을 긋고 '존재론적 관점'이라고 필기했을 것입니다. 그런데 열심히 필기한 학생들은 '존재론'이라는 철학적 단어가 어떤 의미인지 충분히 알고 있을까요?

저자는 김춘수의 작품을 철학자 하이데거$^{\text{Martin Heidegger}}$와 연결합니다. 하이데거의 철학 중 그가 인간을 바라보는 관점인 '현존재'라는 개념을 김춘수의 〈어둠〉이라는 작품 속으로 끌어와 설명합니다. 김춘수의 철학과 하이데거의 철학이 놀랍게도 맞닿아 있음을 발견하는 동시에, 양쪽 모두를 하나의 시선으로 이해할 수 있게 됩니다.

이 책의 21개 챕터를 다 읽지 않아도 괜찮습니다. 들어본적 있는 시인과 철학자 위주로 먼저 접근할 것을 권합니다. 마음에 드는 시인이나 철학자가 있다면 관련 서적을 더 찾아 읽어도 좋겠습니다. 모든 봉우리에 오를 필요는 없지만, 내가 좋아하는 봉우리를 계속해서 오르며 생각의 깊이를 더해보는 것은 꽤 의미 있는 경험이 될 것입니다.

🏛 **관련 학과**

국어국문학과, 철학과

후속 활동으로 확장하기

– 책 속의 시를 감상하고 자신의 경험과 연관 지어 에세이를 써본다. 시를 여러 번 읽고 이해하려 노력하는 과정에서 시를 내면화하게 되며, 시를 감상하는 능력이 향상된다.
– 문학 시간에 배운 시에서 발견한 철학적 발상을 정리하여 발표해본다.

같이 읽으면 좋은 책

《청소년을 위한 친절한 서양 철학사》(박해용 · 심옥숙 | 문예춘추사 | 2021. 03.)
《강의》(신영복 | 돌베개 | 2004. 12.)
《인생의 역사》(신영철 | 난다 | 2022. 10.)

BOOK 13

《문학의 숲을 거닐다》

장영희 | 샘터 | 2022. 07.

문학의 숲에서 사랑을 만나고, 삶의 길을 찾는다

《문학의 숲을 거닐다》는 영문학자 장영희 교수가 고전 문학 작품들을 소개하고 그 안에 담긴 삶의 의미를 풀어내는 책입니다. 저자는 서문에서 "모든 위대한 문학 작품들의 기본적 주제는 '같이 놀래?'일지도 모른다"고 말합니다. 서로 다른 수십억 명의 사람들이 서로 부대끼며 살아가는 이 세상에서, 다른 사람을 이해하고 궁극적으로 화합하고 사랑하며 살아가는 법을 가르치는 것이야말로 문학의 과업이라는 설명입니다.

누군가의 손끝에서 탄생한 시와 소설은 분명 나의 이야기가 아니지만 신기하게도 문학 작품 속에서 우리는 자신을 발견하게 됩니다. 문학이 일종의 대리경험을 하게 해준다는 것은 저자의 가치관이기도 합니다.

저자는 아기 때 소아마비를 앓아 평생 목발을 짚어야 했고 문인이자 교수로 한창 활발히 활동하던 50대에 암으로 세상

을 떠났습니다. 하지만 문학 안에서 자신의 날개를 아낌없이
펼친 사람이었습니다.

이 책을 통해 작가는 《오만과 편견》, 《위대한 개츠비》, 《이
방인》, 《로미오와 줄리엣》, 《어린 왕자》, 《주홍 글씨》, 《카라마
조프의 형제》, 《변신》을 포함한 수십 편의 소설과 릴케[Rainer
Maria Rilke], 로버트 브라우닝[Robert Browning], 에밀리 디킨슨[Emily
Dickinson] 등 유명 시인들의 시를 소개합니다. 글 한 편마다 자
기 삶의 경험을 곁들이고 살아가면서 느꼈던 아픔과 고통, 깨
달음과 감동의 이야기를 덧입합니다. 저자는 이렇게 말합니
다.

"문학 작품을 읽는다는 것은 너와 내가 같고, 다른 사람도
나와 똑같이 인간이기 때문에 느낄 수 있는 고뇌와 상처를 이
해하는 능력을 기르는 일이다. (…) 인간다운 삶을 영위하기
위해 이러한 인간 이해는 필수 조건이다."

영문학과 교수인 저자의 아름다운 언어를 통해, 우리는 다
양한 책들을 어떤 관점으로 볼 수 있는지 그리고 그것들이 우
리 삶에 어떤 의미를 주는지 다시 한번 생각하게 됩니다.

🏛 **관련 학과**

국어국문학과, 영어영문학과

문학은 삶을 바탕으로 창작된다. 자신의 삶과 유사하다고 느낀 문학 작품을 찾아
보고 그 속에서 발견한 삶의 지혜에 대해 이야기를 나누어보자.

같이 읽으면 좋은 책

《청춘의 독서》(유시민 │ 웅진지식하우스 │ 2017. 07.)
《직업으로서의 소설가》(무라카미 하루키 │ 현대문학 │ 2016. 04.)

백석과 윤동주의 연결고리를 찾는 탐험

한국인이 가장 사랑하는 시인으로 꼽히는 윤동주는 고등학생이던 80여 년 전, 도서관에 앉아 시집 한 권을 필사하고 있었습니다. 바로 백석의 시집 〈사슴〉입니다. 원고지에 꾹꾹 눌러 정성스레 필사한 뒤에는 시구 끝자락에 붉은 펜으로 소감을 적어 넣었습니다.

"베껴 쓴 텍스트만이 텍스트에 몰두하는 사람의 영혼에 지시를 내린다"는 발터 벤야민Walter Benjamin의 말처럼 윤동주는 백석의 시집을 필사하며 그의 영혼을 닮기 위해 노력했을 것입니다. 이러한 사실을 바탕으로 작가는 백석과 윤동주라는 두 시인의 서로 연관된 부분, 더 정확히 말하면 윤동주가 백석에게서 배운 것들에 초점을 맞추어 이 책을 구성했습니다. 어린 윤동주가 필사했던 백석의 시집 〈사슴〉에 실린 33편의 시를 하나하나 따라가며, 각각의 시 안에서 동주가 백석을 만난 지점을 추적합니다.

이제는 이미 고인이 된 시인들을 대상으로 인터뷰를 할 수 없기에, 우리는 그들의 삶을 유추하고 닮기 위해 노력하는 것으로 그 문학을 향유합니다.

이 책은 바로 그런 노력을 담고 있습니다. 저자는 근대 최고의 시인이라 할 수 있는 백석과 윤동주가 남긴 다양한 발자취를 통해 두 사람의 연관성을 역추적하고 찾아갑니다. 두 사람 작품의 형식적 특징과 내용을 비교하고, 그 안에 남아 있는 삶의 흔적들을 짚어냅니다.

동시대에 비슷한 고뇌를 했던 작가들의 공통점을 찾고, 그들의 삶의 단면을 기억하기 위해 노력하는 것. 바로 문학을 배우는 사람들의 특권이자 의무라 할 수 있을 것입니다. 우리가 사랑하는 문학 작품 속에서 사실을 바탕으로 상상력을 펼치고, 그 상상력을 응용하는 일이 얼마나 흥미롭고 가치 있는지 이 책을 통해 체험할 수 있다면 좋겠습니다.

🏛 관련 학과

국어국문학과, 국어교육학과, 역사학과

✍ 후속 활동으로 확장하기

– 윤동주와 백석의 다른 작품들을 찾아 비교해보고, 자신만의 생각으로 정리해보자

– 백석과 윤동주처럼 같은 시대, 다른 작가들의 작품을 묶어서 읽어보고 다양한 방법으로 공통점을 유추해본다.

같이 읽으면 좋은 책

《윤동주를 읽다》(전국국어교사모임 | 휴머니스트 | 2020. 02.)
《백석을 읽다》(전국국어교사모임 | 휴머니스트 | 2019. 06.)
《동주, 걷다》(김태빈 | 레드우드 | 2020. 12.)

《페스트》

알베르 까뮈 | 민음사 | 2011. 03.

시대를 아우르는 한 권의 고전

2020년 초, 코로나19로 인해 전 세계가 팬데믹에 빠졌을 때 우리나라 역시 사회적 거리두기를 실행했습니다. 감염자는 물론이고 감염을 우려한 수많은 사람들은 사회적 활동을 내려놓았습니다. 매일 감염자와 사망자 현황이 발표되었고, 백신과 치료제에 인류의 이목이 집중되었습니다.

이처럼 누구도 예상하지 못했던 치명적인 혼란 속에서 새롭게 주목받은 책이 있으니, 바로 알베르 까뮈Albert Camus의 《페스트》입니다.

알제리 오랑이라는 도시에 페스트가 발병하고 도시는 격리됩니다. 그 속에서 의사, 기자, 성직자 등 저마다의 자리에서 주어진 일을 하던 사람들은 재앙을 극복하고 행복한 보통의 삶을 회복하기 위해 함께 고군분투합니다. 우리는 그 과정을 지켜보며 인간 군상의 다양하고 내밀한 모습을 발견하게 됩니다. 그 모습은 시간을 훌쩍 뛰어넘은 2020년, 3년간이나 지속된 코로나19 팬데믹 시기의 우리들 모습과 별반 다를 바 없습니다.

소설 속 '페스트'는 비단 질병으로 인한 절망으로만 해석되지 않습니다. 전쟁이나 차별처럼, 사람들을 절망 속에 빠뜨려 무기력하게 만드는 모든 사회적 현상과도 결부시킬 수 있습니다. 그렇기에 다른 한편에서 우리가 살아가며 붙들어야 할 연대의식, 책임감, 용기, 사랑, 자유 등의 미덕에 대해 생각해보게 됩니다. 또한 이런 미덕들이 우리 삶 속의 절망을 극복하는 데 어떤 역할을 하는가를 이 책을 읽으며 배울 수 있습니다.

《페스트》는 우리가 고전을 읽어야 하는 이유를 말해줍니다. 고전은 세기를 넘나들며, 우리의 삶과 내면을 똑바로 관통하기 때문에 지금까지도 고전이라 불리며 읽히고 있습니다. 학생들 모두 한 권의 고전을 거울 삼아서, 지금 우리가 처한 현실을 투영하며 읽어보았으면 합니다. 그러기 위해서는 우리가 발 딛고 있는 현실에 관심을 가지고 문제의식을 발전시키는 것이 먼저일 것입니다.

관련 학과

국어국문학과, 사회학과, 간호학과

 후속 활동으로 확장하기

– 《페스트》 속 인물들과 사회적 상황을 통해서, 감염병 확산이 인간 개인과 공동체의 삶에 어떠한 영향을 미치는지 분석해본다.
– 《페스트》와 최근의 코로나19 확산 및 대처 상황을 비교 분석해보고 보고서를 작성한다.

 같이 읽으면 좋은 책

《전염병의 지리학》(박선미 | 갈라파고스 | 2022. 08.)
《세계사를 바꾼 전염병 13가지》(제니퍼 라이트 | 산처럼 | 2020. 03.)
《1984》(조지 오웰 | 민음사 | 2003. 06.)

밀실과 광장 사이에 선 한 인간의 고뇌

《광장》은 1960년에 발표된 최인훈의 소설로, 분단의 현실 속에서 갈등하는 한 인간의 고뇌를 그린 작품입니다. 60여 년이 지난 지금도 우리는 이 소설이 담아냈던 분단과 이데올로기 문제에서 벗어나지 못하고 있습니다. 문학사에서 중요한 작품이기 때문에, 고등학교 교과서에 수록되기도 하고 수능에도 두 번 출제되었습니다.

주인공 이명준은 대학생으로 월북한 아버지를 따라 북한으로 가게 되고, 남한과 북한의 정치 체제를 모두 경험합니다. 여기서 밀실은 남한을, 광장은 북한은 상징하는 공간입니다. 이명준은 이 둘 사이에서 어디를 향할 것인지 치열하게 고민하다가 결국 중립국을 택하고 배에 오릅니다.

어찌 보면 줄거리가 상당히 단순한 소설이라 할 수 있습니다. 그러나 그 속에 담긴 작가의 메시지는 절대 단순하거나 가볍지 않습니다. 온전한 광장과 밀실이 공존하는 곳. 이명준이 꿈꾼 그 유토피아는 과연 존재할까요? 또한 60여 년이 지난 현재, 우리 사회의 광장과 밀실은 국민의 자유와 존엄을 존중하며 제대로 작동하고 있을까요? 소설은 이 문제를 끊임없이 고민하게 만듭니다. 작가가 그려낸 문장이 매우 정교하기 때문에 한 문장씩 곱씹으며 읽는 재미 또한 큽니다.

《광장》은 다양한 관점으로 해석할 수 있습니다. 반영론적 관점에서 시대적 상황을 읽어낼 수 있고, 표현론적 관점에서 작가의 삶이 작품에 어떻게 녹아 있는지를 알아볼 수 있으며, 내재론적 관점에서 밀실과 광장 같은 상징적 소재의 의미를 파악하고 이명준의 심리를 분석해나가는 과정도 재미있을 것입니다.

문학 작품을 꼼꼼하게 분석하며 읽는 능력을 길러봅시다. 나아가 소설과 관련된 책이나 논문을 함께 찾아 읽으며 생각의 지평을 넓혀나가면 좋겠습니다.

🏛 **관련 학과**

국어국문학과, 사회학과

✍ **후속 활동으로 확장하기**

– 작품 속의 상징적 소재의 의미에 대해 친구들과 토론하고 자신의 생각을 정리해 발표해본다.

– 또 다른 분단문학 작품들을 읽고 그 안에 그려진 시대상, 사회상을 비교 분석해보자. 그 작품들과 《광장》의 주제가 어떤 점에서 같거나 다른지 생각해본다.

같이 읽으면 좋은 책

《탈향》(이호철 | 사피엔스21 | 2012. 07.)
《카인의 후예》(황순원 | 문학과지성사 | 2006. 02.)
《엄마의 말뚝》(박완서 | 세계사 | 2012. 01.)
《그 많던 싱아는 누가 다 먹었을까》(박완서 | 웅진지식하우스 | 2021. 01.)
《관촌수필》(이문구 | 문학과지성사 | 2018. 09.)

《난장이가 쏘아올린 작은 공》

조세희 | 이성과 힘 | 2000. 07.

우리 사회의 그림자를 폭로한 한국 문학 대표작

《난장이가 쏘아올린 작은 공》은 서로 연관된 여러 개의 중·단편소설들을 엮은 연작소설입니다. 난쟁이로 표상되는 소외 계층은 주변부에 머무는 이들입니다. 공간적으로는 도시 외곽 철거민촌에 살며, 계층적으로는 비숙련 공장 노동자의 삶을 삽니다. 다른 한편에는 이 비참한 생활과 대비되는 화려하고 타락한 생활을 영위하는 자본가, 즉 '가진 자'들이 있습니다.

소설은 두 계층이 날카롭게 맞서는 이분법적 대립 구조를 묘사함으로써, 소외된 소시민들이 회의와 방황을 거쳐 의식적으로 자각하는 과정을 보여줍니다. 작가는 1970년대 한국 사회를 '착취와 피착취'라는 이분법으로 파악합니다. 한편으로 작가는 '뫼비우스의 띠'와 '클라인 씨의 병'이라는 소설 속 소재를 통해 "안이 곧 밖이고 밖이 곧 안"이라고 역설하면서,

이처럼 잘못된 구조 속에 사는 우리 모두가 피해자인 동시에 언제든 가해자가 될 수 있다는 윤리관을 드러냅니다. 그렇기에 이 소설의 모든 등장인물은 '가진 자'와 '못 가진 자'의 대립 구도에 포함되는 동시에 그 모순을 드러내는 역할을 맡습니다.

시대가 바뀌어도 사람들이 이 책을 꾸준히 읽는 이유는, 소설 속의 주인공들이 처한 상황이 지금 이 순간에도 일어나기 때문일 것입니다. 노동자들이 죽어가는 삶, 삶의 터전에서 쫓겨나는 철거민들, 돈이 없어서 외곽으로 밀려나는 소시민들. 시대는 달라졌지만 1960~1970년대 당시 소시민들의 삶과 고뇌는 여전히 우리 안에 살아남아 이어지고 있습니다.

이 책을 통해 문학이 당대 사회의 현실을 얼마나 신랄하게 반영하고 맹렬히 비판할 수 있는지 엿보게 됩니다. 현재의 우리는 그 안에서 어떤 교훈을 얻을 수 있는지 찬찬히 생각해보면 좋겠습니다.

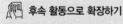

관련 학과

국어국문학과, 사회학과, 경제학과, 도시공학과

후속 활동으로 확장하기

- 이 소설의 배경이 된 당시의 사회적 상황에 대해 찾아보고, 이 작품이 시대에 반향을 불러일으킨 소설로 평가받는 이유를 보고서로 작성해본다.

– 작가의 특유한 표현 방식이 어떤 문학적 효과를 주는지 분석하여 감상문을 작성한다.

– 이 책에 반영된 사회상이 현재는 개선되었는지 알아보고, 그렇지 않다면 그 이유에 대해 토론해본다.

같이 읽으면 좋은 책

《누이를 이해하기 위하여》(김승옥 | 청아출판사 | 2002. 04.)

BOOK 18

《작별인사》

김영하 | 복복서가 | 2022. 09.

'진정한 인간다움이란 무엇인가?'를 묻는 책

《작별인사》의 주인공 철이는 IT기업의 연구원인 아버지와 평온하게 살아가는 평범한 소년입니다. 어느 날 부자의 삶을 송두리째 뒤흔드는 사건이 벌어집니다. '무등록 휴머노이드를 지정된 수용소에 격리한다'는 법안이 통과된 후, 철이가 수용소로 끌려가게 된 것입니다. 자신이 아버지가 만든 휴머노이드였다니, 스스로 인간이라는 사실을 한 번도 의심해본 적 없던 철이는 당연히 혼란에 빠지고 맙니다.

철이는 수용소에서 클론인 선이와 로봇 민이를 만납니다. 사회에서 배제된 존재라는 공통점으로 하나가 된 친구들은 수용소가 공격받은 틈을 타서 함께 그곳을 탈출합니다. 하지만 집으로 돌아오는 고단한 여정에는 피할 수 없는 질문이 기다리고 있습니다.

소설의 마지막 순간, 비록 휴머노이드이지만 가장 인간다운 죽음을 선택하는 철이를 보며 우리는 묻게 됩니다. 진정한 인간다움이란 무엇인가? 인간을 인간답게 만드는 것은 무엇일까?

이 책에서 철이와 끝까지 함께했던 친구 선이는 이렇게 말합니다.

"우주의 모든 물질은 대부분의 시간을 절대적 무와 진공의 상태에서 보내지만 아주 잠시 의식을 가진 존재가 되어 우주 정신과 소통할 기회를 얻게 된다. 그러므로 의식이 살아 있는 지금, 각성하여 살아내야 한다."

인간은 과거와 현재, 미래라는 관념을 만들고 여기에 집착합니다. 그래서 인간은 늘 불행합니다. 우리의 자아는 늘 과거를 후회하고 미래를 두려워할 뿐, 유일한 실재인 현재는 그냥 흘려보내기 때문입니다.

인간성을 상실한 인간, 그리고 지극히 인간적인 감정과 고민을 품은 휴머노이드가 등장하는 이 책을 읽으며, 앞으로 다가올 인공지능의 세계에서 인간이 가지게 될 근원적인 물음이 무엇인지 생각해본다면 좋겠습니다.

🏛 관련 학과

심리학과, 교육학과, 공학계열, 철학과, 국어국문학과

후속 활동으로 확장하기

미래에 로봇과 공존하는 세상이 온다면, 로봇이 위법적이거나 반인륜적인 행위를 했을 때 도덕적 책임이나 형사 책임을 물을 수 있을지 생각해보고 대비책에 대해 토론해본다.

 같이 읽으면 좋은 책

《지구 끝 온실》(김초엽 | 자이언트북스 | 2021. 08.)

《땀 흘리는 소설》

김혜진 외 | 창비교육 | 2019. 03.

'을'로서 살아가는 청춘들의 땀을 담은 이야기

《땀 흘리는 소설》은 현직 교사들이 선정한 단편소설 여덟 작품을 수록한 책입니다. 이 책을 엮은 선생님들은 한자리에 모여 "우리는 왜 아이들에게 노동을 가르치지 않을까?"라는 질문을 놓고 탄식했습니다. 학생들이 사회에 나갈 준비를 갖추려면 무엇보다 노동을 이해하고 공부해야 하는데, 국가가 지정한 '최소한'의 교육과정 내에서는 그 이야기를 할 수 없다는 사실이 못내 안타까웠다고 합니다. 그래서 문학작품을 통해 일과 노동 이야기를 해보자고 결의했습니다. 그렇게 비교적 최근에 발간된 젊은 작가들의 소설 가운데, 일하는 사람들의 다양한 양상을 담은 소설을 골라 엮었습니다.

여덟 편의 소설 속 주인공들이 겪는 사건이나 감정, 사회적 배경은 고등학생들도 충분히 공감할 만합니다. 아직 학생의 신분으로 이 책을 읽겠지만, 곧 사회 구성원으로서 노동을 하며 살게 될 여러분이 겪게 될 사회의 단면을 미리 엿본다고 생각하면 좋을 것입니다.

김혜진의 《어비》는 과연 땀 흘리는 노동만이 '일다운 일'인가, BJ나 유튜버들이 하는 일은 가치 있는 노동이 아닌가 하는 생각거리를 던집니다. 김세희의 《가만한 나날》은 블로그로 광고성 후기를 남기는 일을 하는 주인공을 통해 직업의 무거운 '사회적 책임'을 절감하게 만듭니다.

취준생 자매의 이야기를 다룬 김애란의 《기도》는 요즘 청년들이 느끼는 좌절감을 묘사하며, 서유미의 《저건 사람도 아니다》는 일하는 여성의 애환을 기발한 상상력을 통해 풀어냅니다. 구병모의 《어디까지를 묻다》는 성우가 꿈이었던 화자가 콜센터에서 일하며 겪는 일을 보여줌으로써 '감정 노동'의 어려움에 대해 생각하게 합니다. 김재영의 《코끼리》에서는 이주 노동자의 삶을, 윤고은의 《P》에서는 산업 재해의 실태를, 장강명의 《알바생 자르기》에서는 근로자의 권리를 생각해볼 수 있습니다.

각 소설의 마지막 장에는 그 소설을 선정한 이유를 소개하며, 소설에서 우리가 생각해보았으면 하는 질문을 던집니다. 학생들이 이 책에서 관심 있는 주제를 선정하여 친구들과 토론하고 한 편의 글을 작성해보는 활동을 하면 좋을 듯합니다. 또한 인상 깊었던 작가의 다른 작품들을 찾아 읽는 것도 책 읽기의 영역을 확장하는 좋은 방법이 될 것입니다.

🏫 관련 학과

국어국문학과, 법학과, 사회학과

✋ 후속 활동으로 확장하기

비정규직 노동자들의 인권 문제, 이주 노동자들의 인권 문제, 산업 재해의 위험에 놓일 수밖에 없는 열악한 노동 환경 등에 대한 뉴스를 찾아보고, 이러한 문제를 해결하기 위해서 정부와 사회가 어떤 노력을 기울여야 하는지 토론해본다.

📖 같이 읽으면 좋은 책

《10대와 통하는 노동 인권 이야기》(차남호 | 철수와영희 | 2013. 01.)

평균주의가 망친 교육.
아이들의 진정한 재능을 찾으려면?

교실 속 서른 명 남짓한 아이들의 얼굴은 모두 다릅니다. 저마다 들쭉날쭉한 재능을 가지고서 태어나, 각기 다른 삶의 맥락을 따라 걷는 아이들. 진정한 교육자라면 이 아이들에게 하나의 경로만을 안내하며 평균적인 인간이 되려면 이 길로 가야 한다고 가르치는 것이 과연 옳은 일인가 하는 의문을 품을 것입니다.

이 책의 저자는 사회가 설정한 평균과는 거리가 먼 사람입니다. 학창 시절 문제아로 불렸으며, 제도에 적응하지 못해 결국 고등학교를 중퇴했습니다. 이후 학교에서는 인정받지 못했던 자기만의 개성과 능력을 발견했고, 결국 세계적인 교육학자가 되었습니다. 성적이 최하위권이었던 낙제생이 하버드 대학교 교수가 된 것입니다. 본인 스스로 '평균'은 허상일 뿐

임을 증명한 셈입니다.

　우리 사회에 만연한 '평균주의'가 개인에게는 폭력이 되곤 합니다. 한 사람 한 사람의 서로 다른 재능과 속도는 무시한 채, 누가 평균 이상인지 이하인지를 가려내기 위한 끝없는 경쟁을 강요합니다. 다른 사람과 똑같이 하되 더 뛰어난 결과물을 내놓길 바라는 것이죠. 이런 평균주의는 개개인의 재능을 발현시키는 것이 아니라 오히려 말살시키고 맙니다.

　작가는 이러한 현실 인식을 바탕으로, 우리 사회가 나아가야 할 교육의 방향을 제시합니다. 저자 자신의 경험과 다양한 사례는 그의 주장에 탄탄한 근거가 되어줍니다.

　이 책을 읽으며 학생들은 현 교육 제도를 비판적 시각으로 바라볼 수 있을 것입니다. 예비 교육자의 입장에 서서 교실 안 학생들의 개인성을 어떻게 존중할 수 있을지, 학생들의 잠재력을 어떻게 발견하여 밖으로 끌어내줄 수 있을지 고민해보면 좋겠습니다.

🏫 **관련 학과**

교육 계열

✍️ **후속 활동으로 확장하기**

　－ 학교가 학생들의 개성을 존중하기 위해 변화해야 할 부분은 무엇인지 생각하고, 학생들의 숨은 재능을 끌어내기 위한 교사의 역할에 대해 토론해본다.

– 학생 중심의 교육을 하는 학교, 혹은 다른 나라의 사례들을 찾아보고 보고서를
작성한다.

📖 같이 읽으면 좋은 책

《아무도 의심하지 않는 일곱 가지 교육 미신》(데이지 크리스토둘루 | 페이퍼로드 |
2018. 09.)

BOOK 21

《교사와 학생 사이》

하임 G.기너트 | 양철북 | 2003. 11.

'사랑만으로는 안 된다.'
교사에게 필요한 가르침의 기술을 논하는 책

이 책의 첫머리는, 교사들이 교실에서 겪는 고충과 스스로 느끼는 한계를 돌아가면서 토로하는 장면으로 시작됩니다. 실제 학교 안에서 충분히 벌어질 수 있는 다양한 상황을 보며 '교사라는 직업도 만만치 않구나.' 싶은 생각이 절로 듭니다.

책은 번민하는 교사들이 방전되지 않고 양질의 교육을 제공하기 위해 필요한 지극히 현실적인 '가르침의 기술'을 소개합니다. 저자는 교실의 분위기를 좌우하는 요인은 바로 교사라고 말합니다. 교사의 손 안에는 어마어마한 힘이 쥐어져 있어서 그 힘으로 아이들의 삶을 비참하게 할 수도, 행복하게 만들 수도 있다고 설명합니다. 이 힘을 올바로 사용하여, 아이들을 존중하는 교육을 하기 위해 교사들이 알아야 할 구체적인 기술들을 하나하나 설명합니다.

특히 습관적인 '거절의 언어' 대신 '받아들임의 언어'를 습득해야만 아이들과 바람직한 대화를 할 수 있다는 내용이 인상적입니다. 학생과 대화할 때 상황에 대해서만 이야기하고, 성격과 인격에 대해서는 이야기하지 말라는 의사소통의 가장 중요한 원칙은 깊이 새겨둘 만합니다.

뿐만 아니라 꾸지람과 가르침에 관한 이야기, 교사와 학생 사이에 갈등이 생겼을 때 부모의 역할, 숙제를 효과적으로 지도하는 방법, 학습의 동기를 부여하는 법 등이 구체적으로 소개되어 교사를 꿈꾸는 학생들에게 현실적인 가이드를 제공합니다. 교사로서 어떤 마음가짐을 가져야 하는지, 의욕만 앞서는 교사가 아니라 학교라는 일터에서 현명하게 일하기 위해 필요한 노하우는 무엇인지를 이 책을 통해 알 수 있습니다.

🏛️ 관련 학과

심리학과, 교육학과

✍️ 후속 활동으로 확장하기

코로나19로 원격 수업이 확대되면서 교육의 격차는 점차 커졌다. 이러한 교육 격차를 해소할 수 있는 방안에 대해 탐구해 보자.

📖 같이 읽으면 좋은 책

《교사 인문학》(황현산 외 | 세종서적 | 2017. 01.)
《코로나로 아이들이 잃은 것들》(김현수 | 덴스토리 | 2020. 11.)

《공부의 미래》
구본권 | 한겨레출판 | 2019. 06.

내가 지금 하는 공부가
10년 후에는 아무 쓸모 없어진다면?

2016년 3월, 인공지능 프로그램 알파고의 등장에 한국 사회는 술렁였습니다. 이세돌 9단이 알파고와 바둑 대결을 벌인 끝에 패배한 이 날의 사건은 사람들에게 큰 충격을 안겼습니다.

"어떤 지식과 기술이 필요할지 알 수 없는 미래를 대비하기 위해, 이제 인간은 무엇을 어떻게 공부해야 하는가?"

알파고 충격은 기존의 교육과 학습 방식으로는 미래의 직업과 삶을 유지할 수 없음을 확인한 집단적 각성의 계기였습니다. 지금까지 믿고 의존해온 방법이 미래에 통용되지 않게 된다면 우리는 어떻게 해야 할까요?

작가는 이러한 현실을 바탕으로 공부의 의미가 어떻게 바뀌고 있는지, 미래에 핵심이 될 인간의 능력은 무엇인지, 스스로 미래를 결정하는 방법에는 무엇이 있는지를 설명합니다. 오래전부터 인류는 답 없는 문제에 직면해 스스로 해결 방법을 찾아내며 역사를 이어왔습니다. 그렇기에 인류의 역사는 곧 생존의 기록이자, 공부의 기록입니다. 지금까지 그랬듯 새로운 인공지능의 시대 속에서도 우리는 생존과 번영의 길을 찾아나갈 것입니다. 저자는 이 길을 찾아가는 여정이 바로 공부의 미래라고 말합니다.

공부는 결국 스스로 하는 것입니다. 하지만 방향이 잘못되었다면 힘들게 돌아갈 수밖에 없습니다. 이 책을 통해 학생들이 공부하는 목표에 대해서, 그리고 그 목표가 닿을 미래에 대해서 다시 한번 고민해보는 시간을 가진다면 좋겠습니다.

🏛️ **관련 학과**

모든 계열

🗣️ **후속 활동으로 확장하기**

- 미래 사회에 필요한 학습은 무엇일지 고민해보고 자신의 생각을 발표해보자.
- 인공지능이 지배하는 시대에 인간만이 감당할 수 있는 고유 영역은 무엇일지 생각해보고, 그 세계에서 살아남기 위해 내가 준비해야 할 것에 대해 글로 써보자.

📖 **같이 읽으면 좋은 책**

《로봇 시대, 인간의 일》(구본길 | 어크로스 | 2020. 05.)

BOOK 23

《팩트풀니스》
한스 로슬링 외 | 김영사 | 2019. 03.

'세상이 생각보다 괜찮은 이유'를 명확한 근거로 설명하는 책

이 책은 첫머리에서 "세계에 관한 독자들의 지식을 테스트해보겠다"며 열세 개의 질문에 답하도록 합니다. '세계의 저소득 국가에서 초등학교를 나온 여성의 비율', '세계 기대 수명', '세계 인구 중 전기를 공급받는 비율', '전 세계 1세 아동 중 예방접종을 한 비율' 등에 관한 문제가 객관식으로 이어지는데, 저자에 따르면 대부분의 사람들이 이 테스트에서 상당히 낮은 점수를 받는다고 합니다.

평균 정답률은 16퍼센트에 불과하며, 이는 침팬지가 정답을 무작위로 고를 때의 33퍼센트보다도 훨씬 낮은 수치라는 것입니다. 그리고 그 이유는, 세상에 대한 우리의 편견 때문이라고 말합니다.

실제로 지난 수십 년간 빈부 격차, 인구 성장, 교육, 건강,

성차별, 폭력, 에너지 환경과 같은 분야에서 세계는 긍정적인 방향으로 변화했지만, 여전히 사람들은 과거의 모습을 그대로 기억하며 세계를 편견 어린 시선으로 보고 있다는 것이 이 책의 주된 내용입니다.

지난 20년간 전 세계의 극빈층 비율은 절반으로 줄었습니다. 사실 세계 인구의 절대다수가 중간 소득을 유지하며, 아이들은 학교에 가고 예방접종을 받고 해외여행을 꿈꿉니다. 즉, 세상은 해를 거듭하며 조금씩 조금씩 나아지고 있습니다. 하지만 사람들은 이러한 사실을 인정하지 않습니다. 심지어 객관적 근거를 제시해도 믿지 않습니다.

인간은 극적인 상황에 주목하는 본성을 타고났습니다. 언론과 뉴스가 부정적이고 극단적인 측면에 주목하는 것도 그 때문입니다. 그 결과 우리에게는 나쁜 소식이 전달될 확률이 훨씬 높아집니다. 그래서 작가는 이 책을 통해 세상의 참모습을 이야기해주고 싶다고 말합니다. 이 책은 '느낌'을 '사실'로 인식하는 인간의 비합리적인 본능 열 가지를 밝히고, 우리의 착각과 달리 세상이 나날이 진보하고 있음을 통계학적으로 증명해 보여줍니다.

언론이 전하는 단편적인 내용만을 믿고 살아가는 우리가 얼마나 많은 편견에 둘러싸여 있는지, 그 편견이 세상을 바라보는 시야를 얼마나 협소하게 만드는지 이 책을 통해 느낀다면 좋겠습니다. 특히 작가가 근거로서 제시하는 다양한 통계 자료들을 스스로 해석해본다면 좀 더 비판적인 시각으로 책을 읽을 수 있을 것입니다.

🏫 관련 학과

사회학과, 경영학과, 통계학과

🙌 후속 활동으로 확장하기

– 작가의 시각에 동의하는가? 선진국과 후진국은 이 책을 각기 어떤 시각으로 읽을 것인지 그 차이에 대해 생각해보자.
– 이 책에 등장하는 다양한 왜곡 현상에 대해 의견을 나누고, 내가 오해하고 있었던 것은 무엇이며 이런 편향된 사고에서 어떻게 벗어날 수 있는지 토론해보자.

📖 같이 읽으면 좋은 책

《왜 세계의 가난은 사라지지 않는가》(장 지글러 | 시공사 | 2019. 01.)
《아픔이 길이 되려면》(김승섭 | 동아시아 | 2017. 09.)

《아주 작은 습관의 힘》

제임스 클리어 | 비즈니스북스 | 2019. 02.

습관 하나만 바뀌어도 인생이 바뀐다

고교 시절 촉망받는 야구선수였던 저자는 연습 도중 야구 배트에 얼굴을 정통으로 강타당하는 심각한 사고를 당한 후 혼수상태에 빠졌습니다. 죽음의 순간까지 갔던 것이 몇 차례. 간신히 회복한 후에도 한동안 걸을 수조차 없었습니다. 하지만 저자는 절망하는 대신 지금 당장 할 수 있는 아주 작은 일이라도 찾아서 반복하자고 마음먹습니다.

저자는 특히 인생을 정돈하는 데 집중했습니다. 방을 깨끗하게 치우고 규칙적인 수면 습관을 들였습니다. 작은 습관들이었지만 이를 통해 스스로 인생을 관리하고 있다는 자신감을 얻게 되었고 서서히 변화가 시작되었습니다. 수면 습관, 공부 습관, 근력 훈련 습관이 시너지 효과를 거두어 최대의 성과로 이어졌고 결국 대학 4학년 때 최우수 성적을 받고 전미대학 대표선수로 지명되며 대학을 졸업할 수 있었습니다.

"인생은 습관으로 결정된다"고 저자는 본인의 삶의 경험을 증거로 주장합니다. 남들보다 좋은 습관을 가지고 있다면 더 좋은 결과를 얻는 것이 당연합니다. 이러한 자잘한 승리와 사소한 돌파구들이 모여서 우리 삶에 점진적인 발전을 이뤄낸다는 것입니다.

습관은 복리로 작용하기 때문에 작은 습관들의 영향은 시간이 지날수록 점점 커집니다. 매일 1퍼센트씩 나아진다면 1년 후에는 약 37배 성장해 있을 것입니다. 작가는 어떤 사람이 되고 싶은지 스스로 결정하고, 작은 성공들로 자신에게 그것을 증명해나가라고 권합니다.

습관은 어떤 사람이 '되는' 일입니다. 그렇다면 나는 어떤 사람이 되고 싶은지 생각해보아야 할 일입니다.

삶의 변화를 원한다면 작은 습관부터 하나씩 바꿔나가면 어떨까요? 특히 공부하는 습관을 바꾸고 싶은 학생들이 많을 것입니다. 한꺼번에 많은 것을 하려고 하기보다는 자신의 역량에 맞는 적당한 학습량부터 꾸준히 채워나가는 습관을 들여보면 어떨까요? 이 책의 작가처럼 말이죠.

자신의 변화 과정을 관찰하고 그 과정에서 느낀 성취감이나 자신감을 기록으로 남겨놓는다면 좋은 포트폴리오로도 활용할 수 있을 것입니다.

관련 학과

모든 계열

후속 활동으로 확장하기

자신의 꿈을 위해 노력해나가는 과정을 기록해본다. 특히 어떤 습관을 꾸준히 반복했는지에 초점을 맞추어 글을 써보자.

같이 읽으면 좋은 책

《게으른 완벽주의자를 위한 심리학》(헤이든 핀치 | 시크릿하우스 | 2022. 08.)
《일취월장》(고영성 · 신영준 | 로크미디어 | 2017. 12.)
《미라클모닝》(할 엘로드 | 한빛비즈 | 2016. 02.)

《포노 사피엔스》

최재붕 | 쌤앤파커스 | 2019. 03.

스마트폰을 손에 쥔 신인류가 세상을 바꾼다

요즘 학생들 중에 스마트폰이 없는 경우는 거의 없을 것입니다. 이 책은 '스마트폰을 손에 쥔 사람들'을 포노 사피엔스라는 신인류로 정의합니다. 포노 사피엔스는 새로운 삶의 방식을 만들어내며 동시에 새로운 부를 창출합니다.

신인류 포노 사피엔스는 정보의 선택권이 자신에게 있다는 것을 압니다. 그에 따라 정보를 얻는 방식도 진화하고 있습니다. 위키피디아에 보관된 지식을 스마트폰을 통해 언제든 습득할 수 있는 인류, 새로운 정보가 발생하면 거의 하루 만에 30억 명 인구에게 복제할 수 있는 시스템을 가진 인류, 이것이 바로 포노 사피엔스 시대입니다.

애플, 삼성, 아마존, 구글, 페이스북 등의 기업들은 거대 자본을 투자해서 기존의 신문사와 방송사를 무너뜨린 것이 아닙니다. 포노 사피엔스라는 고객들의 자연스러운 선택으로 성장했다는 사실에 주목해야 합니다.

이처럼 디지털 문명이 점점 더 강력한 기세로 확산되리라는 사실은 명백합니다. 그렇다면 기업들도 이러한 소비 환경에 맞춰 당연히 변화해야 합니다. 이것은 이제 선택의 문제가 아니라 생존의 문제입니다.

디지털 문명은 이미 새로운 세상을 열었습니다. 어른들이 옳다고 생각하는 사회가 얼마나 지속될지는 알 수 없습니다. 끊임없이 새로운 문명을 학습하고 변신하며 기회를 창조하는 시대에 우리는 크리에이터로서 만반의 준비를 갖추어야 할 것입니다.

디지털 문명의 본질이 요구하는 인재상은 '배려할 줄 알고, 세심하고, 무례하지 않으며, 친절하고, 합리적이고, 과학적이며 또 능력 있는 사람'입니다. 이 책을 읽으며 이러한 인재상이 되기 위해서는 어떤 준비를 하면 좋을지 생각해보면 좋겠습니다.

🏛 **관련 학과**

언론정보학과, 신문방송학과, 경영·경제학과, 정보컴퓨터공학과

✋ **후속 활동으로 확장하기**

– 지금 우리 사회에서 팬덤을 만드는 '킬러 콘텐츠'로 불릴 만한 것들은 무엇이 있는지 찾아보고 그 이유를 설명해본다.

– 청소년들의 SNS를 통한 사회적 관계 형성 실태에 대해 조사하고 문제점과 개선 방안에 대해 토의해보자.

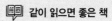 **같이 읽으면 좋은 책**

《포노 사피엔스 경제학》(전승화 | 메가스터디북스 | 2019. 09.)

《선량한 차별주의자》

김지혜 | 창비 | 2019.07.

차별에 대한 예민한 감각 깨우기

이 책은 제목과 표지부터 눈길을 끕니다. 선량한 차별주의자라니, '선량한'이라는 수식어와 '차별주의자'라는 단어가 과연 양립할 수 있을까요? 표지 그림 속 상처 입은 까만 오리는 고개를 숙이고 있는데, 상처를 준 다수의 흰 오리들은 왜 당당하게 고개를 들고 있을까요? 그리고 마지막 책장을 덮는 순간, 독자들 역시 눈이 텅 빈 흰 오리와 같았던 과거의 한 장면이 떠오르며 등골이 절로 서늘해지게 됩니다.

"당신은 차별하는 사람입니까?"라고 묻는다면 누구도 "네"라고 쉽게 대답하지 않을 것입니다. 그러나 저자는 우리가 차별을 하지 않을 가능성이 거의 없다고 지적합니다. 내가 지금 누리고 있는 것은 누리지 못하는 사람 입장에서 보면 특권이며, 우리가 서 있는 곳에 따라 보이는 것이 달라진다는 이야기입니다. 특권을 가진 사람들은 그것을 가지지 못한 사람들이 차별당하는 것을 보지 못합니다.

이 책은 차별이 차별인지도 모르고 무의식적으로 행하는 차별주의적 언행을 성찰하게 하고, 일상에서 차별에 대해 예민한 감각을 유지하도록 해줍니다. 책은 여성, 성소수자, 이주민, 장애인과 관련된 사건과 쟁점들을 주요 화두로 내세우지만, 다수에 속한다고 믿어온 사람 역시도 어느 층위에서는 소수자에 해당할 수 있음을 깨닫게 됩니다.

저자는 이 책을 쓴 이유에 대해 이렇게 말합니다.

"사람들에겐 평등 사회를 바라는 공통된 열망이 있다고 봅니다. 북유럽 국가에 대한 끝없는 동경에서 보듯, 좋은 세상을 만들고 싶어 하는 마음이 각자 있잖아요? 모두의 문제로서 함께 모여서 얘기하고, 적대 밑에 숨은 공통분모와 정의로움에 대해 얘기해야 합니다."(한겨레 신문 작가 인터뷰 중)

우리는 모두 평등한 사회를 꿈꿉니다. 저자의 인터뷰처럼 소수자에 대한 억압과 차별이 우리 모두의 이야기임을 인식하고 그것을 외면하지 않는, 차별에 대한 감각이 살아 있는 사회를 만들어나가야 하겠습니다.

책의 내용에 모두 동의하지 않아도 좋습니다. 그렇다면 자기 나름의 논리를 세워보는 것도 좋은 경험이 될 것입니다.

관련 학과

심리학과, 법학과, 사회학과

 후속 활동으로 확장하기

- 우리가 차별이라 인식하지 못하고 쓰는 어휘를 조사하고 보고서 작성해본다.
어휘의 어원, 용례를 살펴보고 사용자의 인식에 어떠한 영향을 미치는지에 대해
구체적으로 조사하고 자신의 생각을 덧붙여본다.
- 차별에 초점을 맞추어 현재 우리나라의 소수자에 대한 인식과 소수자를 대하
는 차별적인 세태에 대해 조사하고, 이러한 차별을 극복할 수 있는 방안으로 어
떠한 것이 있는지 생각해본다.

 같이 읽으면 좋은 책

《긴즈버그의 차별 정의》(루스 베이더 긴즈버그 | 블랙피쉬 | 2021. 08.)

BOOK 27

《공정하다는 착각》

마이클 샌델 | 와이즈베리 | 2020. 12.

'우리는 모두 공정한 기회를 누리고 있는가?'를 묻는 책

'능력주의'는 현대사회를 정의하는 중요한 단어 중 하나입니다. 쉽게 말해, 지금 자신의 위치는 온전히 나의 능력과 노력으로 이루어졌다고 믿는 것이 곧 능력주의입니다. 하지만 작가는 이런 능력주의의 허상을 차분히 비판합니다.

작가는 현대사회 속 자유주의의 성격을 크게 두 가지로 정리합니다.

첫째. 지금처럼 글로벌한 기술의 시대에는 고등 교육이 신분 상승과 물질적 성공, 그리고 사회적 존중을 얻는 길이다.

둘째. 고른 기회가 모든 사람에게 주어진다면, 그 기회를 통해 성공한 사람은 자신의 재능과 노력의 결실을 누릴 자격이 있다.

이러한 능력주의에 따르면, 만일 어떤 학생이 대학에 가지 않아 현재의 새로운 경제 환경에서 성공하지 못한다면 그 실패는 바로 그 사람의 책임이 됩니다.

이 지점에서 이 책은 중요한 질문을 던집니다. 내가 가진 재능과 사회로부터 받은 보상은 과연 온전히 내 몫일까, 아니면 행운의 산물일까? 어쩌면 내가 가진 재능은 운 덕분일지 모릅니다. 나의 노력에 큰 보상을 제공하는 사회를 만난 것 또한 내가 시대를 잘 만난 덕일 수 있습니다. 그래서 이 책의 저자 샌델 교수는, 능력 경쟁을 위해 무장한 사람들보다는 학위가 없지만 우리 사회에 중요한 기여를 하는 사람들에게 더 집중할 필요가 있다고 주장합니다.

우리가 공동의 선을 위해 정말로 가치 있는 기여를 할 수 있는 길은 무엇인지 이 책은 묻습니다. 또한 잘못된 시장의 낙인에 대해서는 반성하고 숙고하며, 민주적으로 공동의 대책을 수립해나가는 사회를 만들어야 한다고 말합니다.

"내가 받은 사회적 명성과 대가가 행운과 밀접히 연결되어 있다고 생각할 때 우리는 겸손해진다"라는 작가의 말은 이 책의 메시지를 그대로 보여줍니다. 이 책을 읽으며 능력주의의 허상에 대해 생각해보고 이를 사회적으로, 또한 교육을 통해서 어떻게 개선할 수 있을지 학생들도 함께 고민해보았으면 합니다.

관련 학과

사회 계열, 교육 계열

 후속 활동으로 확장하기

- 우리 주변에서 능력주의로 잘못 포장된 사례를 찾아보자.
- 과연 우리 사회는 교육적으로 평등하며 모두에게 같은 기회를 제공하고 있는지 자신의 의견을 논리적으로 제시해보자.
- 현재의 대입 제도는 학생들 개개인의 특성을 반영하는 공평한 방법인지 자신의 견해를 이야기해보자.

같이 읽으면 좋은 책

《정의란 무엇인가》(마이클 샌델 | 와이즈베리 | 2014. 11.)

BOOK 28

《거꾸로 읽는 세계사》
유시민 | 창비 | 2019. 07.

최고의 이야기꾼이 들려주는,
가장 격동적이었던 100년의 역사

《거꾸로 읽는 세계사》는 1988년 처음 출간된 후 절판되었다가 2021년 전면 개정되어 재출간되었습니다. 30여 년이 흘렀지만 이 책을 찾는 대중들의 요구가 꾸준히 이어졌습니다. 그만큼 이 책이 읽을 만한 가치가 있다고 생각하는 사람들이 많다는 의미일 것입니다.

이 책은 지난 20세기 100년 중 세계사의 흐름을 결정지었던 열한 가지 사건을 다룹니다. 역사적 사건 각각의 전말을 자세히 소개하는데, 유시민이라는 우리나라 최고 이야기꾼의 설명을 따라 술술 읽히는 것이 이 책의 매력입니다.

그런데 유구한 역사 가운데 왜 하필 20세기의 사건들을 책으로 엮었을까요? 작가는 이렇게 답합니다.

"20세기는 태양 아래 그 무엇도 영원하지 않은 '역사의 시간'을 체감하기에 좋은 100년이었다. 그토록 많은 것이 사라지고 생겨난 100년은 없었다."

두 번에 걸친 세계대전으로 제국주의는 몰락했으며, 자유방임 시장경제의 한계는 곧 전 세계에 대공황을 몰고 왔습니다. 팔레스타인과 베트남 땅은 피로 얼룩졌으며, 핵무기가 처음 등장하여 세계를 공포에 떨게 했습니다. 사회주의의 거대한 파도 속에 러시아와 중화인민공화국이 탄생했으나, 사회주의 체제는 곧 20세기의 폐막을 알리며 사라졌습니다. 이처럼 20세기 100년은 격변의 시대였습니다. 이 혼란스러운 시대를 거쳐 우리는 새로운 100년을 살고 있는 것입니다.

이 책은 사건의 흐름을 단순히 나열하지 않고, 사건의 맥락과 사건이 가진 의미를 다각도로 보여주며 세계사를 입체적으로 이해할 수 있도록 돕습니다. 2D로 보던 세상을 3D로 들여다본다는 비유가 적절할 듯합니다. 또한 세상을 바라보는 작가의 통찰력으로부터 우리가 역사를 어떻게 공부해야 하는가 하는 기본적인 태도를 배울 수 있습니다.

학생들이 역사를 단순히 암기해야 하는 대상으로만 치부한다면, 역사를 배우는 진정한 의미를 찾지 못할 것입니다. 이 책을 통해 역사를 배우는 궁극적인 이유가 무엇인지 생각해 보는 계기를 만났으면 합니다.

관련 학과

역사학과, 사회학과

후속 활동으로 확장하기

— 세계사에서 관심 있는 사건을 선정하여 자료를 수집한 후 정리해본다. 또 그 사건이 세계사의 흐름에 어떠한 영향을 미쳤는지 알아보고, 우리에게 시사하는 바를 생각해본다.
— 러시아의 우크라이나 침략의 이유와 그 과정, 현재 상황에 대해 조사하고, 이 전쟁이 전 세계에 미치는 정치적, 경제적 영향에 대해 보고서를 작성해본다.

같이 읽으면 좋은 책

《아틀라스 세계사》(김성환 옮김 | 사계절 | 2009. 09.)
《아틀라스 한국사》(송호정 외 | 사계절 | 2022. 09.)
《시민의 한국사》(1, 2권 세트)(한국역사연구회 | 돌베개 | 2022. 06.)
《역사란 무엇인가》(E.H 카 | 까치 | 2015. 03.)

《무심코 지나쳤던 우리동네 독립운동가 이야기》

유정호 | 믹스커피 | 2022. 08.

우리가 오롯이 기억해야 할 35년 한국 독립사

역사를 공부한다는 것은 그 당시 사람들의 삶을 깊이 있게 들여다보는 작업입니다. 한 인간의 삶을 이해하고 공감하는 과정이기에, 단순히 학습의 영역을 넘어 인문학적 소양을 기르는 일이기도 합니다.

우리 역사를 공부할 때 근현대사에서 가장 혹독했던 시기, 일제강점기에 대한 공부를 빼놓을 수 없습니다. 그 엄혹한 시기를 버티며 헌신했던 독립운동가들에 대한 공부도 필수적입니다. 다양한 매체를 통해서 조명된 독립운동가들, 대한민국 사람이라면 누구나 아는 유명한 인물도 많지만 극적인 이야기를 가진 숨은 위인들도 많습니다. 이런 위인들에게도 관심을 가지고 그들의 삶 속으로 들어가 보는 경험을 하는 건 어떨까요?

역사 교사인 이 책의 저자는, 학생들에게 딱딱한 역사가 아닌 쉽게 접근하고 활용할 수 있는 역사를 가르치고 싶었다고 합니다. 그래서 동네에서 만나볼 수 있는 동상으로부터 독립운동가들의 이야기를 시작합니다. 한 사람을 기리기 위한 동상은 아무 데나 세우지 않습니다. 그 사람에게 의미 있는 장소에 세우기 마련입니다.

수많은 사람들이 이용하는 서울역 앞에 동상이 있다는 것을 아는 사람이 있을까요? 바로 사이토 총독을 암살하려 했던 강우규 열사의 동상입니다. 그리고 서울역은 강우규 열사가 사이토에게 폭탄을 던졌던 장소입니다. 이 사실을 알고 서울역을 방문한다면 강우규의 동상을 쉽게 지나치지 못할 것이며, 서울역이 달리 보일 것입니다.

이 책의 1장부터 4장까지는 우리나라를 지키기 위해 헌신한 독립운동가들의 이야기를, 5장에서는 우리가 잊어서는 안될 친일파의 행적에 대해 이야기합니다. 이야기의 끝에는 동상이나 기념관, 유적지의 주소가 있으며 인물의 간략한 연보를 첨부하여 독자의 이해를 돕습니다.

책을 통해 대한민국의 독립을 이끈 인물들의 삶의 행적을 따라가 보며, 나는 어떤 삶의 태도를 배울 수 있을지 생각해보았으면 합니다. 독립운동가들에 대해 더 깊이 공부하고 직접 동상이나 기념관을 찾아가 본다면 살아 있는 역사 공부가 될 것입니다.

관련 학과

역사학과, 역사교육과

 후속 활동으로 확장하기

이 책에서 알게 된 독립운동가의 행적을 다룬 책이나 자료를 참고하여 조사해보고, 관련 지역을 탐방해본다. 직접 찍은 사진과 영상을 활용하여 독립운동가의 업적을 알릴 수 있는 UCC나 카드뉴스를 만들어 인터넷에 업로드해보자.

 같이 읽으면 좋은 책

《길 위에서 만난 독립운동가》(김학천 | 선율 | 2021. 04.)
《나는 여성이고 독립운동가입니다》(심옥주 | 우리학교 | 2019. 02.)
《하란사》(권비영 | 특별한서재 | 2021. 07.)

BOOK 30

《빈곤의 연대기》

박선미 · 김희순 | 갈라파고스 | 2015. 03.

'가난한 나라는 왜 계속 가난한가?'에 대한 진지한 고찰

텔레비전 채널을 돌리다보면, 아프리카 대륙에 사는 뼈가 앙상한 아이를 후원해달라는 광고를 종종 보게 됩니다. 단순히 불쌍한 아이를 도와줘야겠다는 생각을 넘어 그 아이가 왜 그러한 환경에 처하게 되었는지 근본적인 이유를 궁금해하는 사람이 얼마나 될까요?

이 책은 부유한 나라들은 왜 부유하게 되었고, 빈곤한 나라들은 왜 빈곤하게 되었을까에 대한 이야기입니다. 책을 읽고 나면 광고 속의 아이가 사는 세상, 그 불편한 진실에 한걸음 다가갈 수 있게 됩니다.

저자는 한 국가의 부와 빈곤을 결정짓는 것은 그 나라의 내부적 요인뿐만 아니라, 다른 국가의 발전 과정과도 밀접한 연관이 있다고 설명합니다. 콜럼버스가 신대륙을 발견한 이후부터 현재에 이르기까지 식민 지배와 세계화의 과정에서 이루어진 불공정한 무역에 따라 부가 어떻게 양극화되어 왔는가를 연대기적으로 서술합니다.

이 책을 통해, 빈곤한 나라들의 문제가 우리와 상관없는 일이 결코 아님을 알게 됩니다. 우리가 마트에서 집어드는 바나나 한 송이, 습관처럼 마시는 커피 한잔에도 빈곤의 역사는 숨어 있습니다.

책은 뒷부분에서 부의 격차를 줄이기 위한 노력이 과연 의미가 있는지에 대해 이야기합니다. 공정무역 상품을 구매하거나 빈곤한 나라에 기부금을 보내는 행위는 빈곤한 국가의 가난을 덜어내는 데 정말 도움이 될까요? 우리가 평소에 간과하고 있었던 부분을 다시 한번 생각하게 되는 지점입니다.

그에 대한 대안으로서, 저자는 스스로 빈곤을 극복한 나라들의 희망적인 사례를 마지막에 덧붙입니다. 그 사례들을 보며 우리가 그들과 함께 발전하기 위해 나아갈 방향을 생각해본다면 좋은 공부가 될 것입니다. 책이 워낙 방대한 내용을 담고 있기 때문에 모든 내용을 소화하려고 하는 것은 무리일 것입니다. 대신에 관심 있는 챕터를 더 깊이 조사하고 연구해보는 것이 좋겠습니다. 그 과정에서 세계를 보는 시야가 넓어지고, 세계시민으로서 어떻게 연대하며 살아야 하는지를 진지하게 고민하게 될 것입니다.

관련 학과

지리학과, 역사학과, 사회학과, 경제학과, 경영학과

후속 활동으로 확장하기

책에서 소개한 사례를 참고해 구체적인 주제를 설정하고 탐구해본다. 예를 들면 1884년 서구 열강들이 모인 '베를린 회의'의 결과가 아프리카 국가들에 어떠한 영향을 미쳤는지, 혹은 다국적기업의 장점과 단점은 무엇인지를 다른 참고자료를 통해 알아보고 나름의 의견을 정리해보자.

같이 읽으면 좋은 책

《왜 세계의 절반은 굶주리는가?》(장 지글러 | 갈라파고스 | 2016. 03.)

BOOK 31

《착한 소비는 없다》
최형원 | 자연과생태 | 2020. 10.

미래의 지구를 위해 내가 할 수 있는 일

《착한 소비는 없다》는 우리의 소비 방식을 되돌아보고, 우리의 소비가 지구 환경에 어떠한 영향을 미치는지를 살펴보는 책입니다. 우리는 결코 지구의 자원을 영원히 영위할 수 없습니다. 그런데 소비는 지구에 있는 무엇인가를 쉼 없이 착취할 수밖에 없는 구조이므로 '착한 소비는 있을 수 없다'고 저자는 단언합니다.

환경 문제와 소비는 쉽게 연결 짓기 어려운 문제입니다. 우리는 무언가를 소비하면서 이 소비가 환경 문제에 일조한다는 생각까지는 흔히 하지 못합니다. 별다른 생각 없이 인터넷으로 새로운 옷을 마련하고 그 옷을 쉽게 세탁기에 돌립니다. 이때 생기는 미세플라스틱이 환경에 어떠한 영향을 미치는지 매번 생각하는 사람은 드물 것입니다.

뉴스에 자주 등장하는 기후 위기니, 탄소 중립이니 하는 어려운 말들도 환경 문제가 우리의 일상과는 거리가 멀다고 느끼게끔 만들 수 있습니다. 환경을 위해 물건을 살 때 여러 번 고민하고, 육식 소비를 자제하고, 페트병은 라벨을 떼서 버려야 한다고 누누이 들어서 알고 있지만 막상 실천으로 옮기기는 어렵습니다.

일개 개인의 작은 노력이 지구에 닥친 위기를 당장 해결할 수 없다는 것은 누구나 아는 사실입니다. 하지만 잠깐의 편의를 위해 이마저 눈감는다면 결국 고통스러운 미래를 맞이하더라도 변명할 수 없을 것입니다.

저자는 세상에 '착한 소비'는 없지만, '똑똑한 소비'는 있다고 말합니다. 책을 읽으며 자신이 실천할 수 있는 부분은 직접 실천하며 그 과정을 기록해보고, 친구들과 그 경험을 나누어본다면 좋겠습니다. 또한 캠페인 활동을 직접 계획하고 실천하여 사람들의 의식 변화를 위해 노력해보는 것도 좋은 경험이 될 것입니다.

🏛 **관련 학과**

소비자학과, 환경학과, 경제학과

🖐 **후속 활동으로 확장하기**

- 최근 전 세계가 폭염과 혹한, 가뭄과 홍수 등 예기치 못한 자연재해로 고통받

고 있다. 이러한 전 지구적 환경 문제의 구체적인 사례와 각종 지표들을 조사해
보고, 이에 대처하려는 정부와 시민사회, 기업 등의 노력을 알아보자.
- 환경 문제를 해결하기 위해 개인은 어떤 노력을 할 수 있는지 생각해보고 그
내용을 활용하여 학교나 인터넷상에서 캠페인 활동을 해본다.
- 사회나 과학 교과에서 배운 내용과 이 책의 연관된 부분을 심화, 발전시켜 한
편의 보고서를 작성한다.

같이 읽으면 좋은 책

《나는 풍요로웠고, 지구는 달라졌다》(호프 자런 | 김영사 | 2020. 09.)
《지구는 괜찮아, 우리가 문제지》(곽재식 | 어크로스 | 2022. 02.)

BOOK 32

《문학 속의 지리 이야기》

조지욱 | 사계절 | 2014. 05.

국어와 지리의 콜라보, 교과 통합의 전형

이 책은 우리가 잘 아는 문학 작품들을 선정하여, 작품 속의 배경이나 장치들을 지리학과 연관 지어 설명합니다. 과목과 영역의 통합을 잘 보여주는 책이라 할 만합니다. '교통과 산업', '도시와 촌락', '기후와 지형', '인구와 사회 문제'의 파트로 나누어 총 20가지 문학 작품을 다룹니다.

황순원의 《소나기》에서, 소년과 소녀가 산에 놀러 갔다가 돌아오는 길에 퍼부었던 비는 작품에서 큰 전환점의 역할을 합니다. 하필이면 왜 그때 소나기가 쏟아졌을까요? 작가는 이 상황을 지리학의 관점으로 해석합니다.

이번에는 박지원의 《허생전》을 봅시다. 저자는 소설 속 '묵적골'이라는 마을이 실제로 어떤 사람들이 살았던 곳인지 설명하고, 허생이 과연 나쁜 부자인지 착한 부자인지를 인문학적 관점에서 해석합니다.

책에서 다루는 지리학적 지식이나 정보가 아주 어려운 수준은 아니기 때문에 학생들도 가볍게 읽을 수 있습니다. 이 책에서 우리가 정말 배워야 할 부분은 단편적인 지리학 지식이 아니라, 사고의 틀을 넘어서는 참신한 접근 방식입니다.

저자는 문학 작품을 지리학의 관점뿐만이 아니라 역사학, 윤리학, 사회학 등 인문학이나 자연과학의 관점으로도 읽을 수 있다고 말합니다. 저자의 이런 생각에서 우리는 충분히 영감을 얻을 수 있습니다. 문학을 그 자체로 감상하는 것에서 나아가 우리가 사는 현실 사회와 연결 지어 생각하는 시도, 그 도전에 의미가 있습니다. 대학에서 학생들에게 요구하는 자세도 바로 이런 것입니다. 이 책을 토대 삼아 교과 내용을 확장, 심화시키는 활동을 해본다면 많은 도움이 되리라 생각합니다.

🏛 관련 학과

지리학과, 지리교육과, 국어국문학과

📖 후속 활동으로 확장하기

– 문학 작품 속에서 발견할 수 있는 지리학적 요소들을 분석해보자.
– 이외에도 역사, 정치, 경제, 과학 등 다른 영역의 학문과 관련지을 수 있는 부분을 찾고 분석해본다.

📖 같이 읽으면 좋은 책

《이야기 한국지리》(최재희 | 살림어린이 | 2016. 07.)
《이야기 세계지리》(최재희 | 살림Friends | 2022. 03.)
《알고 보면 반할 지도》(정대영 | 태학사 | 2021. 11.)
《지리 선생님, 스크린에 풍덩!》(전국사회과교과연구회 | 서해문집 | 2011. 07.)

BOOK 33

《동물들의 위대한 법정》

장 뤽 포르케 | 서해문집 | 2022. 09.

멸종 위기에 처한 동물들이
인간에게 판결을 내릴 수 있다면?

멸종 위기에 처한 동물들이 법정에 줄줄이 들어섭니다. 배심원은 바로 재판을 시청하는 인간들입니다. 모든 멸종위기종을 구제하기에는 너무 많은 비용이 든다는 이유로, 인간은 열 종 가운데 단 한 종의 목숨만 구하고자 합니다.

수리부엉이, 담비, 갯지렁이, 유럽칼새, 멧돼지, 들북살모사, 붉은제독나비, 여우 등의 멸종 위기 동물들은 차례로 자신이 살아남아야 하는 이유를 항변합니다. 재판관의 날 선 질문에도 우아함과 설득력을 잃지 않는 동물들의 변론이 흥미진진합니다.

재판이 끝난 후 동물들은 "이제 인간이 대답할 차례"라고 말합니다. 정말로 재판받아야 하는 것은 동물이 아니라 인간이라는 소리입니다.

"우리가 인간에게 판결을 내린다면 이렇게 되겠죠. 멸종이라는 고통을 겪으라고 말입니다. 당신들이 사라진다면, 인간 종만 사라진다면, 다른 모든 생물을 구할 수 있을 겁니다."

동물들은 인간이라는 종이 얼마나 나약하고 오만한 존재인지를 우리에게 이야기합니다. 인간은 동물을 심판할 권리가 없고, 동물들 없이는 살아갈 수도 없는 존재라는 주장에 고개를 끄덕일 수밖에 없습니다. 결국 동물들은 평화의 세계, 공동의 미래를 제안하며 각자의 집으로 돌아갑니다.

이 재판을 지켜본 배심원으로서 우리는 누구의 손을 들어주어야 할까요? 인간이 초래한 지구의 기후 위기와 생태계 파괴라는 재앙 속에서 우리가 할 수 있는, 또 해야 하는 일은 무엇인지 곰곰이 생각하게 되는 책입니다.

🏫 관련 학과

환경생태학과, 환경학과, 경영학과, 정책학과

✊ 후속 활동으로 확장하기

- 우리나라는 2050년까지 이산화탄소 배출량을 '0'으로 만드는 탄소중립을 선언하며 지속가능한 성장을 위한 정책을 만들어가고 있다. 탄소중립을 위한 정책과 그 실효성에 대해 조사해보자.
- 생명다양성 보호를 위한 국제 협약을 조사해보고, 우리나라의 멸종보호종 보호를 위한 정책을 조사하여 보고서를 작성해본다. 나아가 이러한 자료들을 바탕으로 학교 혹은 학급 차원의 협약서를 구성원들의 토론을 통해 작성한다.

- 경영학과를 지망하는 학생이라면 ESG 경영에 관심을 가질 필요가 있다. ESG 경영을 우수하게 실천하고 있는 기업들의 사례를 조사해보자. 이를 통해 지속가능성을 위한 기업의 사회적 책임에 대해 자신의 생각을 펼쳐보자.

📖 같이 읽으면 좋은 책

《침묵의 봄》(레이첼 카슨 | 에코리브르 | 2011. 12.)
《여섯 번째 대멸종》(엘리자베스 콜버트 | 쌤앤파커스 | 2022. 11.)

백설공주는 왜 자꾸만 낯선 사람에게 문을 열어줄까?

《심리학이 이토록 재미있을 줄이야》는 우리가 잘 아는 동화 속 주인공들의 행동을 심리학적으로 분석하여 설명하는 책입니다. 재미있게 풀어 쓴 심리학책이라 학생들도 쉽게 읽을 수 있습니다.

고등학교 선택 과목으로 '심리학'이 생기면서 많은 학생들이 심리학이라는 낯선 과목에 어떻게 접근해야 할지 막막해합니다. 심리학과 관련된 기존의 대중서가 딱딱하고 어렵다고 느꼈던 학생들이라면 도움이 될 만한 책입니다.

저자는 국어교육과 심리학을 모두 전공한 고등학교 교사입니다. '동화만큼 인간의 심리를 다양하고 섬세하게 표현하는 장르는 없다'고 저자는 말합니다. 그래서 동화 속 캐릭터의 심리를 분석함으로써 심오한 심리 법칙을 명쾌하게 드러내어 설명하고자 합니다.

우리가 어렸을 때부터 숱하게 읽었던 동화책 이야기를 곰곰이 짚어보면, 주인공의 행동이 도무지 이해가 가지 않을 때가 있습니다. 백설공주는 누군가가 자신을 죽이려 한다는 사실을 알면서도 왜 자꾸 낯선 사람에게 문을 열어주는가? 그 추운 겨울에 왜 아무도 성냥팔이 소녀를 도와주지 않았을까? 목소리를 잃고 인간이 된 인어공주는 자신의 선택에 후회가 없었을까? 이 책은 이런 의문들을 기발한 심리학적 시각으로 해석해줍니다.

책에 따르면, 하루 종일 집에 혼자 있던 백설공주가 낯선 이에게 자꾸만 문을 열어주는 것은 누군가와의 '접촉'이 필요했기 때문입니다. 접촉의 중요성을 잘 보여주는 '접촉 위안' 실험과 생물학적 이유에 대해서도 쉬운 용어로 설명합니다.

우리가 실생활에서 흔히 사용하는 '확증 편향', '인지 부조화', '동조 효과' 등의 심리학 용어와 개념도 쉽게 설명해주고 있어서, 학생들이 심리학을 일상에 접목하는 데 도움이 될 것입니다.

🏫 관련 학과

심리학과, 국어국문학과

후속 활동으로 확장하기

이 책을 읽고 심리학에 흥미가 생겼다면, 이 책의 방법론을 그대로 가져와 스스로 연구하는 활동을 해보자. 자신이 읽은 현대 문학 중 하나를 선정하여 인물 혹은 화자의 행동을 심리학적으로 분석해본다.

 같이 읽으면 좋은 책

《사회심리학이 이렇게 재미있을 줄이야》(펠리치타스 아우어슈페르크 | 반니 | 2021. 08.)
《심리학의 오해》(키이스 스타노비치 | 혜안 | 2013. 07.)
《생각의 지도》(리처드 니스벳 | 김영사 | 2004. 04.)

《클라우스 슈밥의
제4차 산업혁명 THE NEXT》

클라우드 슈밥 | 메가스터디북스 | 2018. 04.

인류가 맞이한 4차 산업혁명.
우리는 무엇을 준비하고 실천해야 하는가?

이 책은 전 세계에서 100만 부 이상 판매된 저자의 전작 《클라우스 슈밥의 제4차 산업혁명》의 후속작입니다. 전작에서 제4차 산업혁명의 개요와 기본 어젠다를 다루었다면, 이번 책에서는 4차 산업혁명을 주도할 12개 기술 분야를 선정하여 최근 사례와 함께 소개하고, 이를 통제하는 인간의 역할을 제시합니다.

경제적 부가 소수에게 더욱 집중되면서 불평등이 심화되고 있는 요즘, 계층간의 신뢰도가 하락하면서 우리 사회의 결속력은 점차 무너지고 있습니다. 이렇게 불안정한 정치 사회적 맥락 속에 인공지능부터 생명공학, 첨단 소재, 퀀텀 컴퓨터에 이르기까지 우리 삶의 방식을 급격하게 바꾸어놓을 강력한 첨단 기술이 등장했고, 우리는 또 다른 기회와 도전의 순간에 맞닥뜨리게 되었습니다. 이런 변화를 4차 산업혁명이라고 부릅니다.

새로운 시대가 도래할 때 거기에서 뒤처지는 것이 얼마나 큰 후유증을 남기는지 우리는 지난 역사를 통해 알고 있습니다. 4차 산업혁명에 대해서 우리 사회가 더 예민하게 받아들이는 것도 그런 이유일지 모릅니다.

혁신은 어느 순간 우리 삶에 스며들어 변화의 씨앗을 남길지 알 수 없으므로 우리는 이에 항상 대비해야 합니다. 이 책은 우리 모두가 4차 산업혁명의 중요성을 인식하고, 특권층이 아닌 모든 사람들이 이익을 얻을 수 있는 시대를 이끌기 위해 새로운 사고방식을 갖추어야 한다고 말합니다. 개인, 사회, 조직, 정부에 영향을 끼치게 될 새로운 기술들에 대해서도 폭넓게 이해해야 합니다.

4차 산업혁명은 우리에게 중요한 기회를 제공합니다. 기술을 통해 우리는 삶을 더 발전적인 방향으로 이끌 방법을 모색할 수 있습니다. 이 책을 읽으며 4차 산업혁명에 어떻게 대비해야 하는지, 나의 진로와 4차 산업혁명이 어떤 연관이 있을지 생각해보면 좋을 듯합니다.

관련 학과

모든 계열

 후속 활동으로 확장하기

– 4차 산업혁명이 우리 사회에 끼칠 영향을 예측해보고 그렇게 생각한 이유에 대해 서술해본다.
– 4차 산업 혁명의 진행에 따라 발생할 수 있는 윤리적 문제를 예상해본다.
– 어떻게 하면 4차 산업혁명의 혜택이 공정하게 배분될 수 있을지 토론한다.
– 4차 산업혁명으로 피해를 입게 될 취약 계층을 보호할 수 있는 방안에 대해 토론한다.
– 인간의 존엄성은 어떻게 지킬 것인가? 인간 중심의 산업혁명을 이루기 위한 방안에 대해 토론해보자.

 같이 읽으면 좋은 책

《메타버스》(김상균 | 플랜비디자인 | 2020. 12.)
《미래 사회 보고서》(유기윤 · 김정옥 · 김지영 | 라온북 | 2017. 10.)
《한 권으로 정리하는 4차산업혁명》(최진기 | 이지퍼블리싱 | 2018. 05.)

BOOK 36

《지리의 힘》

팀 마샬 | 사이 | 2016.08.

삶의 모든 것이 시작되는 '땅'에 대해 공부한다

"지리를 알지 못하면 세상을 제대로 이해할 수 없는 시대"라고 이 책은 말합니다. 우리가 속한 지정학적 위치가 우리의 운명을 결정하기 때문입니다. 이 책은 전 세계를 중국, 미국, 서유럽, 러시아, 한국과 일본, 아프리카, 라틴 아메리카, 중동, 인도와 파키스탄, 북극 등 열 개의 지역으로 나누고, 급변하는 21세기 현대사에 지리가 얼마나 중요한 역할을 하는지 고찰합니다.

이 책을 통해 우리는 중국이 왜 영유권 분쟁을 일으키면서까지 바다에 집착하는지, 미국은 어째서 초강대국이 될 수밖에 없었는지, 한국에는 왜 사드가 배치되는지를 이해하게 되며, 이 모든 상황의 이유는 바로 '지리'라는 사실에 수긍하게 됩니다. 이처럼 지리는 세계의 정치와 경제를 좌우하고, 우리들 개개인의 삶 속에도 깊숙이 영향을 끼칩니다.

지정학이란 지리적 요인들을 통해 정치와 국제적 현안을 이해하는 방식을 말합니다. 여기에는 산맥 같은 천연의 장애물이나 하천망의 연결 같은 물리적 지형뿐 아니라 기후, 인구통계, 문화유산, 그리고 천연자원에 대한 접근성까지 포함됩니다.

　　예로부터 수많은 강대국들이 자신의 힘과 권력을 유지하기에 유리한 지역을 선점하기 위해서 패권 다툼을 벌여왔으며, 그런 분쟁의 역사는 지금까지도 첨예한 대립으로 이어지고 있습니다. 저자는 과거로부터 현재, 미래로 이어지는 땅의 힘과 이를 둘러싼 인류의 역사를 조명합니다.

　　우리나라는 위로는 북한과 중국과 러시아, 아래로는 일본을 인접국으로 두고 있는데 이러한 우리의 지정학적 위치가 과연 어떤 의미를 지니며 이 지리적 상황이 현재 우리나라에 어떠한 영향을 주는지도 생각해보며 이 책을 읽으면 좋을 듯합니다.

🏛 **관련 학과**

지리학과, 외교학과, 정치학과

🔍 **후속 활동으로 확장하기**

－ 러시아와 우크라이나 전쟁의 원인을 이 책에서 말하는 지정학적, 지리적 방법

에 따라 분석하고 의견을 제시해보자.

− 중국–일본–북한–미국과 우리나라의 관계를 지정학적 위치를 바탕으로 설명
해본다.

📖 같이 읽으면 좋은 책

《지리의 힘2》(팀 마샬 | 사이 | 2022. 04.)

《문명의 붕괴》(제레드 다이아몬드 | 김영사 | 2005. 11.)

BOOK 37

《도시의 승리》

에드워드 글레이저 | 해냄 | 2021. 01.

사람은 왜 도시로 몰리는가,
도시는 사람을 어떻게 행복하게 만드는가?

현대사회에서 도시화는 필연적인 일입니다. 도시가 이렇게 각광을 받는 이유는 무엇일까요? 사람들을 한곳에 모으고 경제 성장에 도움이 되는 협력적 생산 활동을 할 수 있게 해준다는 점이 도시의 가장 큰 미덕일 것입니다. 그런 의미에서 저자는 도시를 '인류의 가장 위대한 발명품'이라 칭합니다.

현대의 우리는 소득과 지식이 밀접하게 연관된 전문 지식의 시대에 살고 있습니다. 사람들은 더 높은 소득을 얻고자 도시로 몰려들고, 다른 숙련된 사람들과 같은 공간에서 일하면서 생산성이 한층 더 높아집니다. 다시 말해, 도시의 번성을 위해서는 똑똑한 사람들을 끌어와서 그들이 협력하며 일할 수 있게 만들어야 한다는 이야기이기도 합니다.

인류의 본질적인 특징은 다른 사람들로부터 뭔가를 배운

다는 것입니다. 그래서 도시는 우리를 더 인간답게 만들어줍니다. 이처럼 도시가 인간의 강점을 더 키워줄 수 있다는 것이 이 책의 핵심 주제입니다.

현대 인구의 절반이 살아가는 도시가 어떤 역할을 하고 있으며, 앞으로 어떻게 변화해갈 것인지, 잘못된 도시 정책을 바로잡기 위한 대안은 무엇인지 이 책을 통해 엿볼 수 있을 것입니다. 이 책을 읽으며 도시의 미래를 상상해보는 것도 흥미로울 듯합니다.

관련 학과

도시공학과, 사회학과

후속 활동으로 확장하기

- 스마트 시티로 대변되는 현대사회의 도시에서 스마트 기술을 활용하여 도시를 어떻게 더 발전시킬 수 있을지 토의해보자.
- 도시재생사업으로 인해 원주민이 내몰리는 젠트리피케이션 등의 사례를 찾아보고, 도시가 나아가야 할 방안을 모색해본다.
- 내가 사는 도시의 과거와 현재 모습을 비교한 후 그 변화 과정을 조사한다.

같이 읽으면 좋은 책

《도시의 생존》(에드워드 글레이저 · 데이비드 커틀러 | 한국경제신문사 | 2022. 11)
《도시는 왜 불평등한가》(리처드 플로리다 | 매일경제신문사 | 2018. 06.)

《공간의 미래》

유현준 | 을유문화사 | 2021.04.

건축가의 시선으로 바라보는
포스트 코로나 시대 '관계와 공간'에 대한 이야기

코로나19는 모여야 살 수 있었던 인간 사회를, 거꾸로 모이면 위험한 사회로 만들었습니다. 미래를 바꾸는 변수에는 기술 발달, 전염병, 기후 변화 등 여러 가지 요소가 있을 것입니다. 그중 어떤 변수는 지속될 것이고 어떤 변수는 사라질 것입니다. 따라서 이 책을 읽을 때는 결과를 예측하기보다 생각의 과정에 중심을 두는 것이 좋다고 저자는 말합니다.

관계는 사람 간의 거리를 결정하고, 사람 간의 거리는 공간의 밀도를 결정하며, 공간의 밀도는 그 공간 내 사회적 관계를 결정합니다. 코로나19라는 전염병은 사람과 사람 사이의 간격을 바꾸어, 가까웠던 사람들도 만나지 못한 채 멀리 떨어져 있도록 만들었습니다. 사람들 사이 간격이 바뀌자 관계가 바뀌었고, 이에 따라 사회도 바뀌었습니다. 이런 영향은 코로나19가 끝난 후에도 계속될 것이며 앞으로 인터넷 쇼핑, 재택근무, 온라인 수업, 원격진료의 비중이 늘면서 산업 구조와 도시 공간 구조가 새롭게 재구성될 것입니다.

건축가인 이 책의 저자는 큰 변화를 맞이한 현재 시점에서 앞으로 우리 사회의 공간이 어떻게 바뀔지를 예측합니다. 집, 회사, 학교, 상업 시설, 공원, 지방 도시, 물류 터널 등 우리의 일상이 이루어지는 생활 공간의 가까운 미래를 구체적인 근거를 들어 생생하게 예측합니다.

인류 문명의 역사는 곧 시공간 확장의 역사입니다. 기차의 발명으로 사람이 경험할 수 있는 공간이 확장되었고, 전화기 발명으로 타인과 의사소통할 수 있는 공간의 영역이 확장되었습니다. 그런데 코로나19는 이전처럼 공간을 소비하지 않도록 만들었습니다. 아이러니하게도 코로나 때문에 우리는 공간의 중요성을 더 절실히 느끼게 되었습니다.

코로나19 이후, 이제부터 공간의 의미는 어떻게 변하게 될 것인지, 어떠한 방향으로 나아가게 될 것인지 생각해보며 이 책을 읽으면 좋겠습니다.

🏫 관련 학과

건축학과, 심리학과, 디자인학과

– 코로나19로 새로워진 공간의 의미에 대해 이야기해보고, 우리 사회에서 공간의 쓰임이 어떻게 달라졌는지 찾아보자.
– 우리나라는 '공간의 불평등' 문제를 해소하고자 공공기관의 지방 이전을 본격적으로 추진했다. 이러한 해결 방안의 장단점에 대해 토론해보자.

같이 읽으면 좋은 책

《어디서 살 것인가》(유현준 | 을유문화사 | 2018. 05.)
《유럽 도시 기행 1》(유시민 | 생각의길 | 2019. 07.)
《유럽 도시 기행 2》(유시민 | 생각의길 | 2022. 07.)
《사유의 건축》(최동규 | 넥서스BOOKS | 2020. 11.)

BOOK
39

《트렌드 코리아 2023》
김난도 외 | 미래의창 | 2022. 10.

새로운 1년을 미리 비춰주는 열 가지 키워드

《트렌드 코리아》는 매년 개정판이 나오는, 서울대 소비트렌드분석센터에서 펴내는 책입니다. 올 한해 사회 전반을 움직인 트렌드를 점검하고 다음 해에 다가올 트렌트를 예측해주기 때문에 많은 독자들이 해마다 책이 나올 때면 꾸준히 구매하고 있습니다.

세상이 어떠한 트렌드로 돌아가고 있는지를 알아야 과거를 돌아보고 미래를 예측할 수 있습니다. 특히 사회 교과와 연관되는 내용이 많아 대입을 준비하는 학생들도 관심을 가지면 좋을 책입니다.

2023년은 여러 가지 측면에서 2008년을 떠올리게 합니다. 불황기였던 2008년 소비의 주된 키워드가 '합리'였는데, 지금도 그때와 비슷하게 '저가 치킨', '무無지출 챌린지'처럼 실용과 합리를 강조하는 소비가 늘고 있습니다.

    2023년은 불경기가 예측되지만, 지난 몇 년 사이 우리는 엄청난 기술적 진보를 이뤘고 앱을 이용한 비대면 경제가 크게 발달했으며, MZ세대라고 불리는 주된 소비층의 세대교체가 이루어졌습니다.

    핵심은 이러한 추세적 변화가 경기 침체라는 주기적 변화와 만나 어떤 트렌드를 만들어낼 것인가를 추론하는 일입니다. 이를 고려해서 이 책에서는 2023년의 10대 소비 트렌드를 하나하나 안내하고 있습니다. 간략히 소개하자면 아래와 같습니다.

    평균 실종, 체리슈머, 뉴디맨드 전략, 오피스 빅뱅, 인덱스 관계, 디깅모멘텀, 알파 세대, 네버랜드 신드롬, 선제적 대응기술, 공간력.

    이 열 가지 소비 트렌드 각각의 의미와 시사점들을 학생들이 직접 찾아본다면 현재를 이해하고 미래를 예측하는 태도를 기르는 데 큰 도움이 될 것입니다.

🏛 **관련 학과**

소비자아동학과, 사회학과, 경제학과, 경영학과

📖 **후속 활동으로 확장하기**

– 이 책에서 발표한 2023년 10대 소비 트렌드 중 자신과 연관된 것을 찾아보고

그 사례를 발표해보자.

– 이 책에서는 2010년대 이후에 태어난 세대를 알파 세대라고 말한다. MZ세대와 알파 세대 사이에서, 본인들이 속한 세대의 특징을 정의해보고 이에 대해 보고서를 작성해보자.

📖 같이 읽으면 좋은 책

《트렌드 코리아 2022》(김난도 외 | 미래의창 | 2021. 10.)
《요즘 소비 트렌드》(노준영 | 솔로미디어 | 2022. 11.)
《트렌드 읽는 습관》(김선주 · 안현정 | 좋은습관연구소 | 2020. 06.)

BOOK 40

《왜 법이 문제일까?》

김희균 | 반니 | 2019. 09.

우리 사회의 뼈대인 '법' 바로 알기

법은 사회를 이끄는 가장 기본적인 장치 중 하나입니다. 법이 사회 질서를 든든히 지키고 있을 때 사람들은 어렵고 힘든 가운데서도 살아갈 힘을 얻습니다. 아무런 생산성도 없는 사법제도를 유지하는 데 엄청난 자금을 투자하는 것은 법이 공정한 규칙을 만들고 공정한 사회 질서를 만들어갈 것이라는 사람들의 믿음 때문입니다.

이 책은 이러한 법의 기본적인 역할과 함께 법이 가진 모순에 대해 이야기합니다. 법과대학 교수인 저자는 말하기를, 법에 대한 이해는 사회에 발을 내딛는 데 꼭 필요한 지식이라고 합니다. 그러므로 청소년들이 법이라는 도구로 세상을 바라보고 고민하는 힘을 기를 수 있도록 돕기 위해 이 책을 썼다고 합니다.

저자는 법의 역사와 원리에 대해 친절히 설명합니다. 헌법, 민법, 형법 등 인간 사회에 법이 탄생하게 된 배경, 법이 만들어지는 과정, 법이 작용하는 원리를 폭넓게 다룹니다. 한편으로 이 책에는 법에 대한 비판적인 시각이 드러납니다. 법은 완벽하지 않으며 현재 시행 중인 법이 모두 바람직한 것 또한 아니라고 말합니다. 흠결도 많고, 부당한 법도 있으며, 심지어 잘못된 법도 많습니다. 이러한 법의 흠결을 고치는 것 역시 법을 아는 사람들이 해야 할 일입니다.

법은 사람을 통제하는 수단으로 쓰일 수 있으므로 강력한 만큼 위험한 도구입니다. 따라서 법률가들은 법을 다루기 전에 자신을 깊이 성찰하고 반성하는 겸허한 품성을 먼저 갖춰야 합니다. 이러한 끊임없는 성찰과 반성은 살기 좋은 사회를 만들기 위한 법의 필수적인 역할입니다.

법은 사회를 구성하는 언어이기에, 우리 사회를 이해하고 변화시키기 위해서는 법이 무엇인지 알아야 한다고 저자는 강조합니다. 학생들 역시 사회의 한 구성원으로 살아가기 위해 법을 제대로 이해하고 비판적으로 받아들일 줄 아는 자세가 필요할 것입니다.

🏛 **관련 학과**

법학과

후속 활동으로 확장하기

– '악법도 법이다'라는 말은 지금 시대에도 통용될지 생각해보고 자신의 의견을 발표한다.
– 최근 우리 사회에서 법의 빈틈을 악용한 사례가 있는지 찾아보고 해결 방안을 모색한다.

 같이 읽으면 좋은 책

《어떤 양형 이유》(박주형 | 모로 | 2023. 01.)
《판결의 재구성》(도진기 | 비채 | 2019. 04.)

BOOK 41 《내가 만난 소년에 대하여》
천종호 | 우리학교 | 2021. 03.

소년 범죄를 어떤 시선으로 바라보아야 할까?

이 책의 저자는 '호통 판사'로 유명한 천종호 판사입니다. 저자는 소년부 판사가 된 이후 열악한 환경에 처한 비행 청소년들의 대변인을 자처해왔으며 그 때문에 '소년범들의 대부'라는 호칭을 얻기도 했습니다.

이 책은 저자가 소년 법정에서 만난 수많은 사연 가운데 일부를 골라 에세이 형태로 풀어낸 책입니다. 저자는 '소년 범의 죄는 누구의 죄인가요?'라고 묻고는, 많은 경우 청소년의 비행은 사회가 원인이라고 답합니다. 그는 소년재판을 담당하면서 누구도 겪어서는 안 되는 방임과 학대의 그늘 아래 놓인 아이들을 수없이 만났다고 회고합니다. 그렇기에 이 아이들의 문제가 어디에서 생겨났는지, 왜 이런 일이 반복되는지 그 배경과 맥락을 누군가는 헤아려야 한다고 강조합니다.

저자는 지난 10년간 소년범들을 만나면서, 벼랑 끝에 몰린 아이들이 작은 도움과 격려를 계기로 삶을 새로 시작하는 모습을 수없이 목도했다고 합니다. 이 아이들이 다시 범죄를 저지르는 것을 막기 위해서는 무엇보다 지원이 필요하다는 것이 저자의 주장입니다. 경제적 약자인 경우에는 복지적 차원의 지원, 학업 이수와 직업교육 등 교육적 차원의 지원도 뒤따라야 합니다. 그것이 곧 분배의 정의이기 때문입니다.

죄를 저질렀으면 처벌을 받는 건 당연합니다. 하지만 영원히 벌만 받게 할 수는 없습니다. 죄는 엄벌하되, 죗값을 치르고 나면 아이들이 사회 구성원으로 되돌아가 어엿한 시민으로 살아갈 수 있게 도와주어야 합니다. 책을 읽으며 이 문제에 대해 진지하게 생각해본다면 좋겠습니다.

🏛 관련 학과

법학과

👥 후속 활동으로 확장하기

– 소년법 폐지와 관련된 논란을 찾아 찬반으로 의견을 정리해보고 자신의 입장을 서술해보자.
– 소년법의 개선 방향에 대해 자료를 조사하여 발표한다.

📖 같이 읽으면 좋은 책

《소년을 위한 재판》(심재광 | 공명 | 2019. 03.)

대통령 탄핵부터 간통죄까지,
우리 헌법이 걸어온 길과 가야 할 길

혹시 헌법 전문을 읽어본 적이 있나요? 우리 사회가 지향하는 기본 가치들을 모두 담고 있는 헌법은 우리 국민이라면 한번쯤 읽어보아야 하는 텍스트입니다. 양이 많지 않고 속에 담긴 어휘가 어렵지 않기 때문에 고등학생들도 충분히 읽을 수 있습니다.

이 책은 헌법재판소장을 역임한 저자가 13개의 주요 헌법 재판 사례를 통해 헌법이 어떻게 우리 사회를 변화시키고 이끌어주는지 설명합니다. 먼저 각 사건 안에 담긴 정의, 평등, 공정, 도덕, 양심, 생명권 등의 가치가 헌법의 질서와 뗄 수 없음을 보여주고, 각 사건에 헌법재판소가 내린 판결의 취지와 자세한 해석, 사회에 미친 영향과 그 의미 등을 이야기합니다.

우리는 두 번에 걸친 대통령 탄핵 사건을 통해 '최고 권력

자인 대통령도 결코 헌법과 법 위에 군림할 수 없다'는 선언
이 실행되는 것을 지켜보았습니다. 호주제 폐지 사건은 남녀
평등 및 부모와 자녀 간 평등에 대한 국민들의 의식 변화를
불러왔고, 친일 재산 환수 사건은 국민의 역사의식을 고양시
키는 동시에 아픈 과거사를 청산하는 데 기여했습니다.

그밖에도 제대 군인 가산점 사건, 수도 이전 사건, 간통죄
사건 등은 우리 사회에 큰 파장을 불러일으키며 사회 변화를
불러왔습니다. 이 책은 이러한 굵직굵직한 사건들을 통해 우
리 사회가 걸어온 길을 보여줍니다. 더불어 분열과 갈등으로
얼룩진 우리 사회에서 헌법재판소가 수행해야 할 역할에 대
해 이야기합니다.

책을 읽고 나면 헌법을 공부하는 것이 곧 우리 사회의 정
수를 공부하는 일임을 실감하게 됩니다. 이 책에서 이야기하
는 국가의 역할, 정치의 본질, 국민의 권리, 헌법적 가치를 고
민하는 것은 주권자로서 우리 모두가 마땅히 해야 할 일일 것
입니다.

철학과 역사를 아우르는 전문적이고 방대한 내용을 따라
가는 것이 쉽지만은 않습니다. 헌법 본연이 가진 무게감도 더
해져 페이지를 넘기는 손가락이 무겁게 느껴집니다. 그러나
이 책이 주는 깊이감을 학생들도 누려보았으면 합니다. 헌법
의 자리에 가까이 다가가 봄으로써 성숙한 시민의 한 사람으

로 조금 더 성장할 수 있을 것입니다.

법학과, 정치학과, 철학과, 사회학과

– 헌법 전문을 읽어보는 차원에 그치지 않고, 읽은 후 느낀 바를 에세이 형식으로 작성해보자.
– 책에 수록된 헌법 재판 사례 중 관심 있는 사례를 골라 구체적으로 사건의 취지와 재판 과정, 판결의 의미를 조사해보자. 그 판결이 현재는 어떠한 의미를 가지는지 다양한 사례를 추가로 조사하고 분석한다.
– 현재 우리 사회에서 사회 통합을 저해하는 문제들은 어떤 것이 있는지 찾아보고, 헌법적 가치와 충돌하는 부분에 대해 토론해보자.
– 다른 나라들의 헌법 조항을 찾아보고, 각국 헌법의 공통점과 차이점에 대해 연구한다.

《최소한의 선의》(문유석 | 문학동네 | 2021. 12.)
《헌법 쉽게 읽기》(김광민 | 인물과사상사 | 2017. 10.)

인간의 행동을 지배하는 '생각'에 대하여

이 책은 행동경제학 분야의 창시자 대니얼 카너먼Daniel Kahneman이 수십 년간의 연구 결과를 바탕으로 집필한 책입니다. 사전적 정의에 따르면 행동경제학이란 '인간의 실제 행동을 연구하여 인간이 어떻게 행동하고 어떤 결과가 발생하는지를 규명하기 위한 경제학'입니다. 경제학의 한 개념이지만, 그 근원에는 심리학이 자리 잡고 있습니다.

행동경제학은 인간을 경제 및 사회활동의 주체로 정의하는데, 그렇기에 인간과 그 인간의 행동, 그리고 그 행동을 이끄는 '생각'을 무엇보다 중요하게 여깁니다. 더불어 예측 불가능한 인간의 심리와 본성에 주목합니다.

저자는 이 책에서 우리가 흔히 빠지는 사고의 오류에 대해 이야기합니다. 어림짐작과 편향의 사고는 누구에게서든, 언제든 나타날 수 있습니다. 나만은 예외라고 생각한다면 그

야말로 '사고의 오류'일 것입니다. 이 책은 인간의 복잡하고 다양한 무의식적 사고가 어떻게 어림짐작으로 이어지는지 설명하며 '통계적으로 사고하기'가 왜 그토록 어려운가를 밝힙니다.

우리는 우리가 얼마나 무지한지, 우리가 사는 세상이 얼마나 불확실한지 인정하지 않습니다. 그러면서 세상을 이해하는 우리 능력을 과대평가하고, 어떤 사건에서 우연의 역할을 과소평가합니다.

이런 판단과 선택의 오류를 정확히 인지하고 진단할 수 있다면, 그 상황에 적극적으로 개입해 잘못된 판단으로 일어날 손해를 줄일 수도 있다고 저자는 설명합니다.

이처럼 행동경제학의 기본적인 내용을 이해한다면 어떤 결정을 내릴 때 좀 더 합리적이고 감정에 덜 치우친 방법을 선택할 수 있을 것입니다. 이 책을 읽으며 현대의 주류경제학으로 꼽히는 행동경제학을 이해해보는 시간을 가지면 좋겠습니다.

🏛 **관련 학과**

경제학과

후속 활동으로 확장하기

– 경제학과 행동경제학의 차이점을 알아보고 보고서를 써본다.
– 비합리적인 판단을 했던 경험을 찾아보고 그것을 행동경제학의 관점에서 분석해본다.

 같이 읽으면 좋은 책

《넛지》(리처드 탈러 · 캐스 선스타인 | 리더스북 | 2022. 06.)
《행동경제학》(리차드 탈러 | 웅진지식하우스 | 2021. 03.)

| BOOK 44 | 《죽은 경제학자의 살아있는 아이디어》
토드 부크홀츠 \| 김영사 \| 2009. 09. |

세계를 움직인 경제학자들의 지혜를 만난다

이 책은 이미 고인이 되었지만 지금까지도 우리가 사는 세
상에 큰 영향을 미치는 위대한 경제학자들의 이론에 대해 설
명합니다. 그들을 통해 우리는 무엇을 배울 수 있으며, 이를
어떻게 적용할 수 있는지를 찾아가는 이야기입니다.

경제학자들은 항상 인류가 어려운 선택을 해야 한다고 말
합니다. '더 맑은 공기'와 '더 빠른 자동차', '더 큰 주택'과 '더
넓은 주차장', '더 많은 노동 시간'과 '더 많은 여가 시간' 사이
에서 선택을 해야 한다는 것입니다. 경제학자들은 이 가운데
어느 것이 나쁘고 좋다고 말하지 않습니다. 다만 우리가 그것
을 한 번에 모두 가질 수는 없다는 것을 말해줄 뿐입니다.

경제학은 선택의 학문입니다. 하지만 무엇을 선택해야 할
지 가르쳐주는 대신, 선택이 가져올 결과를 이해시켜 주는 역
할을 합니다. 이 책을 통해 애덤 스미스$^{Adam\ Smith}$의 국부론부

터 토머스 로버트 맬서스$^{\text{Thomas Robert Malthus}}$의 인구론, 앨프리드 마셜$^{\text{Alfred Marshall}}$의 수요공급 곡선, 로버트 루커스^{Robert} $^{\text{Emerson Lucas Jr.}}$의 합리적 기대이론, 대니얼 카너먼의 행동경제학까지 경제학 역사를 이끌어온 거장들의 뛰어난 이론을 살펴보면서 현실 문제를 바라보는 우리의 시선에 통찰력을 더할 수 있습니다.

한편으로 경제학과 현실 세계를 잇는 가장 강력한 연결고리는 정치입니다. 경제 사상사를 통해 우리는 정부와 경제학자들 사이에 이어진 대치와 협력의 관계를 발견할 수 있습니다. 경제학자들의 다양한 이론들이 어떻게 각 나라 정부 정책들에 적용되고 있는지 찾아본다면 더욱 능동적인 책 읽기가 될 것입니다.

🏛 **관련 학과**

경제학과, 경영학과

✍ **후속 활동으로 확장하기**

현 정부가 추구하는 경제 정책들이 어떤 경제학자의 이론을 참고하고 있는지 찾아보고 그렇게 생각한 이유를 말해보자.

📖 **같이 읽으면 좋은 책**

《삶의 무기가 되는 쓸모 있는 경제학》(이완배 | 북트리거 | 2019. 04.)
《괴짜 경제학》(스티븐 더브너·스티븐 레빗 | 웅진지식하우스 | 2007. 04.)

BOOK 45

《EBS 다큐프라임 자본주의》

정지은 · 고희정 | 가나출판사 | 2013. 09.

우리가 몰랐던 자본주의의 이면

인류의 역사 500만 년을 하루 24시간으로 환산했을 때 자본주의가 출현한 시간은 23시 59분 54초. 하지만 자본주의는 인류 문명을 급속도로 바꿨을 뿐 아니라 현재까지 전 세계를 지배하고 있습니다.

자본주의의 사전적 의미는 '이윤 추구를 목적으로 자본이 지배하는 경제체제'입니다. 애덤 스미스의 국부론에 묘사된 자유로운 시장경제 체제, 즉 자본주의 사회에 우리는 살고 있습니다. 그런데 우리는 과연 자본주의를 제대로 알고 있을까요? 인류가 경험했던 그 어느 체제보다 엄청난 부의 생산 능력을 보여준 자본주의 세상에서 우리는 모두 행복할까요?

2011년 미국에서 일어났던 월스트리트 점거 시위는 '월가를 점령하라'라는 구호 아래 금융자본의 탐욕을 지탄하고 양극화와 빈부 격차의 해소를 촉구하는 시위였습니다. 평범하게만 보이던 우리 이웃들이 거리에 나서서 '자본주의 체제를 바꿔야 한다'고 외쳤습니다. 그들은 자본주의 체제에서는 근원적으로 '부의 집중'이 이뤄질 수밖에 없고 빈익빈 부익부 현상이 불가피하게 일어나 가난한 자들은 끊임없이 고통을 당할 수밖에 없다는 결론을 내렸습니다. 그래서 자본주의에 대해 불평하는 것을 넘어 자본주의의 근원적인 변화와 새로운 사회 시스템을 촉구한 것입니다.

이 책은 자본주의의 원리와 다양한 개념을 깊이 있으면서도 알기 쉽게 풀어냅니다. 또한 우리가 자본주의 경제에 관해 미처 생각지 못했던 숨은 진실들에 대해서도 신랄하게 보여줍니다.

자본주의는 태생적으로 구조적 모순을 안고 있습니다. 그렇기에 이에 대한 보완책 또한 계속 연구하고 시도해야만 합니다. 자본주의의 본질은 나의 행복과 내 가족의 미래를 위해 위해 반드시 알아야 합니다. 이를 모르고서는 자본주의 사회를 현명하게 살아갈 수 없습니다. 금융 때문에 위험에 처하느냐 아니면 금융 덕분에 풍요로운 생활을 하느냐는 돈의 기본 원리를 얼마나 알고 있느냐에 달린 일입니다.

관련 학과

경제학과, 경영학과

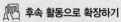 **후속 활동으로 확장하기**

부모가 생각하는 소득과 청소년들이 생각하는 가계 소득을 비교해보면 청소년들이 훨씬 더 높게 인식하고 있다고 이 책은 설명한다. 이 내용을 바탕으로 청소년들이 가정 소득에 대해 어떻게 생각하고 있는지 조사하고 보고서를 작성해보자.

같이 읽으면 좋은 책

《만화 경제학 강의》(조립식 · 조윤형 | 길벗 | 2018. 12.)

《무엇이 행동하게 하는가》

유리 그니지 · 존 리스트 | 김영사 | 2014. 06.

독창적인 현장 실험으로 살아 있는 경제학을 탐구한다

　여기 어떤 경제학 실험을 하고 있습니다. 180명의 학생을 세 집단으로 나누고, 어느 집단에서 가장 많은 기부금이 모금되는지를 알아보려 합니다. 세 집단에는 각기 다른 조건을 제시합니다. 첫 번째 집단에게는 자선단체에 기부하는 행위가 얼마나 중요한지를 말로 강조합니다. 두 번째 집단에게는 기부금의 1퍼센트를, 세 번째 집단에게는 기부금의 10퍼센트를 보상금으로 주겠다고 제안합니다. 과연 어느 집단이 가장 많은 돈을 기부했을까요?

　흔히 예상하는 것과는 달리, 금전적 보상을 전혀 받지 않은 첫 번째 집단에게서 가장 많은 기부금이 모금되었습니다. 이 결과를 보고, 뭔가 비합리적이고 비이성적이라는 생각이 들지는 않나요?

이 책《무엇이 행동하게 하는가》는 행동경제학을 바탕으로, 사람들이 특정 방식으로 행동하는 이유를 찾기 위해 사람들을 관찰하고 실험하며 그 결과를 분석한 내용을 담고 있습니다. 이론이나 직관에 의존하는 것이 아니라 다양하고도 독창적인 현장 실험을 통해 사람들이 어떠한 동기, 즉 인센티브로 움직이는지를 확인합니다. 현장 실험은 성별 격차, 빈부 격차, 학습 동기, 편견과 고정관념, 기업 문화 등 다양한 주제로 진행했으며, 그 결과 무엇이 사람들을 행동하게 하는지를 명쾌하게 설명합니다. 그리고 이런 실험 결과를 토대로 우리 사회의 문제를 해결하고 정부 정책을 개선할 수 있다고 말합니다.

앞선 실험에서 우리는 돈이 사람을 움직이는 전부가 아님을 알 수 있었습니다. 즉, 금전적 인센티브는 무조건 유효하다는 생각은 틀렸습니다. 전통 경제학에서는, 인간은 자신의 이익을 극대화하기 위해 합리적인 선택을 한다는 이론을 전제로 합니다. 그런 전통 경제학의 시선으로 본다면 이 실험의 결과는 허황될 수 있습니다. 하지만 경제학은 단순히 어려운 수식과 그래프를 배우는 학문이 아니며, 무엇보다 우리의 삶과 맞닿아 있음을 알아야 합니다. 이 책을 통해 학생들이 교과서에 갇힌 사고의 틀을 깨고, 새로운 관점으로 세상을 바라볼 수 있기를 바랍니다.

책에 등장하는 다양한 현장 실험은 아주 거창한 것만은 아닙니다. 책을 읽으며 흥미로웠던 실험을 규모를 축소 설계하여 실제로 해보면 어떨까요? 꼭 유의미한 결과가 나오지 않더라도 괜찮습니다. 그 시도만으로도 인간과 사회 현상을 더욱 깊이 이해하려 노력했다는 의미를 부여할 수 있을 것입니다.

🏫 관련 학과

경제학과, 경영학과, 심리학과, 사회학과, 교육학과

🤙 후속 활동으로 확장하기

- 책을 읽고 인상적이었던 주제에 대해 직접 실험을 설계하고 실행한 후 그 과정과 결과, 느낀 점에 대해 보고서를 작성해보자.
- 행동경제학 이론을 활용한 기업의 사업 전략 사례를 조사해본다.
- 행동경제학 이론 중 우리 생활에 응용할 수 있는 것들을 고민해보고, 적용 방법을 생각해보자.

📖 같이 읽으면 좋은 책

《넛지》(리처드 탈러 · 캐스 선스타인 | 리더스북 | 2022. 06.)
《괴짜 경제학》(스티븐 더브너 · 스티븐 레빗 | 웅진지식하우스 | 2007. 04.)
《삶의 무기가 되는 쓸모 있는 경제학》(이완배 | 북트리거 | 2019. 04.)

《아트인문학》

김태진 | 카시오페아 | 2017. 08.

미술의 패러다임을 바꾼
열 번의 순간을 들여다보다

흔히 미술은 시대를 담아낸다고 합니다. 그렇다고 해서 사
학처럼 말로 풀어 설명하는 건 아닙니다. 다만 한 장의 이미지
로 보여줄 뿐입니다. 그 한 장의 이미지를 구현하는 과정에서
화가들은 내면의 깊은 곳을 화폭에 함께 옮겨냅니다. 이처럼
미술은, 예술가가 살아간 시대만이 아니라 그 속에서 치열하
게 고민한 작가의 영혼마저 담기기에 '단순한 기술' 그 이상의
기술이라 할 수 있습니다. 우리가 미술에서 감동을 느끼고 끝
없이 매료될 수밖에 없는 이유도 바로 여기에 있습니다.

이 책은 '미술의 패러다임을 근본적으로 바꾼 예술가는 누
구인가?'라는 질문을 던지고 이에 답을 해나갑니다. 르네상스
이후로 시기를 한정해 열 명의 화가를 선정하며, 고전 미술부
터 바로크, 낭만주의, 인상주의를 거쳐 아방가르드와 현대미

술, 인공지능에 이르기까지 미술사의 패러다임이 바뀐 순간으로 찾아가 영혼의 도약을 이룬 천재적 예술가들을 조명합니다.

이러한 도약은 대개 기득권에 안주하는 주류가 아닌 비주류 예술가의 손에서 이루어집니다. 길을 찾기 위한 고뇌와 인내는 물론, 때론 견디기 힘든 비난과 멸시를 겪기도 합니다. 하지만 이를 견뎌낸 예술가들은 결국 미술의 판을 바꾸고 맙니다.

현재 우리나라는 저출산 고령화 사회, 즉 유례없는 초고령 사회로 진입 중입니다. 이런 사회일수록 창조성의 확산이 중요하다고 작가는 말합니다. 그리고 창조성을 고양하기 위한 가장 근본적인 해법은 '교육, 학습, 배움의 패러다임'을 바꾸는 것입니다.

미술은 그 어느 분야보다도 패러다임의 전환이 가장 활발히 이뤄지는 분야입니다. 학생들도 이 책에서 서양 미술의 발전 과정을 훑어보며, 세상을 바꾼 혁신과 통찰의 순간을 간접적으로 체험해보길 바랍니다.

🏛 **관련 학과**

미술 계열, 디자인 계열, 인문 계열

후속 활동으로 확장하기

이 책에서 제시한 사례 외에 미술의 패러다임이 바뀐 다른 순간을 찾아보고, 그 당시 사회는 어떠한 변화가 있었는지 찾아 보고서를 작성해보자.

같이 읽으면 좋은 책

《방구석 미술관》(조원재 | 블랙피쉬 | 2018. 08.)
《기묘한 미술관》(진병관 | 빅피시 | 2021. 09.)

독서로 챙기는 생기부 사례

　인문사회 분야에서는 현재 우리 사회가 직면한 다양한 사회문제나 학생들 저마다의 진로와 관련된 내용을 주제로 삼아 생기부에 녹여내는 것이 좋습니다. 앞서 소개한 인문사회 책들을 읽고 후속 활동으로 확장하여 과세특 및 창의적 체험활동에 적절히 적용한 사례들을 아래에 소개합니다.

활용 도서	《난장이가 쏘아 올린 작은 공》

1) 이 책에 쓰인 상징적인 표현들을 찾아보고 그 의미를 살펴본다.

소재의 상징적 의미

소재	상징적 의미
난쟁이	단순한 신체적 불구가 아니라, 산업화 시대 노동 빈민의 위축된 삶의 현신을 상징한다.

팬지꽃	흔히 볼 수 있는 삼색 제비꽃으로서 순수하고 여린 영희의 이미지를 나타내며, 곧 사그러질 희망을 상징한다.
고기 냄새	난쟁이 가족의 가난함을 부각시키고 애처로움을 자아낸다.

2) 이 책의 시대적 배경을 살펴본다.

> 조세희 작가가 쓴 중편소설《난장이가 쏘아 올린 작은 공》은 광주대단지사건을 소재로 하며, 상대원공단도 배경으로 등장한다.
>
> 1970년대 이후 많은 작가들은 산업화의 과정에서 야기된 상대적 빈곤, 인간 소외, 도덕적 규범 혼란 등을 작품의 주제로 설정했다. 이 소설은 그러한 문학적 경향을 대표하는 작품이다.
>
> 난쟁이 일가로 대표되는 가난한 소외 계층과 공장 근로자들의 삶의 조건을 통해, 1970년대 사회의 가장 핵심적인 문제였던 우리의 노동 현실을 문학적으로 형상화하여 큰 반향을 불러일으켰으며, 상반되는 두 계층의 대립 관계를 효과적으로 부각했다.

3) 이 소설이 다룬 사회문제가 1970년대가 아닌 지금의 현실에서도 찾아볼 수 있음을 강조한다.

2009년 1월 20일 벌어졌던 '용산 참사(서울특별시 용산구에서 벌어졌던 용산4구역 철거 현장 화재 사건)' 등, 근로자들이 소외되고 희생된 현재의 사례를 찾아보고 덧붙인다.

4) 여기까지의 내용을 진로활동이나 타 교과 과세특에 활용한다.

책 속의 상징적 의미를 진로와 연관 지은 경우 | 과세특 예시

'난장이가 쏘아 올린 작은 공(조세희)'을 읽고 작품 속에 등장하는 상징적인 표현의 의미에 대해 발표함. 책의 상징적 표현에 착안하여, 자신을 상징할 수 있는 해시태그를 만들었으며 '전진하는 거북이', '음악이 흐르는 삶' 등으로 자신을 표현한 후 특히 자신의 꿈과 관련된 해시태그로 '수정테이프'를 선정함. 지워지지 않는 볼펜 자국을 덮어 없애는 수정테이프처럼 학생들의 잘못된 역사 인식을 지우고, 역사의 중요성을 올바르게 인식할 수 있도록 도움을 주고 싶다는 의미를 부여함. 내용과 표현 방법이 참신하며 역사 교육에 대한 열정과 의지를 효과적으로 드러냈다는 좋은 평가를 받음.

책 속의 시대상을 사회 교과와 연관 지은 경우 | 과세특 예시

사회에서 일어나는 다양한 현상의 의미와 그 이면에 관심이 많은 학생으로, 문학 작품 속에 나타난 사회 현상들을 찾아 발표함. 그중 '난장이가 쏘아 올린 작은 공(조세희)'을 읽고 작품 안의 다양한 상징적인 의미들을 파악했으며, 작품 속 난쟁이들의 삶의 모습이 지금의 저소득층 삶의 모습과 다르지 않다는 생각을 개진함.

특히 소설이 출간되던 당시와 비슷한 방식으로 이루어진 재개발 사업 '용산 참사' 사건을 찾아보고, 난쟁이들이 꿈꾸던 삶이 지금도 실현되지 않았음을 설득력 있게 표현함. 자본주의 삶 속에서 빈부 격차를 줄일 수 있는 방안과 저소득층을 위한 지원 방안에 대해 고민해보고 이에 대한 보고서를 작성함.

| 활용 도서 | 《나는 여성이고 독립운동가입니다》 |

한국사 수업 시간에 배운 내용을 독서로 확장하여 자신의 진로와 연계하기 | 과세특 예시

독립운동가에 대한 한국사 수업 후 여성 독립운동가들의 이야기에 관심을 가지고 '나는 여성이고 독립운동가입니다(심옥주)'를 통해 더 깊은 내용을 탐색함. 책에서 우리나라 1호 여의사이자 독립운동가로 헌신한 고수선 지사에 대해 알게 된 후 다른 서적과 자료들을 탐독하고 이를 발표 주제로 선정함. 처음에는 '1호 여의사'라는 타이틀에 매료되었으나, 고수선 지사가 보여준 독립에 대한 굳건한 의지와 더불어 사회적 약자인 노인과 어린이를 보호하고 교육했던 봉사 정신이 더욱 값지게 느껴졌다는 내용을 발표함. 자신도 의사가 된다면 사회적 약자를 위하는 사회복지 활동을 통해 사회에 기여할 것임을 밝혀 친구들에게 호응을 얻음.

사회 과목 관련, 책에서 읽은 주제를 심화 연구하기 | 과세특 예시

'선량한 차별주의자(김지혜)'를 읽고 우리 주변에서 일어나는 차별에 관심을 가지고 이 주제를 심도 있게 고민함. 최근 화제가 된 '노키즈 존' 현상이 아동에 대한 차별과 혐오를 바탕으로 하고 있음을 지적하고, 다양한 아동 차별 사례를 조사하여 발표함.

이어서 '노키즈 존'에 대한 찬반 양론의 입장을 구체적으로 정리하여 모둠원들의 토론을 이끌어냄. 또한 이를 바탕으로 아동이 지속적으로 차별받는 경험을 할 경우 성숙한 시민으로 성장하기 어려울 것이라는 우려와 함께 영업의 자유보다 아동이 차별받지 않을 권리가 더 우위에 있음을 주장하는 논리적인 글을 작성함.

활용 도서	《아주 작은 습관의 힘》

책에서 읽은 내용을 실천하기 위해 학교, 학급 차원에서 행사 기획하기 1
| 창체 · 자율활동 특기사항 예시

'아주 작은 습관의 힘(제임스 클리어)'을 읽고 난 후 습관의 중요성에 대해 깨닫게 된 것을 계기로, 이를 실천할 방법을 고민함. 이후 학급 친구들과 '습관 만들기 프로젝트'를 직접 계획하고 실행함. 함께 습관을 만들어나갈 친구들을 모집한 뒤, 단체 대화방을 만들어 자신이 실천할 내용을 공언하고, 이를 매일 수행한 사진을 찍어 인증하도록 함. 친구들을 독려하고 프로젝트를 성공적으로 이끄는 리더십을 보여주었으며, 이 활동을 통해 학급 친구들의 생활 전반에 긍정적인 변화를 불러일으켰다는 평가를 받음.

활용 도서	《착한 소비는 없다》

책에서 읽은 내용을 실천하기 위해 학교, 학급 차원에서 행사 기획하기 2
| 창체 · 자율활동 특기사항 예시

'착한 소비는 없다(최원형)'를 읽고 무분별하게 소비지향적으로 살아온 것을 반성하게 되었다는 소감을 학급에 적극적으로 나눔. 이를 계기로 학교 축제 때 학급 부스 활동으로 벼룩시장 활동을 건의하여 다수결 투표에서 선정됨. 개인의 소비가 전 지구적으로 어떠한 영향을 미치는지에 대한 인포그래픽을 제작하고 교실 곳곳에 게시하여 불필요한 소비를 줄이자는 메시지를 효과적으로 전달함. 또한 학급 친구들이 활동에 참여하도록 독려하고 교내에서 적극적으로 부스 홍보 활동을 하는 등 리더십을 발휘하여 벼룩시장을 성공적으로 이끔. 벼룩시장으로 모금한 금액은 환경시민단체에 기부하자는 아이디어를 제시하고 이를 직접 실천함.

활용 도서	《평균의 종말》

진로활동에 독서를 활용하고, 심화 내용 탐구하기 | 과세특 · 진로역량 예시

진로연계 주제활동에서 비슷한 꿈을 가진 친구들과 진로 관련 도서인 '평균의 종말(토드 로즈)'을 선정하여 함께 읽고 토론 활동을 진행함. 평균주의에 빠진 사회 현실에 대해 비판적인 시각을 발표하고, 평균주의를 극복하기 위해서 교사들이 학생 개인의 관심사에 초점을 맞추어 학습을 이끌 수 있는 방법에 대해 자신의 생각을 논리적으로 피력함.

또한 그 연장선상에서 우리나라 교육이 학생들의 개성을 존중하기 위한 일환으로 도입한 '고교학점제'에 대해 깊이 있게 탐구함. 고교학점제를 시행하고 있는 핀란드의 사례를 조사하고, 고교학점제가 획일적인 교육 환경에서 벗어나기 위한 좋은 제도임은 확실하나, 평가 방식이 현재 입시 제도와 동떨어진 점, 다양한 과목을 가르쳐야 하는 교사의 전문성 문제 등 더 많은 연구가 필요하다는 자신의 생각을 담은 보고서를 작성하고 발표함.

PART
4

과학 계열
책 읽기

과학 도서들은
이렇게 읽어보세요

자연과학이나 공학 계열 진로를 희망하는 학생들이라면 독서 후 심화 활동으로 주제 발표 활동과 과제연구, 관련 학과 진로 탐색 활동을 이어갈 것을 추천합니다. 한 권의 책을 피상적으로 파악하는 데서 그치지 않고, 관심 있는 주제로 확장시켜 스스로 질문하고 답을 얻는 과정을 밟아나갈 수 있습니다. 그런 활동을 통해 학생이 성장한 모습과 미래의 진로에 대한 고민까지 보여줄 수 있다면 좋겠습니다.

주제탐구 발표

책을 읽은 후 주제 발표로 이어나가는 가장 간단한 방법은 내가 읽은 책을 소개하는 활동입니다. 책 한 권을 선택해 책의 내용과 자신에게 영향을 준 부분을 발표하여 독서 활동을 공유하는 것입니다. 깊이 있는 발표를 하려면 책에서 특히 흥미로웠던 주제를 선택해 이를 중심으로 내용을 구성하는 것이 좋습니다. 선정한 주제와 관련한 다른 책을 읽거나 인터넷 검색을 통해 기사와 논문을 찾아 최신 연구 동향까지 취합하면 더욱 좋겠습니다. 그럼으로써 주제에 대한 학습 내용을 심화해나가길 바랍니다.

이 과정을 통해, 다양한 정보원을 활용하여 자료를 탐색하고 목적에 맞는 자료를 선별하는 능력과 더불어 자기주도적으로 학습하는 역량을 드러낼 수 있습니다. 이러한 내용을 종합하여 주제탐구 발표를 진행해봅시다.

● 주제탐구 발표는 이렇게
· 책에서 소개된 내용 중 인상 깊은 내용을 중심으로 추가 자료 조사하기.
· 해당 주제와 관련한 기본적인 과학 개념은 물론, 관련 기사 및 논문 자료를 통해 깊이 있는 발표 자료 구성하기.
· 이 책을 선정한 이유, 이 책이 나에게 준 영향 설명하기.
· 단순히 내용을 나열하는 식의 발표보다는 자신의 가치관과 생각을 보여줄 수 있는 내용으로 재구성하기.

과제연구

조사하여 발표하는 활동보다 훨씬 더 깊이 있는 공부와 탐구 역량을 보여주는 활동이 바로 과제연구입니다. 과제연구란 관심 주제에 호기심을 느껴 스스로 질문을 만들고 그 질문에 대한 답을 찾기 위해 문제를 해결하는 탐구 활동을 말합니다.

과제연구를 수행할 때 가장 어려운 부분이 연구 주제를 잡는 것입니다. 책에서 연구 주제에 대한 아이디어를 얻어 진행해도 좋고, 주제탐구 발표 활동의 연장선으로 과제연구를 진행하는 것도 좋은 방법입니다. 주제탐구 발표 활동을 수행하며 읽었던 관련 기사 자료와 논문들에서 연구 주제에 대한 아이디어를 얻을 수 있기 때문입니다. 또한, 이렇게 조사한 내용은 연구하고자 하는 주제의 선행 연구 자료와 이론적 배경에 포함될 수 있습니다.

과제연구 활동을 별개의 활동으로 진행하는 것보다는 교과 수업 시간 중 배웠던 내용과 관련짓거나 주제탐구 발표와 관련 짓는다면 더욱 의미있습니다. 이렇게 진행했을 때 학교 생활기록부 내에 자율활동이나 과세특 등 다양한 영역에 기록된 내용이 하나의 주제로 연결됩니다. 학생이 관심 주제를 바탕으로 꾸준히 심화하여 학습하고, 자신의 생각을 확장하여 탐구하는 모습을 보여줄 수 있어 성장 과정에서의 구체적인 노력이 담기게 됩니다.

●과제연구는 이렇게
· 책을 읽고(또는 주제탐구 발표와 관련지어) 연구 주제를 선정하거나 문제 해결의 아이디어 찾기.

• 탐구 활동 수행 후 보고서 작성하기.

• 보고서 내용: 연구 주제, 연구 동기, 연구 목적, 선행 연구, 연구 방법, 연구 결과, 결론, 기대효과 및 전망.

• 과제연구를 수행하며 겪었던 어려움은 무엇이며 이를 어떻게 해결했는지, 과제연구를 수행한 경험이 자신에게 어떤 영향을 미쳤는지를 정리하여 덧붙이기.

관련 학과 진로탐색 활동

책을 읽고 주제탐구 발표나 과제연구 활동을 하며 관심이 생긴 분야에 대해 진로와 연관 지어 탐색해보는 활동입니다. 앞으로 관심 있는 분야를 공부하려면 어떤 학과에 진학하면 좋을지, 해당 학과 졸업 후 어떤 진로로 연결될 수 있는지 알아봅니다. 본인이 희망하는 진로에서 필요한 역량이 무엇인지 탐색해보며 자신의 흥미나 적성에 맞는지 고민하고, 진로를 위해 어떤 노력을 기울이면 좋을지 생각하고 준비하는 과정이 여기에 포함됩니다.

대학교 학부 홈페이지에서 해당 학과의 커리큘럼을 살펴보고, 어떤 과목들을 배우게 되는지 알아봅시다. 그 과목들을 배우기 위해서 현재 고등학교 재학 기간 중에는 어떤 과목들을 수강하면 좋을지 연관 지어 생각하면 고교학점제 과목을 선택할 때 큰 도움이 될 것입니다. 또, 홈페이지에서 해당 학과 학생들이 졸업 후 어떤 진로를 선택했는지도 확인할 수 있어 다양한 진로를 탐색하는 데 도움이 됩니다.

진로탐색 활동에서는, 진로 탐색 과정에서 조사한 내용들만 적기보다 탐색 과정에서 알게 된 내용을 바탕으로 고민한 과정이 담기는 것이 좋습니다. 특히 자신이 희망하는 진로 분야에 필요한 역량이 무엇인지 고민하고, 그러한 역량을 갖추기 위해서 앞으로 어떤 노력을 기울일 것인지 생각해봅시다.

대학, 대학원에 진학해 무엇을 할지 계획하고 로드맵을 작성하는 것뿐만 아니라 고등학교 재학 기간 중에 실천할 노력들에 대해서도 고민이 필요합니다. 단순히 '과학자나 연구원이 되겠다'라는 식으로 희망 직업만 생각하는 것이 아니라, 어떠한 기여를 하는 과학자가 될 것인지 자신의 가치관과 비전을 보여주었으면 합니다.

그런 결심을 하기까지 자신에게 영향을 준 책이 있다면 함께 소개해봅시다. 또는 희망하는 진로에 필요한 역량을 갖추기 위해 어떠한 책들을 읽을 것인지 계획해도 좋습니다.

● 진로탐색 활동은 이렇게
· 책을 읽고 관심이 생긴 분야의 학과 탐색.
· 대학교 해당 학과 홈페이지에서 커리큘럼, 졸업 후 진로 살펴보기.

· 희망 진로에 필요한 역량을 갖추기 위해 어떤 노력을 기울일지 생각하기(이 과정에서 어떤 책들을 읽으면 좋을지 계획하는 것도 좋음).

· 자신이 희망하는 진로를 통해 어떤 것을 이루고 싶고, 어떤 기여를 하고 싶은지 비전을 제시하기.

우리가 지구의 마지막 세대가 되지 않으려면

'인류세[Anthropocene]'란 인류가 지구 기후와 생태계를 변화시킨 결과로 만들어진 새로운 지질시대를 지칭하는 용어입니다. 일부 학자들은 현재 우리가 사는 이 시기를 홀로세[Holocene](약 1만 년 전부터 현재까지의 지질시대)에서 분리해 인류세로 명명해야 한다고 주장합니다.

'인류세'라는 명칭은 2000년도에 기후화학자 파울 크뤼첸[Paul Crutzen]이 제안한 용어입니다. 그는 프레온 가스가 오존층을 파괴한다는 것을 밝혀낸 과학자로, 지구에 미치는 인류의 영향을 강조하기 위해 '인류세'라는 단어를 도입하자는 의견을 제기했습니다.

인류세의 시작을 어느 시점으로 설정해야 하는가에 대해서는 의견이 분분합니다. 산업혁명 시기를 기점으로 할 것인지, 핵 실험이 실시된 시기로 할 것인지 학자마다 주장이 다릅니다. 하지만 분명한 것은 지구온난화, 핵 실험이 남긴 많은 양의 방사능, 플라스틱으로 인한 환경 오염 등 인류가 끼친 영향들이 지질 흔적으로 남아 있다는 것입니다.

이 책을 통해 인간이 지구 환경에 미친 다양한 영향들을 알아보고 경각심을 가지길 바랍니다. 책을 읽으면서 인류세의 특징을 살펴보고, 그중 가장 경각심을 갖게 된 주제를 택해 관련된 책을 추가로 읽는 것을 추천합니다. 오랜 시간에 걸쳐 과학자들이 연구한 내용들이 퍼즐로 맞춰지며, 지구에 미친 인류의 영향을 인정하기까지의 과정을 확인할 수 있을 것입니다.

🏛 관련 학과

지질학과, 화학과, 환경공학과

🖐 후속 활동으로 확장하기

주제탐구 발표	– 인류세의 특징을 보여주는 사례를 중심으로 인류세라는 개념에 대해 소개하는 내용을 발표한다. – 인간이 지구 환경에 끼친 영향을 주제로 하는, 자신의 진로와 관련 있는 논문을 선정해서 읽고 연구 내용을 설명한다. 데이터를 기반으로 연구 결과를 객관적으로 제시하며, 해당 요인으로 인해 지구에 어떤 변화가 나타날지 그리고 우리에게 미칠 악영향은 무엇일지 미래의 시나리오도 담는다.

토론 활동으로 확장하기	'인류세'를 새로운 지질시대로 인정할 것인가? 아니면 신생대 제4기 홀로세라는 명칭으로도 충분할까? 지질시대의 개념과 지질시대를 구분하는 기준을 설명하고, 현재 지구에 닥친 변화는 새로운 지질시대로서의 요건을 갖출 정도로 큰 변화인지에 대해 토론한다.

📖 같이 읽으면 좋은 책

《얼음의 나이》(오코우치 나오히코 | 계단 | 2013. 08.)
《플라스틱 수프》(미힐 로스캄 아빙 | 양철북 | 2020. 12.)

《지속가능한 미래를 위한 기후변화 데이터북》

박훈 | 사회평론아카데미 | 2021. 12.

데이터를 통해 객관적으로 바라보는 기후 변화

인류세의 큰 특징 중 하나는 지구온난화로 인한 기후 변화이며, 실제로 많은 사람들이 이를 인지하고 있습니다. '티핑 포인트를 넘겨서는 안 된다'는 경고에 우리는 심각성을 느낍니다. 하지만 실제로 기후 변화로 인해서 기온과 수온은 얼마나 상승했는지, 그 변화가 야기하는 또 다른 현상들은 얼마나 심각한지 데이터를 통해 확인하는 경우는 드물 것입니다.

이 책《지속가능한 미래를 위한 기후변화 데이터북》은 최신 기후 변화 데이터를 통해 지구온난화가 불러온 기후 위기 현황을 객관적으로 이해하도록 돕는 책입니다. 데이터를 선별하고 처리하며 결과를 해석하는 '데이터 리터러시' 능력 또한 이 책을 통해 키울 수 있습니다. 이 책에서 어떤 데이터를 사용했는지, 수집한 데이터를 어떻게 가공하고 해석했는지에 초점을 맞추면서 읽어본다면 좋겠습니다.

관련 학과

지구환경과학과, 대기과학과, 해양과학과, 에너지공학과, 생명공학과, 생명과학과

후속 활동으로 확장하기

주제탐구 발표	– 해양 산성화, 해수의 용존 산소 감소, 해양 생태계 변화, 기후 위기 대응을 위한 기후 행동 등 책에서 소개한 내용 중 관심 있는 주제에 대해 추가 자료를 조사해본다. – 기후 위기로 나타나는 문제에는 어떤 것들이 있는지 알아보고 이에 대응할 수 있는 기술들을 조사하여 발표한다. – 변화하는 기후에 적응하도록 돕는 생명공학, 이산화탄소 배출을 줄이는 탄소포집 기술, 화석연료를 에너지원으로 하지 않는 전기차와 수소차, 다양한 신재생 에너지 등 관심 있는 분야에 대해 조사한다.
과제연구	– 기후 변화로 인해 실제 지구 환경에 어떤 변화가 생겼는지 관측 데이터를 수집해 가공한 후 데이터 분석을 실시하는 과제연구로 진행할 수 있다. 실제 기상 관측 데이터와 해양 관측 데이터를 수집하여 그래프로 나타낸 후 우리나라의 기온 변화와 우리나라 근해의 수온 변화를 분석해 확인해보는 것부터 시작할 수 있다. 더 나아가 기후 변화로 인해 나타나는 다른 현상들과 관련지어 탐구를 진행하면 좋을 것이다. 해양 산성화, 해수의 용존산소량 변화와 이에 따른 생태계 변화 등 책에서 알게 된 주제와 관련지어 데이터를 이용해 분석해본다. – 기상자료개방포털에서는 기상 관측 데이터를, JOISS에서는 해양 관측 데이터를 수집할 수 있다. 방대한 양의 관측 데이터를 분석하기 위해서는 데이터를 가공하는 과정이 필요하다. 엑셀, 파이썬, ODV 등을 활용해 데이터를 그래프로 나타내고 시각화하여 분석한다.

과제연구	– 기상자료개방포털에서는 기상 관측 데이터를, JOISS에서는 해양 관측 데이터를 수집할 수 있다. 방대한 양의 관측 데이터를 분석하기 위해서는 데이터를 가공하는 과정이 필요하다. 엑셀, 파이썬, ODV 등을 활용해 데이터를 그래프로 나타내고 시각화하여 분석한다. ●참고 사이트 기상자료개방포털(https://data.kma.go.kr/) 해양과학데이터저장소(https://www.joiss.kr) 해양환경정보포털(https://www.meis.go.kr/) 바다누리 해양정보 서비스(http://www.khoa.go.kr/ocean grid/khoa/intro.do) 국가해양 위성센터(https://nosc.go.kr/main.do)

📖 같이 읽으면 좋은 책

《빌 게이츠, 기후재앙을 피하는 법》(빌게이츠 | 김영사 | 2021. 02.)
《파란하늘, 빨간지구》(조천호 | 동아시아 | 2019. 03.)
《지구를 위한다는 착각》(마이클 셸렌버거 | 부키 | 2021. 04.)
《두 번째 지구는 없다》(타일러 라쉬 | 알에이치코리아 | 2020. 07.)
《시그널, 기후의 경고》(안영인 | 엔자임헬스 | 2021. 05.)

BOOK 50

《천 개의 뇌》

제프 호킨스 | 이데아 | 2022. 05.

뇌 과학과 인공지능에 대한 새로운 통찰

《천 개의 뇌》는 신경과학자이자 컴퓨터공학자인 저자가 뇌에 관해 새롭게 발견된 정보들을 통해 AI의 미래에 대해 이야기하는 책입니다. '지능은 무엇인가?', '뇌는 지능을 어떻게 만드는가?'라고 물은 뒤 그에 대한 답을 다양한 이론과 연구 결과를 토대로 풀어냅니다. 또한 AI 연구에서의 지능, 인류와 기계 지능의 미래에 대해서도 통찰을 얻을 수 있습니다.

이 책을 읽으며 현재 인공지능 기술의 한계에 대해 알아보고, 인공지능이 우리 인간 지능의 특징을 그대로 가지게 될 때 발생할 문제점과 장점은 무엇일지 생각해보는 기회로 삼았으면 합니다.

관련 학과

인공지능학과, 생명과학과, 반도체공학과

 후속 활동으로 확장하기

주제탐구 발표	– 뇌에 대해 알게 된 지식들, AI, 전뇌화 기술, 기계 지능의 미래 등, 이 책을 읽고 관심 있는 주제를 선택해 추가 자료를 조사한다. – 뇌신경을 모방하여 인간의 사고 과정과 유사하게 정보를 처리하는 뉴로모픽 반도체 기술에 대해 알아보고 뉴로모픽 반도체의 필요성은 무엇인지 생각해본다. – 이 책에서 소개하는 '뇌에 관한 새로운 발견들'에 대한 반박은 없는지 알아본다. 또한 다른 뇌과학 책이나 직접 찾아본 논문에서 새롭게 알게 된 내용, 이 책의 설명과는 다른 내용 등이 있다면 모두 소개하여 다양한 관점을 제시한다.
과제연구	프로그램의 기초를 알고 있다면 딥러닝 관련 연구 활동을 진행한다. 인공지능에 대해 관심이 생겼지만, 잘 모르는 영역이라 도움이 필요하다면 국립중앙과학관에서 지원하는 인공지능 강좌 및 인공지능자율탐구 프로그램, 인공지능 동아리 지원 프로그램을 활용한다(국립중앙과학관–소통마당–공지사항에서 '인공지능'을 검색). ●국립중앙과학관에서 지원하는 인공지능 관련 프로그램 {| 2022년 인공지능 자율탐구 성과대회 결과 발표 | 2022-10-27 } {| 2022년 인공지능 자율탐구 성과대회 1차 평가결과 발표 | 2022-10-11 } {| 2022년 인공지능 자율탐구 성과대회 계획 | 2022-08-16 } {| 『인공지능 기초의 이해』 강좌 이벤트 결과 안내 | 2022-07-01 } {| 『인공지능 기초의 이해 』 온라인 강좌 안내 | 2022-05-23 } {| 2022 학교 인공지능 동아리 지원 프로그램 참가 선정 학교 알림 | 2022-03-22 } {| 2022년 인공지능 자율탐구 프로그램 참가 학생 선정자 알림 | 2022-02-28 } {| 2022년 학교 인공지능 동아리 지원 프로그램 안내 | 2022-02-07 } {| 2022년 인공지능 자율탐구 프로그램 참여학생 모집 안내 | 2022-01-14 } {| 2021년 『인공지능과 예술(AI X ART)』 공모전』 계획 결과 및 수상자 발표 | 2021-12-17 }

📖 같이 읽으면 좋은 책

《이토록 뜻밖의 뇌과학》(리사 펠트먼 배럿 | 더퀘스트 | 2021. 08.)
《인공지능과 뇌는 어떻게 생각하는가》(이상완 | 솔 | 2022. 09.)
《스파이크》(마크 험프리스 | 해나무 | 2022. 06.)
《모두의 딥러닝》(조태호 | 길벗 | 2022. 03.)
《AI 2041》(리카이푸 외 | 한빛비즈 | 2023. 01.)

BOOK 51

《협력의 유전자》

니컬라 라이하니 | 한빛비즈 | 2022. 09.

인류가 진화하고 발전하는 원동력 '협력'의 비밀

이 책의 제목을 보고 《이기적 유전자》라는 책을 먼저 떠올리는 사람들이 많을 것입니다. 실제로 《이기적 유전자》와 이 책의 핵심은 서로 긴밀하게 연결되어 있습니다. 《이기적 유전자》는 우리가 가장 중요한 하나의 목표, 즉 '자신의 유전자를 후세에 남긴다'는 목표를 달성하기 위해 행동하는 존재라고 말합니다. 그리고 이 책 《협력의 유전자》는 우리가 그 목표를 달성하기 위해 '협력'한다고 설명합니다. 인간의 이기적 목표를 달성하기 위한 가장 중요한 본능이 역설적으로 협력이라는 이야기입니다.

이 책은 인류의 탄생과 진화의 비밀이 '협력'에 있다고 말하며, 모든 생명은 협력의 힘을 통해 발전해왔다고 설명합니다. 개체를 만드는 유기체의 진화, 가족의 진화, 타인과의 관계에서 나타나는 협력과 배신, 대규모 사회의 진화 과정을 살펴보며 협력이 세상을 만들어온 여정을 찬찬히 따라가 보면 좋겠습니다. 유전자의 관점에서 바라보는 진화 이야기를 통해, 좀 더 폭넓고 다양한 시야를 갖출 수 있기를 바랍니다.

 관련 학과

생명과학과, 심리학과

후속 활동으로 확장하기

주제탐구 발표	– 진화를 유전자 중심으로 살펴보는 '유전자적 관점'에 대해 소개한다. 진화를 유전자적 관점으로 바라보는 학문의 발전 과정을 통해 다윈의 진화론, 유전, 변이 등 수업 시간에 학습했던 내용들을 되짚어본다. – 진화를 유전자적 관점으로 설명하는 대표적인 두 책 《협력의 유전자》와 《이기적 유전자》에서 비교할 수 있는 사례들을 뽑아 소개한다. 또, 두 책을 다 읽은 후에 이기적 유전자 관점과 협력의 유전자 관점의 의미가 각각 무엇인지 자신의 생각을 발표한다. – 《협력의 유전자》에서 흥미롭게 읽은 내용을 중심으로 추가 자료를 조사하고 발표 주제를 생각해본다. 예를 들어 협력의 유전자 관점에서 설명하는 노화, 협력의 진화 과정에서 인간과 다른 종들 사이에 나타나는 공통점과 차이점을 비교한다.
학급활동 진행	협력의 진화 과정을 살펴보며 알게 된 협력의 긍정적인 부분과 부작용을 소개하고 이를 통해 자신이 느낀 점을 소개한다. 학급, 동아리 내에서 협력을 이끌어내기 위한 방법을 제안해도 좋고, 이 책을 함께 읽고 토론 활동을 진행해도 좋다. 이 책으로 독서 토론 활동과 학급 운영을 계획하는 자율 활동을 주도해본다. 그 과정을 공동체 역량과 리더십을 보여주는 좋은 계기로 삼아보자.

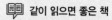 **같이 읽으면 좋은 책**

《이기적 유전자》(리처드 도킨스 | 을유문화사 | 2018. 10)
《사피엔스》(유발 하라리 | 김영사 | 2015. 11.)

BOOK 52

《세상은 온통 화학이야》
마이 티 응우옌 킴 · 김민경 │ 한국경제신문사 │
2019. 09.

유쾌한 화학자의 하루로 들여다보는
화학의 매력

이 책은 화학자인 저자가 자신의 하루 일과를 통해서 바라
본 세상을 그립니다. 책을 읽다 보면 우리의 일상 속 모든 것
들이 다 화학임을 알게 됩니다. 수면 리듬과 멜라토닌, 욕실에
서 사용하는 화학 제품, 마트에서 만나는 제품의 성분표 등 일
상생활에서 마주하는 화학을 하나하나 예로 들어, 우리의 하
루에서 화학과 무관한 것이 없음을 보여줍니다.

저자는 구독자 수 80만 명을 자랑하는 유튜브 스타이기도
합니다. 화학의 매력을 다른 사람들에게 널리 퍼트리는 것을
미션으로 삼고서 취미처럼 재미있는 화학 알리기를 실천하고
있습니다. 저자 특유의 유쾌한 입담과 생생한 묘사를 통해 책
을 읽는 독자들도 절로 화학에 흥미가 생깁니다. 화학 분야를
진로로 삼은 학생들은 물론이고, 다른 진로를 생각하고 있지

만 우리 일상 속 화학을 알아보고 싶은 학생들 모두 친숙하게
화학의 세계에 입문할 수 있으리라 생각합니다.

 관련 학과

화학과, 화학공학과

 후속 활동으로 확장하기

주제탐구 발표	**화학으로 바라본 나의 하루** 나의 하루 일과를 통해 화학적 지식과 원리를 설명하는 발표 자료를 구성해보자. 학생인 만큼 저자와는 겹치지 않는 부분에서 화학을 발견하는 순간이 있을 것이다. 발표를 듣는 친구들도 '화학의 매력'에 빠져들도록 친숙하고 흥미로운 생활 속 화학 사례들을 소개해보자. **왜곡된 과학 기사 바로잡기** 책 속에서 '자극적인 과학 기사의 위험성' 부분을 읽은 후 인터넷에서 자극적인 과학 기사들을 직접 찾아보자. 사람들이 오해할 소지가 있거나, 왜곡된 내용을 전달하는 기사들을 찾아서 잘못된 부분이 있다면 반박하고, 정확한 과학적 설명을 덧붙여 객관적이고 비판적으로 정보를 제시할 수 있도록 발표 내용을 구성한다.

📖 **같이 읽으면 좋은 책**

《진정일 교수의 교실 밖 화학 이야기》(진정일 | 궁리출판 | 2022. 06.)
《우리 집에 화학자가 산다》(김민경 | 휴머니스트 | 2019. 03.)

제대로 알고 안전하게 쓰는 화학제품 이야기

천연 제품은 안전하고 화학제품은 유해할 것이라는 생각, 어쩔 수 없이 쓰지만 화학제품 사용을 되도록 줄이는 편이 좋을 것이라는 생각. 많은 사람들이 화학제품을 매일같이 쓰면서도 이런 생각을 합니다. 이것은 과연 옳은 생각일까요, 아니면 편견일까요?

저자는 화학 물질들의 성격은 모두 다르기 때문에 올바른 정보를 잘 선별하기만 한다면 화학제품을 얼마든 안심하고 쓸 수 있다고 설명합니다. 그래서 화학 성분이 들어 있는 생활용품들을 살 때 알아둬야 할 점들, 제품 속 독성을 확인하는 법, 안전한 제품을 선별하는 기준 등을 꼼꼼히 챙겨서 독자들에게 알려줍니다. 해열제, 소독제, 세정제, 테플론, 화장품 등 일상 속 화학제품들에 관한 과학 상식과 과학적 원리에 대해서도 알 수 있습니다.

사람들이 화학제품을 사용하면서 가졌을 법한 의문들, 막연한 불안함과 편견까지 이 책을 통해 해소할 수 있다면 좋겠습니다.

화학과, 화학공학과, 생명과학과

🖐 **후속 활동으로 확장하기**

주제탐구 발표	방부제, 계면활성제, 플라스틱, 불소 치약 등 화학 제품을 떠올리면 드는 생각을 설문 조사하고 친구들이 화학제품에 대해 잘못 알고 있는 부분이나 편견, 부정적인 생각들을 소개한다. 당연하게 여긴 생각들이 사실이 아님을 밝혔을 때 발표 주제에 대한 흥미를 끌어낼 수 있다. 이어서 해당 화학제품을 이해하기 위한 과학적 용어와 과학적 원리를 설명한다. 과학적 이해를 바탕으로 화학제품을 올바르게 사용하는 법을 친구들이 생각해보도록 토의하는 활동을 주도하거나, 책에서 설명하는 올바른 사용 방법을 포함하여 발표 내용을 구성한다.
과제연구	**화학제품의 영향과 개선 방안에 대한 연구 진행하기** 책을 읽고 관심 있는 내용을 조사하고 연구 주제를 선정해 과제연구로 진행한다. ●예시 생분해 플라스틱 제조 및 생분해 플라스틱 매립 후의 영향. 열과 화학 약품에 강한 바이오 플라스틱의 개선 방안. 자외선 차단제가 해양 생명체에 영향을 주는 요인. **책에 나온 내용을 실험으로 확인하기** 책에 있는 내용을 직접 확인해보는 실험도 가능하다. '비누는 세균

번식이 일어나지 않으니 공공장소에 있는 비누를 사용하는 것을 너무 걱정하지 않아도 된다'는 실험 내용을 설계한 후, 실제로 공공장소에 비치된 오래된 비누를 사용해도 괜찮은지 실험을 통해 알아본다. 비누로 손을 세척한 후 세균 번식 정도를 비교해보자.

같이 읽으면 좋은 책

《오늘의 화학》(조지 자이던 | 시공사 | 2021. 04.)
《화학, 알아두면 사는 데 도움이 됩니다》(씨에지에양 | 지식너머 | 2019. 03)
《매일매일 유해화학물질》(이동수 · 이수경 · 김찬국 · 장영기 | 휴(休) | 2019. 03)
《유해물질 의문 100》(사이토 가쓰히로 | 보누스 | 2016. 12)

254

《비커 군과 실험실 친구들》
《비커 군과 실험 기구 선배들》
우에타니 부부 | 더숲 | 2018. 03 / 2021. 03

실험실의 신나는 주인공,
실험기구들을 따라 배우는 과학

　3월 학기 초가 되면 학생들은 동아리 활동을 계획하느라
분주합니다. 과학 동아리 시간도 예외는 아니어서, 무슨 실험
을 할지 정하느라 고민들이 많습니다. 이때 과학실에 있는 실
험 기구들의 사용법과 원리를 정확히 익히고 주의사항을 숙
지하는 일은 기본 중의 기본이라 할 수 있습니다.
　《비커 군과 실험실 친구들》은 실험실을 종횡무진하는 다
양한 실험기구들이 주인공으로 등장하는 재미있는 과학책입
니다. 만화 형태의 구성을 빌려, 130가지가 넘는 실험기구들
을 저마다 개성 있는 캐릭터로 표현해서 읽는 재미가 쏠쏠하
고 부담 없이 읽을 수 있습니다.
　같은 저자가 쓴 책《비커 군과 실험 기구 선배들》은 망원

경, 현미경, 파스칼린 계산기 등 실험기구들이 만들어진 배경과 만들어진 후의 이야기 등 실험기구와 관련된 역사를 소개합니다.

이 책들을 읽다 보면 학교에서 다뤄본 실험 도구를 보고서 반가운 마음이 들게 됩니다. 물론 학교에서 모든 실험을 다 할 수 없기에 알고만 있을 뿐 한 번도 다뤄보지 못한 실험기구나 처음 알게된 기구와 재료들 또한 많을 것입니다.

이 책들을 통해 다양한 실험실 친구들을 만나봤다면 실제 화학 실험을 통해 실험 기구를 직접 사용하는 시간을 가져보길 권합니다. '비커 군'이 주인공으로 등장하는 또 다른 시리즈 책《비커 군과 친구들의 유쾌한 화학실험》을 참고하거나, 교과서에 나와 있는 실험을 실제로 해볼 것을 추천합니다. 또, 아래 '후속 활동으로 확장하기'에서 추천할 두 개의 사이트를 참고하는 것도 좋겠습니다.

간단한 실험이라도 실험기구의 사용법을 익히며 실험 자체에 친숙해지는 시간을 가진다면 과학이 한결 재미있게 느껴질 것입니다. 또한 자신감이 생겨서 심화 실험을 진행하거나 직접 연구하고 싶은 과제를 선정할 때도 도움이 되리라 생각합니다.

관련 학과

화학과, 생명과학과

 후속 활동으로 확장하기

주제탐구 발표	– 실험 도구에 붙여진 이름, 실험 도구의 용도와 정확한 사용법 등을 소개하고, 그 속에 담긴 과학적 원리를 설명하는 내용을 담는다. 약품을 사용할 때는 위험한 경우가 많기 때문에 특히 주의해서 사용해야 한다. 《무섭지만 재밌어서 밤새 읽는 화학 이야기》 책을 참고해 화학 물질 관련 사건 사고들을 함께 소개하여 위험성을 알리고, 주의사항을 잘 지켜야 함을 강조한다. – 이 책에 소개되지 않은 심화 실험 기기들을 소개한다. 전기영동 실험기기, 주사전자현미경(SEM), 분광광도계, 풍동실험장치, 스펙트럼 전원 장치와 스펙트럼 튜브, MBL 등의 용도와 사용법, 원리 등을 설명하는 내용을 담는다.
과제연구	**참고 자료를 바탕으로 다양한 실험 수행하기** 학교 수업 시간에 배운 내용을 확인하는 간단한 실험부터 여러 차례 시행착오를 거쳐 성공할 수 있는 까다로운 실험까지 다양한 실험들을 수행한다. 결과가 당연할 것 같은 실험도 직접 시도해보면 색다른 경험을 주는 경우가 있다. 어떤 실험을 해야할지 막막하다면, 아래 두 개의 사이트를 참고하는 것을 추천한다. 많은 실험들을 정성스럽게 소개한 과학 선생님들의 도움을 받아보자. ●**참고 사이트** 전화영의 Life & Cool Science 네이버 블로그(https://blog.naver.com/chemijhy) 김정식 허명성의 과학사랑(https://sciencelove.com) **가설을 세우고 실험 설계하기** 실험 내용에 관한 과학적 이론을 미리 정리한 후 실험을 수행하고 실험 결과를 객관적으로 적는다. 실험 결과에 대해 조원들

과 함께 토론하고 분석하여 실험 보고서를 꼭 작성해보자. 실험에 재미가 붙고 실험 재료들과 기구들에 친숙해졌다면, 직접 가설을 세워 이를 확인해보는 실험을 설계할 차례다. 실험 준비물, 실험 방법을 구상하는 시간을 통해 이제까지 쌓아왔던 기본기를 검증해보자.

실험 프로그램과 캠프에 참여하기

과제연구

각 시도의 교육청, 혹은 대학에서는 실험 관련 다양한 프로그램을 진행한다. 학생 대상 전자현미경 활용 교육, 망원경 교육, 실험 캠프와 같은 프로그램들을 운영하기도 한다. 학교에서 공지하는 내용이나 관련 사이트의 공지사항을 꼼꼼히 확인하여, 관심 있는 실험 프로그램이나 진로와 관련된 캠프가 있다면 신청해보자.

● **참고 기관**
서울특별시교육청 과학전시관–개방형실험실(Open Lab)
경기도 융합과학교육원–개방실험실
인천광역시교육청 교육과학정보원–이공계 과학 진로 캠프
대전교육과학연구원 대전과학체험관–오픈랩(보유실험기기 홈페이지에서 확인 가능)
서울대학교 농업생명과학대학–농업생명과학청소년 캠프
UNIST, KISTI – 슈퍼컴퓨팅 청소년 캠프

📖 **같이 읽으면 좋은 책**

《비커 군과 친구들의 유쾌한 화학실험》(우에타니 부부 | 더숲 | 2018. 09.)
《무섭지만 재밌어서 밤새 읽는 화학 이야기》(사마키 다케오 | 더숲 | 2022. 12.)
《최신 일반화학실험》(화학교재연구회 | 사이플러스 | 2022. 03.)
《핵심 일반화학실험》(일반화학위원회 | 사이플러스 | 2022. 02.)

《화학에서 인생을 배우다》
황영애 | 더숲 | 2010. 09

정확하고 공정한 '화학' 같은 인생을 살 수 있다면

이 책의 저자는 40년 동안 화학 연구를 한 과학자이자 대학교수입니다. 학창 시절 유난히 수줍은 성격이었던 저자에게 화학이라는 과목만큼은 언제나 정확하고 공정하며, 때로는 자기 것을 조건 없이 내어주는 그런 존재로 비쳤다고 합니다. 이후로 화학을 하나의 과목이라기보다 인생의 지혜와 깨달음을 얻는 대상으로 바라보았고, 그 이야기를 이 책에 엮어 냈습니다.

예를 들어 이 책에서 '화학결합Chemical Bond'을 다루는 장의 부제는 '서로 이해하며 함께 손잡는 공유결합 같은 인간관계를 지향하며'입니다. '용액Solution' 파트의 부제는 '우리 모두는 다르다. 있는 그대로 상대를 인정하라', '촉매Catalyst' 파트는 '자신의 상처를 극복하고 다른 사람의 아픔을 치유하는 삶이 되길'입니다. 이처럼 고등학교 화학 수업 시간에 배우는 익숙한 개념과 화학적 원리를 인생에 대한 깨달음과 결부했다는 점이 흥미롭습니다.

실제로 고등학교 과학 시간에 선생님들이 학생의 이해를 돕기 위해 과학적 개념을 우리의 모습과 비유하여 설명하는 경우가 종종 있습니다. 화학이라는 학문 속에서 문학적 감성, 인문학적 교양과 더불어 인생의 의미까지 두루 탐색할 수 있다면 좋겠습니다.

🏛 관련 학과

화학과, 화학공학과, 생명과학과

✋ 후속 활동으로 확장하기

주제탐구 발표	책에서 소개한 화학 이야기 중 비유가 인상 깊었던 부분과 그 이유를 설명한다. 저자가 비유한 내용 중 실제로는 그 비유가 들어맞지 않는 경우도 있다고 생각한다면 이에 대해서도 설명함으로써 비판적 책 읽기 과정이 드러나는 발표 내용을 구성한다.
과학 에세이 쓰기	화학뿐만 아니라 물리, 생명과학, 지구과학 등 다른 과학 교과 내용을 학습하면서 깨달은 인생의 지혜를 생각해보자. 혹은 과학적 원리가 인생의 어떤 부분과 흡사하다고 느꼈다면 이를 바탕으로 에세이를 써볼 것을 추천한다. 과학적 원리를 인생에 비유할 수 있다면 이미 과학적 원리는 제대로 이해하고 있다는 의미이므로, 여기에 참신함과 재미를 더하는 글쓰기로 차별화를 할 수 있다.
	3~5분 정도의 짧은 시간 동안 화학적 원리에 대해 발표하는 페임랩(과학, 수학, 공학 분야의 주제로 3분간 강연하며 대중과 소통

페임랩 활동으로 이어가기	하는 대회) 활동에 이 주제를 활용해본다. 과학적 원리를 설명하면서 인생과의 유사점을 비유로 들어 누구나 쉽게 이해할 수 있도록 소개한다. 혹은 페임랩의 연설을 풍부하고 감동적으로 전달하기 위해, 화학적 원리에서 찾아낸 인생의 깨달음이나 중요한 가치를 발표 내용으로 구성한다.

 같이 읽으면 좋은 책

《내가 누구인지 뉴턴에게 물었다》(김범준 | 21세기북스 | 2021. 03.)

BOOK
56

《인류에게 필요한 11가지 약 이야기》
《인류를 구한 12가지 약 이야기》
정승규 | 반니 | 2019. 05. / 2020. 05.

우리에게 없어선 안 될 중요한 약들의
비하인드 스토리

《인류를 구한 12가지 약 이야기》와 《인류에게 필요한 11
가지 약 이야기》는 '역사를 좋아하는 약사'인 정승규 저자가
연달아 낸 책들입니다. 두 권에 걸쳐 인류의 삶을 개선하고 인
류를 질병으로부터 구해낸 중요한 약들의 역사를 살펴보며,
의약학 지식을 재미있게 펼쳐 보입니다.

항생제, 마취제, 뇌질환 치료제, 당뇨약, 구충제, 항바이러
스제, 신경안정제 등 약의 효능과 과학적 설명뿐 아니라 약이
개발될 당시의 시대적 배경, 우여곡절을 거친 개발 과정, 개발
이후 나타난 사회적 변화, 관련 에피소드 등을 통해 약에 관한
풍부한 배경지식을 얻게 됩니다.

챕터마다 최신 의약 동향을 소개해 현재 우리에게 어떤 약
들이 필요하고, 신약 개발 과정이 어떤 단계까지 와 있는지도

알 수 있어 관련 진로를 희망하는 학생들은 한번쯤 읽어볼 만한 책들입니다.

 관련 학과

약학과, 화학공학과

 후속 활동으로 확장하기

주제탐구 발표	– 저자는 두 권의 책을 쓰면서 어떤 약을 소개할지 고민한 후 12가지, 11가지로 추리는 과정을 거쳤을 것이다. 여러분이 약을 소개한다면 어떤 약을 소개할 것인지, 왜 그 약을 선택했는지 이유를 들어 설명해보자. 왜 그 약을 선정했는지 소개하는 부분에서는 해당 약이 사회에 어떤 영향을 미쳤고, 그 영향이 왜 중요한지 본인의 가치관이나 철학을 보여줄 수 있었으면 한다. 발표 주제로 선정한 약의 개발 과정에서 발생한 에피소드, 약물의 화학구조와 화학적 특징도 포함하여 과학적인 설명과 인문학적인 요소가 모두 들어간 발표 자료를 구성한다. – 평소 관심 있는 의약 분야 중 최신 의약 동향을 조사하여 소개하는 발표 자료를 구성한다. 관심 있는 분야가 없다면 신약 개발과 관련한 기사 자료를 검색해 흥미로운 신약 연구 내용을 조사 후, 신약 개발 과정에서 발견한 물질의 새로운 효능과 작용 기전에 대해 발표하는 내용을 담는다.

같이 읽으면 좋은 책

《위대하고 위험한 약 이야기》(정진호 | 푸른숲 | 2017. 08.)
《내가 만든 약이 세상을 구한다면》(송은호 | 다른 | 2021. 08.)

BOOK 57

《세상을 바꿀 미래 의학 설명서》
사라 라타 | 매직사이언스 | 2020. 02.

의학과 공학의 융합으로 달라지는 세상

의학과 공학이 융합된 '의공학'은 오래전부터 시작되어 지금도 인류의 삶에 중요한 영향을 미치고 있습니다. 쉬운 예로 안경과 콘택트렌즈, 그리고 우리 몸의 장기 역할을 대신하는 인공 장기를 들 수 있습니다. 뿐만이 아닙니다. 줄기세포를 이용해 몸의 손상된 일부분을 재생할 수도 있고, 사지마비 장애인이 '뇌-컴퓨터 인터페이스' 기술을 통해 몸을 다시 움직이게 될 수도 있습니다. 이렇게 공학적 원리를 이용해 의학적 문제를 해결하는 의공학은 우리 주변에서 쉽게 찾아볼 수 있습니다.

이 책은 이미 수천 년부터 인류가 사용한 의공학 기술부터 3D 바이오 프린터, 인공 기관과 뇌-컴퓨터 인터페이스, 유전자 편집까지 다양한 의공학 기술을 소개합니다. 우리가 몰랐던 의료 공학 기술들을 알아보면서 달라질 미래의 세상을 상상해볼 수 있습니다. 생명공학이나 신소재 공학, 의학 분야에서 꿈을 펼치고자 하는 학생들이라면, 의공학과 공학자의 역할에 대해 진지하게 생각해보는 시간이 될 것입니다.

🏛 **관련 학과**

의공학부, 생체의공학과, 기계공학과, 신소재공학과

📖 **후속 활동으로 확장하기**

주제탐구 발표	– 의공학의 다양한 분야를 여러 사례를 통해 소개하는 내용을 담는다. 학교에서 배운 교과 내용이 적용된 사례를 찾아서 과학적 개념과 원리를 설명하고, 여기에 최신 연구 동향을 추가하여 탐구 내용을 심화한다. – 생명과학, 물리 과목에만 한정 짓지 말고, 다른 교과 영역까지 확장하여 적용해보자. 전쟁, 자연재해 등 재난 상황에서 어떤 의공학 기술들이 사용되고 있는지 조사하고, 어떤 공학 기술이 필요할지 생각해보자. 또, 고령화가 진행됨에 따라 앞으로 어떤 의공학 기술이 필요할지 자신의 아이디어가 포함된 발표 내용을 구성한다.
과제연구	– 재난 상황에 도움이 되는 의공학 기술들에 대해 선행 연구 조사를 하고, 기존의 의공학 기술에 추가할 기능이나 개선할 사항을 생각해 과제연구로 진행해본다. – 장애를 가진 사람들을 도울 수 있는 공학 기술에 대해 생각해보자. 아이디어를 구체화해 간단한 모듈을 개발하는 과제연구를 진행해보자.

📖 **같이 읽으면 좋은 책**

《생명과학, 바이오테크로 날개 달다》(김응빈 | 한국문학사 | 2021. 02.)

BOOK 58	《상상이 현실이 되는 순간》
	조엘 레비 | 행복 | 2020. 10.

SF 작가들이 오늘 발명한 것들은
내일 현실이 된다

SF, 즉 공상과학 소설이나 영화가 미래의 기술이 탄생하는 데 지대한 영향을 주었다는 사실을 아나요? 누군가의 상상에서 시작된 과학 기술들이 소설이나 영화를 통해 먼저 선보이는 경우는 흔합니다. 이런 SF 작품들은 그 기술이 이후 실제로 실현되는 데 중요한 도움을 주기도 합니다. 예를 들어 자율주행 자동차, 스마트폰이나 태블릿 같은 휴대용 단말기, 원격조종 드론 등은 이미 수십 년 전의 드라마나 소설, 영화 속에서 상당히 구체적인 형태로 구현된 바 있습니다.

그래서인지 SF 소설과 영화에서 그리는 미래의 모습을 보면 마냥 허무맹랑하게 느껴지지 않고 언젠가는 정말 이뤄지지 않을까 싶은 현실감마저 느껴집니다. 그런 의미에서 이 책은 SF 작품을 가리켜 "시대를 앞서간 현실"이라고 표현합니다. 그리고 이런 작품들에 등장한 기술과 현실 속 기술 사이에 얼마나 밀접한 관계가 있는지, 그것이 어떤 과정을 거쳐 현실로 이루어졌는지를 보여줍니다.

SF 작품들이 선보인 기술 중에는 실제로 구현된 것도 있지만, 아직까지 상상에만 그치는 경우도 물론 많습니다. 미래의 우리 세상은 또 얼마나 놀랍고 가치 있는 상상들을 우리 눈앞에 실제로 만들어낼 것인지 그려본다면 좋겠습니다.

🏛 관련 학과

기계공학과, 컴퓨터공학과, 소프트웨어학과

📖 후속 활동으로 확장하기

주제탐구 발표	– SF 작품에 등장한 기술들 가운데 현실로 구현된 것과 그렇지 않은 것들을 소개하고 그 내용을 발표 자료로 구성한다. – 자율주행자동차, 잠수함, 무기, 신용카드, 복제 기술, 프랑켄슈타인, 신경정신약물, 인조인간, 사이버 공간 등 책 내용 중 흥미로웠던 주제를 선택하여 이 기술이 소개된 SF 작품과 이 기술이 구현되는 과정을 발표 자료로 구성한다.
토론 활동으로 이어 가기	SF 작품들이 다룬 기술 가운데 아직 현실화되지 않았지만 만약 현실로 구현된다면 문제가 될 수 있는 사례를 들고, '과학적 윤리'를 중심으로 토론 주제를 제시한다. 토론 활동 후 해당 기술을 연구하는 과정에서 과학자가 가져야 할 가치관과 윤리의식에 대해 자신의 생각을 정리하는 에세이를 작성한다.

SF 소설 쓰기	거창한 SF 소설을 시도하기보다 가볍고 흥미로운 주제로 SF 소설을 써보자. 최대한 비현실적으로 쓰는 것을 추천한다. 현실에서 곧 일어날 법한 상상보다는 '정말 이런 일이 가능할까?' 싶은 이야기와 과학 기술들을 상상하면서 써본다.

📖 같이 읽으면 좋은 책

《SF, 시대 정신이 되다》(이동신 │ 21세기북스 │ 2022. 11.)
《SF 크로스 미래과학》(김보영 외 │ 우리학교 │ 2017. 09.)

《이상한 미래 연구소》

잭 와이너스미스 · 켈리 와이너스미스 | 시공사 | 2018. 08.

우주 여행에서부터 뇌과학까지,
미래를 내다보는 엉뚱하고 유쾌한 상상

이 책은 각각 기생충학자, 인기 만화작가인 부부가 함께 쓴 책으로, 가까운 미래에 실현될 기술 10가지를 기발한 상상력으로 예측하고 소개하는 내용을 담고 있습니다. 새로운 기술에 대해 설명하고 현재 어떤 단계인지, 아직 현실에 적용하기 어려운 이유는 무엇인지, 장차 우리 삶에 어떤 영향을 줄지를 유쾌한 만화와 유머러스한 필력을 곁들여 설명합니다. 거대한 우주를 주제로 시작한 이야기가 마지막에는 인간의 뇌에 관한 기술로 옮겨가는 과정을 독자들은 흥미롭게 따라갈 수 있습니다.

미래를 예측하는 능력은 오히려 관련 분야의 전문가들이 가장 떨어지는 경향이 있다고 합니다. 저자들의 과감하고, 때로는 엉뚱한 상상력에 고개가 끄덕여지는 것도 그 때문일지 모릅니다. 미래에 어떤 기술이 실현될지 모르지만, 이 책을 통해 현재까지 어떤 기술과 소재들이 개발되었고 앞으로 우리 생활에 어떤 영향을 미치게 될지 생각해볼 수 있을 것입니다. 여러분은 미래에 어떤 연구를 하고 싶은지도 마음껏 상상해보면 좋겠습니다.

🏛 관련 학과

에너지공학과, 생명공학과, 물리학과, 기계공학과, 로봇공학과, 항공우주공학과, 신소재공학과

👋 후속 활동으로 확장하기

주제탐구 발표	– 소행성 광산, 핵융합 발전, 로봇 건축, 증강 현실, 합성 생명체, 정밀의학, 바이오프린팅, 우주 태양광 발전소, 상온 초전도체, 양자 컴퓨터, 합성 생명체 등 이 책에서 다루는 흥미로운 주제를 소개하는 발표 자료를 구성한다. 나아가 해당 기술이 발전했을 때 자신의 진로에 끼치는 영향을 생각해본다. – 이 책에 소개되지 않은 내용 가운데, 자신의 진로 분야에서 최신 연구 동향을 살펴보고 해당 기술의 현재 발전 상태를 설명해본다. 그 기술이 실현될 때 세상에 어떤 영향을 미칠지 긍정적인 영향과 걱정되는 요인을 모두 글로 작성해본다.

📖 같이 읽으면 좋은 책

《2023 미래과학 트랜드》(국립과천과학관 | 위즈덤하우스 | 2022. 11.)
《세상을 바꿀 미래 과학 설명서》(1, 2, 3권)(안종제 외 | 다른 | 2017. 07~12.)
《십대를 위한 미래과학 콘서트》(권용주 외 | 청어람미디어 | 2018. 10.)

작디작은 세균 속에서
크고 먼 미래를 내다본다

눈에 보이지는 않지만 언제 어디서나 우리와 함께하는 세균. 이 책은 공학 박사이자 SF 소설가인 저자가 세균에 대해 소개하는 책입니다. 세균 박람회라는 콘셉트를 빌린 이 책은 과거관, 현재관, 미래관, 우주관으로 나누어 세균에 관한 과학적 지식을 친절히 안내합니다.

과거관에서는 세균이 어떻게 생겨났는지 기원을 밝히고, 지구가 탄생한 후 생명체가 등장하여 진화한 과정에 대해 알아봅니다. 현재관에서는 인류의 역사에 영향을 준 세균들에 대해 설명하며, 미래관에서는 다양한 분야에서 세균을 활용하는 방법을 이야기합니다. 그리고 마지막 우주관에서는 우주 세균에 관한 상상, 우주 개발에 세균을 이용하는 방법을 논합니다.

세균에 대한 흥미로운 사실을 알아가는 것도 유익하지만, 그 지식을 통해 우리가 직면한 문제를 해결할 실마리를 찾거나 과학적 지식을 바탕으로 재미있는 상상을 펼치는 내용이 더욱 흥미롭습니다. 이 책을 통해 학생들도 세균, 미생물, 생화학에 관심을 갖게 되기를, 또한 작은 세균을 통해 우주와 미래로 뻗어가는 큰 상상력을 발휘해보길 바랍니다.

 관련 학과

생명과학과, 생명공학과

 후속 활동으로 확장하기

주제탐구 발표	우리 몸속에 존재하는 세균, 일상생활에서 접촉하는 세균, 극한 환경에서도 생존하는 세균 등 흥미로운 주제를 선택하여 주제탐구 내용을 구성해보자. 세균에 대한 지식과 정보를 소개하고 주의해야 할 사항이나 세균을 유용하게 활용하는 방법도 포함한다.
과제연구	우리가 직면한 문제를 개선하거나 해결하기 위해 세균의 특징을 이용하는 아이디어를 고민해보고 이를 과제연구 활동으로 진행한다. 연구 주제를 선정할 때는, 세균을 배양하는 과정에서 한계점을 미리 진단해야 한다는 점을 기억하자.

 같이 읽으면 좋은 책

《나는 미생물과 산다》(김응빈 | 을유문화사 | 2018. 04.)
《10퍼센트 인간》(앨러나 콜렌 | 시공사 | 2016. 02.)

BOOK
61

《과학자의 미술관》

전창림 외 | 어바웃어북 | 2021. 03.

과학의 프리즘으로 보는 예술

《과학자의 미술관》은 화학, 수학, 물리학, 의학 등 과학의 다양한 분야와 예술의 접점을 찾는 책입니다. 고흐가 간질 치료제의 부작용으로 노란색에 집착했다는 사실을 혹시 알고 있나요? 몬드리안이 정확한 수학적 계산으로 도출한 작품을 바탕으로, 물리학자들이 꿈의 신소재 그래핀을 발견했다는 사실은요?

600페이지가 훌쩍 넘는 두꺼운 책 속에는 유명한 명화들이 풍성히 실려 있어서 예술 작품을 감상하는 재미를 선사하며, 그 안에 담긴 수학, 과학적 지식이 생각의 경계를 허물도록 이끌어줍니다. 한눈에 알아볼 만큼 익숙한 작품들인데도 새로운 과학적 지식을 더하면 같은 작품 안에서 훨씬 더 많은 것을 보고 느낄 수 있습니다. 그림 속 화학 반응, 그림에서 바라보는 물리학적 시선, 그림을 바라보는 수학자의 관점, 그림

273

을 통해 알아보는 의학적 지식 등 예술적 소양과 과학적 소양
을 모두 함양할 수 있는 책입니다.

🏛 관련 학과

화학과, 물리학과, 수학과, 의예학과

✍ 후속 활동으로 확장하기

주제탐구 발표	우리나라의 고미술이나 동양의 예술 작품에 담긴 과학적 원리와 이야기들에 대해 발표하는 내용을 담는다. ●예시 : 신윤복의 수묵화 〈월하정인〉 속에서 달의 위상과 월식의 형태를 찾아본다.
과제연구	**예술 작품 속 과학 이야기를 담은 VR(또는 메타버스) 전시회** 내가 좋아하는 예술 작품, 이 책이나 다른 책에서 소개하는 예술 작품 속 과학과 관련된 이야기들을 소개하는 전시회를 개최해보자. 전시관은 VR이나 메타버스상에서 볼 수 있도록 만들어서 과학적 원리를 설명할 때 시각 효과를 이용해 이해를 돕도록 한다. **학교 축제 때 과학 원리를 이용한 체험형 전시회 열기** 교내 축제 때 한지전등갓, 솜, 전선 등을 이용해 '구름 전등'을 제작하여 동아리 학생들과 함께 과학 실험부스의 포토존을 만든 경험이 있다. 빛의 삼원색을 이용해 컬러 그림자를 만든 전시를 보고, 학생들도 같은 원리로 멋진 작품을 만들 수 있을 것이라는 생각이 들었다. 다른 동아리와 연합하여 음악, 미술, 과학이 융합된 창의적인 예술 작품과 체험형 전시회를 기획해보자.

📖 같이 읽으면 좋은 책

《미술관에 간 화학자》(전창림 | 어바웃어북 | 2013. 02.)
《빛이 매혹이 될 때》(서민아 | 인플루엔셜 | 2002. 02.)

BOOK 62

《미드 보다 과학에 빠지다》

안드레아 젠틸레 | 반니 | 2018. 03.

미드를 통해 배우는 흥미로운 과학 상식

과학저널리스트인 이 책의 저자는, 우리나라에서도 인기 있는 유명한 미드 13편을 통해 그 안에 녹아 있는 과학 개념을 흥미롭게 풀어냅니다.

〈브레이킹 배드〉 편에서는 '정말로 시체를 녹여 없앨 수 있는지'를 알아보고, 〈닥터 후〉 편에서는 '시간 여행자는 정말 존재할 수 있을까?'에 대해 생각해봅니다. 〈프린지〉를 통해서는 '평행우주가 얼마나 많이 존재하는가'를, 〈오펀 블랙〉 이야기에서는 '사람을 복제할 수 있는가?' 또 '인간 DNA에 특허를 낼 수 있는가?'처럼 궁금증을 자아내는 질문들을 던지며 과학적 호기심을 유발합니다.

이 미드들을 보지 않았더라도 상관없습니다. 저자가 드라마의 내용을 간단하게 소개해주며, 드라마의 소재와 관련한 과학 상식, 연구 사례들을 친절히 설명해주기 때문입니다. 오

히려 드라마의 내용이 궁금해져서 얼른 시청하고 싶은 마음
이 듭니다.

저자의 이야기와 함께 미드를 감상하면서 이제까지 몰랐
던 흥미로운 과학적 현상들을 알아가는 한편, 드라마의 내용
이 과학적으로 맞는지 검증해보는 재미를 느꼈으면 합니다.

🏛 관련 학과

생명과학과, 화학과, 물리학과

✋ 후속 활동으로 확장하기

주제탐구 발표	– 이 책에 소개되지 않은 다른 드라마나 영화를 골라서, 그 속에 담긴 과학 상식들을 소개해보자. 드라마에서 표현한 내용이 과학적으로 타당한지 검증하고, 드라마의 소재와 관련한 과학적 현상이나 연구 내용을 설명하는 글을 작성하여 발표 내용을 구성한다. – 이 책에서 소개한 주제 중 더 알아보고 싶거나 나의 진로와 관련 있는 부분에 대해 조사해보자. 전염병 모델링 연구와 좀비유행병학, 미생물이 동물의 행동에 미치는 영향, 혈액제제, 거울상 형태를 가진 분자, 양자역학에서 설명하는 순간이동의 한계 등을 예로 들 수 있다. 발표 자료의 도입부에 이 책에 나오는 미드와 과학 이야기를 소개해서 흥미를 끌고, 추가로 조사한 심화 내용을 넣어 발표 자료로 구성한다. – 합성혈액 세트로 혈액형 판정하기 실험을 진행한 후, 생물학적 제제가 없는 합성혈액은 어떻게 만들어지며 어떤 과학적 원리가 숨어 있는지 설명해보자.

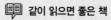 **같이 읽으면 좋은 책**

《물리학자는 영화에서 과학을 본다》(정재승 | 어크로스 | 2012. 07.)
《과학교과서, 영화에 딴지 걸다》(이재진 | 푸른숲주니어 | 2004. 03.)
《영화로 만나는 수학 · 과학》(최은미 | 한남대학교출판부 | 2022. 08.)

BOOK 63

《광물, 그 호기심의 문을 열다》

이지섭 | 동명사 | 2018. 03.

광물 콜렉터가 소개하는 아름다운 광물 이야기

대기업의 부사장까지 역임한 저자는 광물에 흠뻑 빠져들어 오랜 기간 세계 각지를 돌며 진귀한 광물 표본들을 수집했습니다. 이 책에는 신기한 광물들의 사진들이 담겨 있는데, 학생들이 학교에서 봤던 광물 표본이나 기존의 전시관에서 봤던 광물의 모습과는 달리 아주 특이하고 아름다운 광물들의 다채로운 모습이 잘 포착되어 있습니다.

광물에 관한 해박한 지식, 수집가로서의 노하우, 광물을 찾아 떠난 여행에서 겪은 에피소드, 다양한 광물의 특징 등 광물을 주제로 엮어낸 세세한 이야기를 책에서 접해보면 좋겠습니다. 광물을 중심으로 세상을 바라본 저자의 이야기를 통해, 학생들도 광물에 대한 호기심과 애정을 가지게 되기를 바랍니다.

화학과, 지질학과, 재료공학과

🖐 **후속 활동으로 확장하기**

주제탐구 발표	광물 이름에서 찾아보는 과학자 이야기, 책에서 알게 된 신기한 광물 속 화학 반응, 광물의 이용 등 흥미로운 부분을 주제로 설정하여 주제탐구 발표 내용을 구성한다.
과제연구	**민자연사연구소 관람 후 보고서 작성하기** 이 연구소에서 저자가 30년 이상 세계 각지를 다니며 수집해온 광물들을 볼 수 있다. 광물의 종류와 모습만 확인하는 것이 아니라 광물 표본 자체만으로도 진귀한 예술 작품을 관람하는 느낌이다. 형태가 독특한 광물, 보기 드물어 희소성이 뛰어난 광물, 그 자체로 보석처럼 아름다운 광물들을 살펴보고 보고서를 작성해본다. ●참고 사이트 민자연사연구소 홈페이지(https://www.naturehistory.com/)
간이 편광 현미경 발명하기	편광현미경으로 암석박편과 광물박편을 관찰하고 광물의 광학적 특징을 알아보는 실험을 해보길 추천한다. 과학고의 경우 편광현미경으로 실험이 가능하지만, 일반 고등학교는 편광현미경을 1~2대 정도만 구비한 경우가 많아서 자유롭게 실험하기 힘들 수 있다. 그런 경우 종이컵과 렌즈, 편광필름을 이용해 간이 편광현미경을 제작하거나 간이 현미경 키트에 편광 필름을 부착해 실험할 수 있다. 재물대를 회전시키기 어렵다는 한계가 있으나, 학생들이 하나의 목표를 설정하여 결과를 얻어내는 과정 자체에 의미가 있다. 학생이 직접 간이 편광현미경 키트를 발명해보는 것도 적극 추천한다.
단결정 성장 조건 탐구	단결정은 반도체, 전선 등 첨단 산업의 핵심 부품 소재로 사용되어 매우 중요하다. 단결정의 다양한 활용에 대해 알아보고 탐구활동의 의의를 찾아보자. 단결정 시약으로 백반, 황산구리 등을 이용해 직접 단결정을 성장시킬 수 있다. 결정 성장 조건을 탐구하는 연구를 수행한 후 빛을

비추어 굴절률이 큰 단결정의 전반사를 확인해보는 실험도 추가로
실시해보길 바란다.

📖 같이 읽으면 좋은 책

《돌의 사전》(야하기 치하루 | 지금이책 | 2020. 12.)
《암석의 미시 세계》(정지곤 외 | 시그마프레스 | 2011. 02.)

《우주 패권의 시대, 4차원의 우주이야기》

이철환 | 새빛 | 2022. 10.

세계 강국들이 앞다퉈 우주 개발에 집중하는 이유는?

2022년 누리호 발사가 성공하는 모습을 보며 가슴이 벅차올랐던 순간이 떠오릅니다. 누리호 발사의 성공으로 우리나라는 자력으로 인공위성을 쏘아 올릴 수 있는 기술을 가진 우주 강국의 대열에 들어섰습니다. 이후 달 탐사선 다누리호를 다시 우주로 보내며 또다시 우주 개발에 박차를 가하고 있습니다.

여러 강대국들이 우주 개발에 관심을 갖는 이유는 무엇일까요? 단순히 뛰어난 과학 기술을 보유한다는 자긍심이나 과학적 연구 성과를 얻기 위해서만은 아닙니다. 광물 채굴, 새로운 물질 개발과 같은 상업적 목적과 새로운 일자리를 창출하는 경제적인 효과로 이어지기 때문입니다.

이 책은 우주 패권의 시대이자 제4차 산업혁명의 시대에,

경제학도인 저자가 경제적 관점으로 바라보는 우주 이야기를 담고 있습니다. 우주 산업 시대를 대비해 우주 개발에 관심을 갖고 여러분의 재능과 관심사를 어떻게 연결 지을지 생각해 보길 바랍니다.

🏛 관련 학과

물리학과, 약학과, 항공우주공학과, 기계공학과, 경제학과

🤚 후속 활동으로 확장하기

주제탐구 발표	– NASA 태양계 엠베서더인 폴윤 교수님의 강의를 유튜브에서 들을 수 있다. NASA에서 진행하고 있는 화성, 달 탐사 이야기와 우주 개발에 큰 관심을 보이는 여러 기업들의 이야기 등 흥미로운 강의를 들어보자. 이 책과 교수님의 강의를 통해 새롭게 알게 된 내용과 관심 있는 부분을 종합하여, 우리 눈앞에 다가온 뉴스페이스 시대를 소개하는 주제를 담아 발표 내용을 구성한다. – 무중력 상태에서 만드는 광케이블, 신약 물질 개발, 우주여행, 우주개발진흥법, 우주 경제 로드맵 등 이공계열은 물론 인문 계열 학생들도 자신의 진로와 관련지어 주제탐구를 진행할 수 있다.
과제연구	탐사차 모형 제작하기 탐사차인 로버^{Rover} 모형을 제작하는 활동을 진행해보자. 기계를 만드는 것은 당연히 어려운 일이지만, 학생 수준에서 가능한 선까지만 시도해본다면 좋겠다. 자율주행차량 키트 등을 이용해 연구를 수행할 것을 권한다. 먼저 탐사할 행성을 선정한 후 행성의 환경을 조사하고, 지구와는 다른 행성의 환경에서도 탐사 운행이 가능한 탐사차의 조건을 생각해 부품 중 일부를 개선하여 모형을 개발한다. 탐사 목적을 정한 후 해당 목적을 수행할 수 있는 장비들을 추가한

다. 또한 인공지능을 이용해 탐사선이 스스로 탐사하고 자료를 보내는 방법을 학습하는 것을 목표로 연구한다.

📖 같이 읽으면 좋은 책

《우주시대에 오신 것을 환영합니다》(켈리 제라디 | 혜윰터 | 2022. 08.)
《우주 미션 이야기》(황정아 | 플루토 | 2022. 09)

《오늘의 천체관측》

심재철 · 김지훈 · 이혜경 · 조미선 · 원치복 | 현암사 | 2021. 11.

천체 관측을 꿈꾸는 초보자를 위한 친절한 입문서

밤하늘의 별을 관측하는 일은 언제나 우리를 설레게 만듭니다. 천문대에 가서 천체관측 체험을 한 학생들도 있겠지만, 직접 망원경을 설치하고 원하는 천체를 맞춰보는 경험을 하지 못해 아쉬운 학생들이 더 많을 것입니다. 혹은 천체관측을 해보고 싶다는 로망을 가지고 있지만 망원경을 어떻게 다뤄야 하고, 무엇을 관측해야 할지 잘 몰라서 막막한 경우도 있을 것입니다.

이 책은 천체관측에 이제 막 관심을 가진 학생들에게 친절한 안내서 역할을 합니다. 계절별 대표 별자리와 별을 찾는 방법, 망원경 고르는 법과 사용법, 천체 사진 촬영법, 별을 관측하기 좋은 장소, 스마트폰으로 천체 사진을 찍는 법까지 초보자들을 위한 정보가 잘 정리되어 있어서 학생들의 막막함과 궁금함을 해소해줍니다.

오랜 시간 동안 천체관측 및 천체관측 교육을 해왔던 저자들의 노하우가 담겨 있으니 단계별로 필요한 내용을 골라 읽어보면 좋을 듯합니다.

🏛 관련 학과

천문학과, 천체물리학과, 물리학과

🔭 후속 활동으로 확장하기

주제탐구 발표	– 망원경의 발전 과정과 망원경으로 발견한 과학적 업적들에 대해 소개한다. – 망원경의 원리를 물리학적 개념을 바탕으로 설명한다. 빛이 망원경의 렌즈와 거울을 지나는 경로를 설명하고, 굴절망원경과 반사망원경의 차이점, 각 망원경의 장점과 단점에 대해 설명한다. 렌즈 방정식에 대해 학습해 상이 맺히는 거리를 구하는 방법, 망원경의 유효초점거리를 계산하는 방법 등을 설명한다.
과제연구	사용법이 간단한 경위대식 망원경을 이용해 먼저 천체관측을 시작하길 추천한다. 이후 적도의식 망원경을 설치하고 다루는 법을 익힌다. GOTO 기능이 있는 망원경을 사용해 다양한 천체들을 관측하고 이후 카메라를 연결해 딥스카이 촬영까지 시도해보자.
천체 사진 촬영	**일주 사진 촬영** DSLR과 삼각대가 있다면 점상 촬영 후 프로그램을 이용해 일주 사진을 제작하는 것을 추천한다. DSLR이 없다면 스마트폰으로도 천체 사진 촬영을 할 수 있으니 도전해보자. **천체 사진 공모전 참여** 김지훈 천문대장은 이 책의 저자 중 한 명이자, NASA '오늘의 천체 사진[APOD]'으로 뽑힌 사진의 주인공이다. 비스듬히 모습을 드러

낸 거대한 달 앞으로 대한항공 비행기가 지나가는 모습을 포착한 절묘한 사진이 선정되어 화제가 되었다.

천체 사진에 관심 있는 학생들은 직접 천체 사진을 촬영하여 공모전에 참여해볼 것을 권한다. 한국천문연구원에서 진행하는 천체사진공모전의 꿈나무 부문을 추천한다. 기존의 수상작들을 보며 아름다운 천체 사진을 감상하고 꿈을 키워 나가길 바란다.

●관련 사이트:
한국천문연구원

📖 같이 읽으면 좋은 책

《참탐구를 위한 천체 관측 활동》(최승언 외 | 교육과학사 | 2018. 09.)

《우주의 끝을 찾아서》

이강환 | 현암사 | 2014.04.

우주의 비밀에 다가선 과학자들의 이야기로
우주론과 친숙해진다

우주가 한 점에서 탄생했다는 빅뱅 이론은 우주론에 흥미
를 갖게 만들다가도 막상 공부하면 관심이 식어버리는 학생
들이 많을 것입니다. 교과서에서 말하는 빅뱅의 증거가 무슨
의미인지, 갑자기 급팽창 이론은 왜 나오는지 막막해지곤 합
니다.

이 책은 우주론을 쉽게 이해하고, 교과서에서 봤던 과학자
들과 그들의 이론에 친숙하게 다가가도록 돕는 책입니다. 우
주론이 발전해온 과정에서 있었던 사건들을 흥미롭게 보여주
며, 문제를 해결하고자 했던 과학자들의 고민이 자세히 담겨
있습니다. 유명한 논쟁들, 위대한 발견을 하기까지 과학자들
이 겪었던 시행착오, 하나의 과학적 발견이 과학자들과 학문
에 미친 영향 등 우리가 몰랐던 뒷이야기를 읽으며 과학이라

는 학문의 본성을 실감하게 됩니다.

　우주의 비밀을 찾기 위해 연구하는 과학자들은 하나의 답을 찾으면 또 다른 의문이 생겨 끊임없이 우주의 비밀을 파헤칩니다. 현재까지 이어지고 있는 과학자들의 노력을 간접적으로 체험함으로써 우주론이 발전한 역사를 실감 나게 이해할 수 있습니다.

🏛 관련 학과

물리학과, 천체물리학과

✊ 후속 활동으로 확장하기

주제탐구 발표	– 책의 내용 중 인상 깊었던 상황을 만화로 그려 나타내보자. 관측으로 패러다임이 바뀌는 순간, 우주의 비밀을 파헤치기 위해 연구한 과학자들의 이야기 등을 표현해본다. 하버드대학 천문대에서 별의 밝기와 위치를 기록하는 단순한 일을 하던 헨리에타 리비트Henrietta Swan Leavitt가 변광성의 밝기를 통해 성단의 거리를 측정하는 방법을 발견한 사연, 비둘기 똥을 치우다 우주배경복사 에너지를 발견하여 노벨상까지 수상한 펜지어스Arno Allan Penzias와 윌슨Robert Woodrow Wilson 등 흥미로운 소재를 선정해보자. – 우주론이 발전하는 과정에서 벌어졌던 과학자들 간의 흥미로운 논쟁들을 소개하는 내용을 발표한다. 조지 가모프George Gamow와 프레드 호일Fred Hoyle의 '빅뱅 우주론' vs. '정상 우주론' 논쟁 그리고 '빅뱅 이론'이라는 이름이 붙게 된 사연, 우리 은하 바깥에 다른 은하가 존재하는가를 두고 대립했던 섀플리–커티스 논쟁과 허블의 법칙, 등 천문학계를 뒤흔든 논쟁을 통해 우주론에 친숙하게 다가가도록 내용을 구성한다.

	– 우주 가속 팽창을 반박하는 연구 내용들을 살펴보자. 최근 연세대학교 천문우주학과 은하진화연구센터의 이영욱 교수 연구팀이 발견한 스모킹건에 대해 조사해보고, 연구 내용에 대한 설명과 의의점에 대해 발표한다.
과제연구	우주론과 관련된 최근 연구 동향을 조사해보고, 상반된 주장을 펼치는 연구는 없는지 알아보자. 어떤 이론이 더 타당하다고 생각되는지 자신의 생각을 정리한다. 또, 해당 논문에서 사용한 연구 방법을 확인하고 타당한 해석으로 연구 결과를 도출했는지 살펴본다.

📖 같이 읽으면 좋은 책

《호킹이 들려주는 빅뱅 우주 이야기》(정완상 | 자음과모음 | 2010. 09.)
《우주론 1》(사토 카츠히코 외 | 지성사 | 2012. 07.)
《우주론 2》(후타마세 토시후미 외 | 지성사 | 2014. 04.)
《모든 사람을 위한 빅뱅 우주론 강의》(이석영 | 사이언스북스 | 2017. 03)

BOOK 67

《수학 없는 물리》

폴 휴이트 | 프로텍미디어 | 2017. 08.

수식 없이도 제대로 이해하는 물리

수학만큼이나 물리를 어려워하는 학생들이 많습니다. 또, 수학을 잘해야 물리를 잘한다고 생각하는 경우도 흔합니다. 물리를 공부하다가 만나는 복잡한 수식들을 보면 머리가 어지러워져서 책을 덮고 싶어지는 학생들도 아마 많을 것입니다.

그런 측면에서 《수학 없는 물리》는 제목만으로도 반가운 책입니다. 이 책의 원서 제목은 'Conceptual Physics', 직역하자면 '개념 물리학'입니다. 수식이 아예 없는 것은 아니지만 뉴턴의 운동법칙, 운동량, 에너지 등의 역학부터 물성, 열, 소리, 전기와 자기, 빛, 상대론 등의 물리학까지 과학적 개념을 이해하는 데에 초점을 맞춰서 잘 읽히도록 만들었습니다. 이해를 돕는 그림에 명쾌한 설명이 더해져서 물리에 대한 거부감을 줄여줍니다.

이 책을 통해 물리학적 개념을 충실히 이해하고, 연습 문제를 풀어보며 수식이 있는 물리학에도 친숙해지길 바랍니다.

🏛 관련 학과

물리학과

🖐 후속 활동으로 확장하기

주제탐구 발표	이 책을 읽고 이해한 물리학적 개념들을 수식으로 나타내고 단위는 어떻게 표현되는지 관심을 가져보자. 이후 다소 복잡해 보일지라도 수식을 통해 다른 물리학적 개념을 유도하는 심화 활동을 진행해보자. 단순히 물리 교과에 적용하기보다는 생명과학, 지구과학, 화학 등 다른 교과에 물리학적 개념을 적용해 이를 수식으로 증명하는 과정을 엮어 발표한다면 전공적합성과 학업 역량을 모두 보여주는 활동이 될 것이다.
과제연구	책에서 그림으로 표현하여 이해하기 좋았던 개념들을 실제 실험 기구들을 이용해 실험하고, 실험 결과값을 통해 물리학적 개념을 이해해보는 활동을 진행한다. 기본적인 물리 개념들을 이해했다면 이 개념을 적용하는 심화 실험들을 설계해 직접 실험해보자. 예상한 결과와 다르다면 그 이유는 무엇일지 분석해보는 과정이 중요하다.

📖 같이 읽으면 좋은 책

《물리는 어떻게 진화했는가》(알베르트 아인슈타인 · 레오폴트 인펠트 | 서커스출판상회 | 2021. 03.)
《아름답고 우아한 물리학 방정식》(브뤼노 망술리에 | 클 | 2019. 03.)

BOOK 68

《데이터 과학자의 일》

박준석 외 | 휴머니스트 | 2021. 10.

데이터 과학자는 어디에서 무슨 일을 할까?

데이터 과학, 딥러닝, 인공지능이라는 말이 이제는 일상에서 흔히 쓰는 용어가 되었고, 교육과정에도 반영되어 관련 교과목도 만들어졌습니다. 이 분야에 이미 관심 있는 학생들도 있겠지만 정확히 무슨 일을 하는지, 내가 하고 싶은 일과 관련이 있을지 아직 생각해보지 못한 학생들도 있을 것입니다.

《데이터 과학자의 일》은 데이터 과학 분야의 진로를 탐색하기에 좋은 책으로, 11명의 데이터 과학자들이 데이터 과학이라는 학문의 특징과 다양한 활용 사례, 이 분야에서 직업으로 할 수 있는 일에 대해 소개합니다.

통계학, 의학, 금융, 게임, 보안, 스포츠, 엔지니어링, 인공지능, 교육 등 데이터 과학이 응용되는 다양한 산업 분야를 살펴보고, 이것이 실질적으로 어떻게 우리 삶을 변화시키는지, 얼마나 가치 있는 일인지에 대해 이야기를 듣다 보면 데이터

과학이라는 학문에 관심이 생길 것입니다.

 관련 학과

데이터과학과, 통계학과

후속 활동으로 확장하기

주제탐구 발표	인공지능, 머신러닝, 딥러닝의 차이에 대해 설명하고 산업 현장과 연구 현장에서 주목받는 딥러닝의 강점에 대해 설명한다. 인공지능의 발전으로 인해 나타날 새로운 일자리와 산업 현장의 변화에 대해 자신의 생각을 담는다.
데이터 레이블 링^{Data} **Labeling**	데이터 라벨링이라고도 불리는데, 데이터에 x 값에 대한 y 값을 부여해 AI 학습 데이터를 만드는 과정을 말한다. 최근에는 데이터 레이블링을 통해 부업으로 돈을 버는 사람들의 이야기도 기사로 접할 수 있다. 기사 자료를 찾아 읽어보고 데이터 레이블링 관련 기업들에 대해 조사한 후 데이터 레이블링 수업을 직접 받아보자.
과제연구	머신러닝 경험하기 - 오렌지3를 이용한다면 코딩 없이도 머신러닝(기계학습) 과정을 경험하고 데이터 분석을 할 수 있다. 인터넷에 '오렌지3'를 검색하면 이미지 분류, 유사 이미지를 찾는 방법을 안내하는 영상들이 나온다. 동물상 테스트를 만드는 방법도 소개되어 있는데, 쉽고 재미있게 오렌지3의 사용법을 익히고 머신러닝에 친숙해지는 기회로 삼을 수 있다. 이후에는 데이터 분석을 실시하는 과제를 수행해 심화 활동으로 이어가길 추천한다. - 학생들의 실제 사례를 소개하자면, '이상 고파(高波) 발생 현상 분석 및 기계학습을 통한 예측 시스템 구현'이라는 주제로 연구를 수행했다. ODV 프로그램을 활용해 기존에 정의된 이상 고파 판단 기준에 따라 발생 여부를 확인하고, 오렌지3를 이용해 이상 고파로 분류된 데이터들로 기계학습을 시켰다. 랜덤 포레스트를 이용

| 과제연구 | 한 모델과 인공신경망을 이용해 이상 고파 발생 예측 시스템을 제작하고 예측 정확도를 확인하는 연구를 진행했다.

– 또 다른 학생들의 사례에서는, 원전온배수 배출로 인해 해수의 수온에 영향이 있을 것이라 예상하여 데이터를 수집했다. 수집한 데이터 중 원전에서 가까운 정점의 수온 변화를 분석했는데 영향이 없다는 결론을 도출했다.
뜨거운 물이 배출되면 수온이 변화하리라 생각했는데 예상과 다른 점에 의문을 가졌고, 대형 수조를 이용해 모의 실험을 진행했다. MBL을 이용해 온수가 배출되는 지점에서 일정 거리에 따른 수온을 측정하였고, 열역학을 이용해 식을 유도하고 온배수의 영향 범위를 예측했다. 이 결과를 바탕으로 '해수의 수온에 영향을 미치는 원전과의 거리'라는 조건에 대해 설명하는 등, 유의미한 결론을 도출하기 위해 필요한 데이터에 대해 제시했다.

데이터 분석 관련 대회 참여하기
데이터 분석에 재미를 붙였다면, 대회에 출품해보는 것도 추천한다. 학생들이 참여할 만한 대회들을 아래에 추천한다.

- JOISS 해양과학 빅데이터 활용 경진대회
- 날씨 빅데이터 콘테스트
- 공공 빅데이터 활용 경진대회 |

📖 **같이 읽으면 좋은 책**

《모두의 데이터 분석 with 파이썬》(송석리 · 이현아 | 길벗 | 2019. 04.)
《병원에서 일하는 의료데이터과학자》(김휘영 | 토크쇼 | 2021. 02.)

BOOK 69

《도시를 움직이는 모든 것들의 과학》

로리 윙클리스 | 반니 | 2020. 09.

과학은 어떻게 거대한 도시를 움직이는가?

도시를 떠올리면 무엇이 먼저 떠오르나요? 높은 건물과 스카이라인, 자동차로 가득찬 도로…. 여러분이 본 다양한 도시의 모습, 혹은 특정 도시의 랜드마크나 특징을 떠올려보고 평소 궁금했던 점들에 대해서 책을 읽기 전에 미리 질문을 작성해보면 좋겠습니다.

'고층 빌딩에는 왜 대부분 회전문이 달려 있을까?', '수돗물은 어떻게 그 먼 수원지에서 도심의 각 가정까지 전달될까?', '쓰레기수거장의 폐기물들은 모두 어디로 가는 걸까?'

이 책은 이런 질문들을 통해서 오늘날 도시가 제대로 작동하기까지 곳곳에 자리 잡고서 자기 역할을 하는 과학 테크놀로지와 엔지니어링의 원리를 설명합니다.

초고층 빌딩, 전기, 상하수, 도로, 자동차, 열차, 도시를 연결하는 네트워크를 중심으로 책 속의 이야기가 펼쳐집니다.

도시를 움직이는 모든 것들에 대한 기본적인 과학 지식부터, 불가능해 보이는 문제도 가능하게 해주는 여러 공학 기술과 최신 연구들을 책에서 접할 수 있습니다. 이 책을 계기로 도시를 이루는 과학 기술에 대해 한 번 더 둘러보고, 내일의 도시를 상상할 수 있다면 좋겠습니다.

🏢 관련 학과

공학 계열(기계공학과, 전기공학과, 에너지공학과, 도시공학과, 재료공학과, 건축공학과, 건설환경공학과 등)

✊ 후속 활동으로 확장하기

주제탐구 발표	– 세계의 유명한 고층 빌딩들을 소개하고, 각 고층 빌딩의 건축 디자인과 특징, 건설을 위해 적용한 공학적 기술들을 소개한다. – 재생에너지에 관한 신기술 중 흥미로운 점과 현재의 한계, 상하수도 시스템과 쓰레기 처리 시스템, 정수 과정과 오염 물질 흡수에 사용되는 신소재에 관해 소개한다. – 수리적 모델링을 통해 교통 체증에 대해 연구하는 재몰로지, 교통 제어, 미래의 무인 자동차에 필요한 도로 인프라, 스마트 로드 등에 관해 소개한다. – 이 책에서 인상 깊게 읽은 공학 기술 몇 가지를 정해 이 책의 참고문헌에 있는 논문을 직접 읽어보거나 원문 사이트에 들어가서 직접 데이터를 확인해본다. – 책을 읽기 전 작성했던 도시에 관한 질문 리스트 중에 이 책에서 소개되지 않은 부분이 있다면, 스스로 질문에 답하기 위해 저자처럼 자료 조사를 하고 현직 연구원에게 직접 메일을 보내 자문을 얻

	는 노력을 통해 궁금증을 해소해보자. 이후 그 내용을 소개하는 주제탐구 발표 자료를 구성하고, 기본적인 과학 지식부터 공학 기술, 최신 연구 동향도 소개해본다.
과제연구	– 제페토, 마인크래프트 등을 이용해 고층 빌딩 모형을 메타버스 상에 구현해보자. 건물 디자인만 해보는 것이 아니라 책에서 살펴보았던 고층 건물을 구현하기 위한 과학 기술들이 모두 표현되도록 하여 '빌딩, 마천루의 과학' 챕터에 소개된 과학 기술을 소개해보자.
	– '빌딩, 마천루의 과학' 챕터를 읽고 바람에 의해 고층 건물이 흔들리는 문제, 고층 건물에 발생하는 굴뚝 효과, 지진에 버티기 위한 초고층 건물의 설계 등에 대해 새로운 대안을 생각해보고, 모형을 제작해 실험해보자.
	– 컴퓨터 제어장치로 움직이는 화물선에서 해운 사고를 방지하는 법, 무인 시스템과 보안기술, 생분해성 포장재 연구, 도시 농부를 위한 스마트팜 시스템 등에 관해 과제연구를 진행할 수 있다. 과제연구에서 해결 방법의 효율성을 입증하거나 데이터를 분석하는 과정에서 수학적인 방법을 적용해 수치화하여 나타낼 수 있다면, 수학과 과학적 역량을 모두 보여주는 기회가 될 수 있다.

📖 **같이 읽으면 좋은 책**

《공간의 미래》(유현준 | 을유문화사 | 2021. 04.)

《SEASON 과학서평매거진》
길다(주) 편집부 | 갈다

좋은 과학책을 소개하는 과학 서평 잡지

과학 책방 '갈다'에서 2022년에 창간한 과학 서평 매거진으로 봄, 여름, 가을, 겨울 계절마다 세대별 주제를 발행합니다. 일반인들이 과학에 관심을 가질 수 있도록 좋은 과학책들을 추천하기 때문에 학생들도 참고하기 좋습니다.

책 소개뿐 아니라 서평과 과학자들의 인터뷰도 함께 실어서 관련 주제에 대한 풍부한 과학적 배경지식을 얻을 수 있습니다. 과학 저술가로 유명한 김상욱 교수님과 이정모 국립과천과학관장님도 창간호에 필자로 참여했고, 생태학자 최재천 교수님의 인터뷰도 찾아볼 수 있습니다. 저명한 필진들의 다채로운 생각을 엿보는 한편으로, 새로운 과학적 지식이나 최신 연구에 대한 이야기도 알 수 있기에 과학에 관심 있는 학생들에게 도움이 될 것입니다.

관련 학과

모든 계열

 후속 활동으로 확장하기

과학잡지 만들기	이 잡지의 구성 방식을 차용하여, 특정 주제에 맞는 과학책을 선정하고 서평을 담는다. 테마와 관련된 과목의 선생님 또는 동아리를 찾아 인터뷰하여 내용을 싣는다. 관련 기사를 검색하고 논문을 찾아 최신 연구 동향까지 포함한다.
체험학습	**과학 책방 '갈다' 견학** '갈다'는 갈릴레이와 다윈의 앞 글자를 따서 만든 과학 책방으로, 다양한 과학 서적들과 과학잡지들을 구비하고 있다. 이곳에서 과학 강연, 북토크도 열리므로 미리 알아보고 참여해보자. 주소: 서울특별시 종로구 삼청로10길 18 운영 시간: 월·화·수 휴무(온라인 예약제 운영 예정) 목·금 2pm-10pm 토 10am-10pm 일·공휴일 10am-6pm

독서로 챙기는 생기부 사례

활용 도서	《지속가능한 미래를 위한 기후변화 데이터북》

1. 우리나라 7개 도시의 기온 변화를 알아본다.

기상자료개방포털에서 도시별 평균 기온, 최고 기온, 최저 기온의 변화를 확인하고, 기온 관측 자료를 수집해 도시별 평균 기온 변화 그래프를 작성해 비교한다.

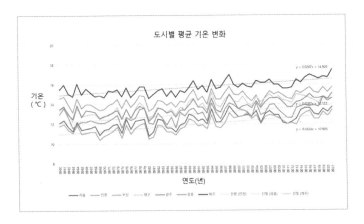

우리나라의 7개 도시는 전체적으로 기온이 상승하는 추세를

보이고 있다. 동해, 서해, 남해에 가까이 위치한 강릉, 인천, 제주도의 평균 기온 변화 추세선을 나타내고 기울기를 비교해 보았다. 그 결과 인천에서 기온 상승이 가장 큰 것을 확인할 수 있다.

2. 우리나라 바다의 변화를 알아본다.
1970~1979년, 2010~2019년 사이, 우리나라 근해의 표층 수온 분포도와 표층 염분 분포도를 작성해 변화를 확인한다.
　1) 우리나라 근해의 표층 수온 분포 변화(10년간의 평균값)

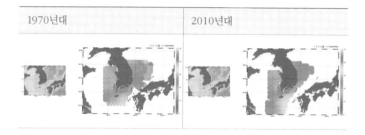

　2) 우리나라 근해의 표층 염분 분포 변화(10년간의 평균값)

동해, 서해, 남해 모두 전체적으로 염분이 낮아졌으며, 남해의 서쪽 해역에서 염분 변화가 특히 큰 것을 확인할 수 있다.

3) 동해, 서해, 남해의 표층 수온 변화와 표층 염분 변화
   동해, 서해, 남해의 연도별 표층 수온과 표층 염분의 평균 값을 시계열 그래프로 나타낸다.

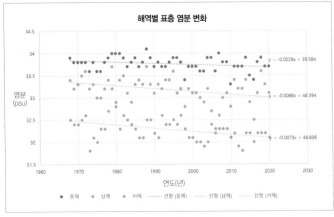

3. 탐구 활동을 진행한 후 느낀 점, 또는 새롭게 알게 된 점을 정리한다.

1) 지구온난화로 인해 수온과 기온 값이 매우 크게 변했을 것이라 생각했지만, 내가 막연히 생각한 것보다 그 수치가 작다고 느껴졌다. 이 활동을 통해 지구온난화로 인해 우리나라의 기온과 수온이 얼마만큼 상승했는지 데이터를 통해 객관적으로 분석할 수 있었다.

국립수산과학원이 내놓은 〈2022 수산분야 기후변화 영향 및 연구 보고서〉에 따르면 1968년부터 54년간 국내 해역 연평균 표층 수온이 1.35℃ 상승했다고 한다. 또, 전 세계 평균 표층 수온 상승은 0.52℃라고 한다. 우리나라 근해의 경우 전 세계 평균보다 두 배 이상 높은 수치를 보이고 있기에 경각심을 느끼게 되었다.

이런 기후 변화가 환경에 미치는 영향을 조사한 결과, 수온 상승으로 인해 나타나는 어종 변화, 폭우로 인한 저염분수가 수산업에 피해를 주는 사례, 해양 산성화로 제주도의 갯녹음이 증가한 연구 결과에 대해 알게 되었다. 고작 2℃도 안되는 수온 변화로 인해 표층 염분이 낮아지고 바다의 pH가 낮아져서 실질적인 피해를 만들어낼 수 있음을 깨달았다.

2) 자료 내삽 과정에서 발생할 수 있는 오류 발견

정점에서 관측한 값들을 자료 내삽을 통해 정점과 정점 사이를 채워서 나타내는 경우 왜곡이 일어날 수 있음을 발견했다. 〈자료를 내삽하지 않은 경우〉는 1970년대 남해상의 수온이 25℃ 이상으로 나타나지만 〈자료를 내삽한 경우〉의 1970년대 표층 수온 분포도에서 남해상의 수온은 25℃ 미만이다. 또, 2010년대의 표층 수온 본포도를 보면 〈자료를 내삽하지

자료를 내삽한 경우

〈1970년대 표층 수온 분포도〉	〈2010년대 표층 수온 분포도〉

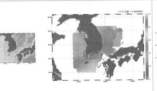 

자료를 내삽하지 않은 경우

〈1970년대 표층 수온 분포도〉	〈2010년대 표층 수온 분포도〉

 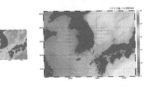

않은 경우〉 동해상의 수온이 상승된 정점들이 보이는데 〈자료를 내삽한 경우〉를 보면 자료 내삽에 의해 모두 25℃ 미만으로 처리되었다.

'데이터로 보는 우리나라 기후 변화' 과제연구 보고서 작성 | 과세특 예시

온실효과와 지구온난화의 개념을 학습하고, 지구의 기후변화로 우리나라에 일어날 것으로 예상하는 현상들에 대해 토론함. 이후 실제 지구온난화로 인해 우리나라에 나타난 변화가 어느 정도인지 알고 싶다는 생각에서 '지속가능한 미래를 위한 기후변화 데이터북(박훈)'이라는 책을 읽고 우리나라 주변 해역의 표층 수온, 우리나라 평균 지표 기온 변화뿐만 아니라 전 세계의 기후 위기 현황을 데이터를 통해 확인함.

책에서 확인한 내용과 우리나라의 해양 산성화 정도를 알고 싶어 직접 데이터 분석을 실시하여 '데이터로 보는 우리나라 기후 변화' 보고서를 작성함. 관측 자료를 수집하는 과정에서 연구 목적에 맞는 데이터를 선별하는 뛰어난 능력을 보여주었으며, 데이터를 시각화하는 프로그램을 학습하여 방대한 양의 데이터를 가공함. 연구 결과를 해석하는 데이터 리터러시 능력을 갖추고 있음.

도시별 기온 변화와 동해, 서해, 남해의 수온 변화를 비교할 때는 수집한 데이터를 시계열 그래프로 나타내 추세가 잘 보이도록 하였고, 추세선을 수식으로 나타내 기울기를 이용하여 상승 정도를 비교하여 설명함. 이후 지구온난화로 인해 나타난 우리나라 근해의 변화를 확인하는 과정에서 프로그램을 활용해 표층의 수온, 염분값을 수평 분포도로 나타내 시각화하고 자료를 객관적으로 분석함.

데이터 처리 방법에 대한 이해도가 높아 탐구 과정에서 어려워하는 친구들을 도와주고, 시기별로 그래프를 작성해 비교해야 하는 경우 축 값의 범위를 동일하게 설정해야 함을 알려줌. 또, 자료 내삽 과정에서 나타나는 오류로 인해 자료를 잘못 해석할 소지가 있음을 지적하여 자료를 비판적으로 해석하는 예리함을 갖추고 있음을 드러냄.

실측 자료를 통해 우리나라 근해의 수온, 염분, pH 변화를 파악한 후 이로 인한 바다 생물의 피해 사례를 조사하면서 지구온난화의 심각성을 실감했음을 강조함. 이후 기후 변화 평가 보고서를 읽으며 미래의 영향과 위기에 대해 고민하고 도시재난 시스템 관리 방식에 대해 관심을 가짐.

활용 도서	《걱정 많은 어른들을 위한 화학 이야기》

1. 화학제품에 관한 상식을 알아보는 질문들을 통해 학급 내 화학제품에 대한 편견과 상식 수준을 파악한다.

2. 제한 시간 동안 자음으로 시작하는 물건을 찾는 게임을 통해 학생들이 활동에 적극적으로 참여하도록 이끈다. 이후 화학제품을 선정해 '교실 속 화학제품'에 대해 알아보는 시간을 갖는다.

3. MSDS와 유해화학물질 표시 안내에 대해 설명한 후 MSDS 검색을 통해 화학제품 속 화학 물질의 용도, 위험성, 응급 조치 등에 대해 알아보는 탐구 활동을 진행한다.

4. 시간이 허락한다면 각 조별로 화학제품 속 화학 물질에 대해 소개하는 발표를 진행하도록 한다.

'화학제품을 올바로 사용하는 법' 주제탐구 발표 활동 | 과세특 예시

'걱정 많은 어른들을 위한 화학 이야기(윤정인)'를 읽고 화학제품이 우리에게 주는 편의성에 대해 소개하고, 화학 물질의 특징과 안전하게 이용하는 방법에 대해 설명함. 화학제품에 관해 우리가 갖고 있는 생각들을 바탕으로 몇 가지 질문을 통해 화학제품 상식 테스트를 진행하여 화학제품에 대한 편견을 알아보고, 발표 자료에 대한 흥미를 이끌어냄. 화학제품이 독성과 유효성이라는 특징을 모두 가지고 있다는 사실이 인상 깊었음을 나누고, 화학 물질에 대한 정확한 이해를 바탕으로 안전한 화학제품 사용법을 숙지해야 함을 강조함.

기능성 식품, 화장품, 세제 등의 화학제품 광고를 접할 때 '카더라 통신'과 가짜 마케팅에 현혹되지 않고 현명하게 판단할 수 있는 방법에 대해 안내함. 이후 조별로 교실 속 화학제품을 한 가지 선정해 전성분을 살펴보고 그 속에 담긴 화학 물질에 대해 알아보며 소개하는 탐구 활동을 실시함. 이를 통해 생활 속 화학제품에 관심을 갖고 화학 물질에 대한 지식과 화학적 원리에 대해 탐색하는 시간을 가짐.

이 책에서 얻은 정보를 직접 실험 활동에 적용하여, 실험에 사용하는 화학 시료들의 MSDS를 검색해보는 활동을 주도함. MSDS에 대한 설명과 MSDS 검색 방법, 유해 화학 물질 표시 방법에 대해 설명함. 이 활동을 통해 다른 친구들도 화학 물질에 대한 정보뿐 아니라 발생 가능한 사고, 위험한 상황이 생겼을 때의 응급 대처, 보관 및 폐기 방법에 대해 직접 알아보도록 함으로써 안전한 실험실을 만드는 데 일조함.

PART
5

수학 계열
책 읽기

수학 관련 책들은
이렇게 읽어보세요

　수학은 대표적인 기초학문으로 진로 희망 분야와 관계없이 모든 학생이 생기부에서 학업 역량을 드러내고 노력하는 과정을 보여주기 좋은 과목입니다. 물론 자연과학, 공학 계열로 진로를 희망하는 학생들에게는 더욱 중요하며 상경 계열을 희망하는 학생들에게도 미적분과 통계 분야의 학업 역량이 요구됩니다.

　수학의 생기부 기록 관련 활동은 타 교과에 비해 상대적으로 활발하지 않은 느낌입니다. 그 이유는 첫째, 전공 적합성을 보이기 위한 주제 활동에 해당하는 수학은 고등학교 수준을 넘어서는 경우가 많기 때문입니다. 학문적 위계성도 뚜렷하여 대학 수학을 기초부터 배워나가야 해당 주제를 이해할 수 있는데 현실적으로 어려운 일입니다.

　둘째, 진로와 관련 있는 주제만을 탐구해야 도움이 된다고 생각하기 때문입니다. 자신의 진로와 수학을 연결 지으려고 하면 첫 번째의 이유로 적당한 주제를 찾기가 어렵습니다. 그래서 수학적인 탐구 과정 없이 '수학이 이 부분에 사용되었다'와 같은 결과만을 언급하고 넘어가는 수준에 그치는 경우가 많습니다.

셋째, 수학 활동에서 수식의 계산이나 증명 등이 반드시 필요하다는 편견 때문입니다. 실제로는 결코 그렇지 않습니다. 수학에 스토리텔링을 접목하거나 인문학적으로 접근할 수도 있고, 예술적으로 영상이나 그림에 활용할 수도 있습니다. 또한 수학 소프트웨어를 사용하거나 직접 실험하는 방향으로 접근할 수도 있습니다.

넷째, 다양한 진로나 직업 및 실생활에서 수학이 어떻게 활용되는지를 잘 알지 못합니다. 경영학, 생물학 등 다양한 분야에서 수학이나 통계를 이용하여 연구를 진행하고 있으며, 수학이 실생활의 문제를 해결하는 데 근본적인 도움을 주고 있지만 이를 알지 못하는 학생들이 많습니다.

이번 장에서는 위와 같은 아쉬운 점을 보완할 수 있는 수학 도서들을 소개하고, 수학의 생기부 관련 활동에 대해서 다양한 접근 방식을 소개해서 학생들이 훨씬 자유롭게 수학을 활용하도록 도우려 합니다.

여기서 소개하는 필독서들은 진로 분야의 전공 적합성을 수학에 억지로 끼워 맞추기보다 순수 수학 역량을 키울 수 있는 책들 위주로 선정했습니다. 실제로 입학사정관들의 이야기를 들어

보면, 진로와 관련이 적은 교과라면 해당 교과 역량에 집중하는 편이 좋다고 말하곤 합니다. 그러므로 수학 자체의 역량을 드러내는 활동들을 보여줄 때, 어떤 분야의 진로를 희망하더라도 도움이 될 것입니다.

또 한 가지 기준은, 고등학교 교육 과정에서는 다루지 않지만 학생들이 충분히 이해할 수 있는, 수학의 유명한 주제가 담긴 책들이라는 것입니다. 모 대학의 입학사정관은 교과 세부능력 특기사항에 기록된 키워드로 전공적합성을 쉽게 파악할 수 있다고 말합니다. 예를 들면 테일러 급수, 베이즈 정리, 바이어슈트라스 함수, t분포, 사이클로이드 곡선 등이 여기에 해당합니다.

다음으로, 수학을 다양한 방식으로 소개하는 책을 추천하고자 했습니다. 수와 식이 없는 스토리텔링 책, 인문학적 비유가 인상적인 책, 수학 만화, 역사, 소프트웨어를 다루는 책 등을 폭넓게 선정해서 수학 활동이 수와 식의 계산이라는 틀을 깨고 학생들이 더 다양한 활동을 할 수 있도록 고민했습니다. 수행평가에서 요구하는 자료와 아이디어를 풍부하게 얻을 수 있을 것입니다.

다양한 진로와 직업에서 활용하는 수학, 실생활에서 찾아볼 수 있는 수학, 문제를 수학적으로 해결하는 시도를 다루는 책들 또한 두루 담아보았습니다. 수학 지식뿐만 아니라, 필요한 곳에 수학을 적절히 사용하는 수학적·논리적 감각을 기를 수 있다면 좋겠습니다.

《수학을 낳은 위대한 질문들》

토니 크릴리 | 휴먼사이언스 | 2013. 04.

수학의 다채로운 역사를 보여주는
20가지 질문들

수학은 매우 느리게 발전하지만 엄밀한 증명과 일반화를 통해 서서히 앞으로 나아갑니다. 그렇기 때문에 한번 태어난 수학 이론은 사장되지 않으며, 더 포괄적인 일반화를 위한 자료로 쓰이면서 영원히 남습니다.

수학이 가진 이런 생명력의 원천은 '위대한 질문'에 있습니다. 질문을 해결해나가는 과정을 통해 과거부터 수학이 어떻게 발전해왔고, 현재는 어디쯤인지, 그리고 어디를 향해 나아가는지를 이 책을 통해 알 수 있습니다.

수학의 발전은 다양한 과학 분야에 응용되고, 또 과학에서 영감을 받기도 하며 예술과도 밀접하게 연관되어 있습니다. 우리가 사는 현실 세계에 수학이 어떻게 적용되는지를 이 책은 다양한 사례를 통해 소개합니다. 마냥 쉬운 책은 아니지만,

수학의 개념이 발전해온 역사에 대해 전체적인 틀을 가늠할
수 있고, 학교에서 배우는 수학이 어디쯤 해당하는지를 알 수
있으므로 학생들도 찬찬히 읽어보았으면 합니다.

🏛 관련 학과

수학과, 물리학과

🖐 후속 활동으로 확장하기

수학 발전 과정에 대한 독서 마인드맵 또는 스토리텔링
– '수'의 발전 과정: 모든 정수는 소수들의 곱으로 유일하게 표현할 수 있어, 예전
부터 소수는 수의 기본 단위라고 생각했다. 소수에 관한 연구가 어떻게 진행되어
왔는지 마인드맵이나 스토리텔링 이야기로 공유한다. 마찬가지로 수가 점차 확
장된 과정, 무한의 크기를 나누게 된 과정을 정리하여 공유한다.
 – 미분방정식의 발전 과정: 뉴턴과 라이프니츠는 동시대에 미적분 이론을 각각
독자적으로 발명하여 창시자 논쟁을 벌였다. 두 사람의 미적분학이 미분방정식
을 거쳐 어떻게 발전되었는지 마인드맵이나 스토리텔링 이야기로 공유한다.

수학 연극 및 수학 소설 쓰기 기획
●관련 내용: 공간도형
책에서 추천한 기하학 판타지 《플랫랜드》 책을 읽고 2차원에서 살아가는 주민들
의 삶을 상상하며 기하학을 재미있게 이해하자. 우리도 3차원의 삶에 갇힌 채 살
아가는 것은 아닌지, 4차원에서 우리 삶을 바라보면 어떨지에 대해 연극 대본을
짜보거나, 소설을 써본다.

π가 무리수임을 증명하기
●관련 내용: 미분법, 적분법
π가 무리수임을 보이는 여러 증명 중 '아이반 니븐'의 증명은 간단하면서 고등
학교 교육과정 수준에서 다뤄져 유명하다. 논문을 검색해서 어떤 방법으로 증명
이 이뤄졌는지 탐구한다.

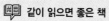 **같이 읽으면 좋은 책**

《플랫랜드》(에드윈 A. 애보트 | 늘봄출판사 | 2009. 09.)
《이런 수학은 처음이야》(1, 2, 3권 세트)(최영기 | 21세기북스 | 2022. 07.)

《수학의 밀레니엄 문제들 7》
전대호 | 까치 | 2004. 02.

100만 달러의 현상금을 내건
일곱 개의 수학 난제

과거 1900년에 힐베르트가 제시한 수학 난제 23개는 한 문제를 제외하고 모두 해결되었습니다. 세 번째 밀레니엄을 맞은 2000년. 미국의 억만장자 랜던 클레이[Landon T. Clay]가 세운 클레이 재단은 21세기 최고의 수학 난제들에 대해 각 문제마다 100만 달러의 현상금을 내걸고 현상 공모를 발표했습니다.

이 책은 수학자들에게 새로운 과제를 부여한, 그 일곱 개 미해결 수학 문제에 관한 책입니다. 일곱 가지 문제들 각각이 어떤 배경을 가지고 어떤 의문으로 생겨났는지, 이 문제들이 왜 그토록 어렵고 수학자들이 중시하는지를 알려줍니다.

이를 통해서 인류가 가장 오래전부터 연구해온 수학과 과학 분야의 첨단에서 무슨 일이 일어나고 있는지를 살펴볼 수 있습니다. 조금 어려운 책이지만 엄청난 속도로 발전하는 과학에서 수학은 어떤 역할을 하는지, 수학자들의 도전은 얼마나 가치 있는지를 느낄 수 있을 것입니다.

🏛 관련 학과

수학과, 물리학과, 컴퓨터공학과

🔍 후속 활동으로 확장하기

수학의 학문적 태도에 대한 감상문 쓰기
책 내용 중 밀레니엄 문제에 대한 수학자의 도전과 노력을 에베레스트 산을 오르는 등산가에 비유한 부분이 있다. 이와 유사하게 수학은 나에게 어떤 특별한 의미가 있는지, 수학 학습의 어려움과 성취감은 어떤 것인지에 대한 자신만의 비유나 소감문을 적어보자.

수학 발전 과정에 대한 독서 마인드맵 또는 스토리텔링
● 관련 내용: 경우의 수
P대 NP 문제: 컴퓨터가 개발되고 인공지능까지 등장했지만, 계산할 수 없는 문제가 여전히 있다. P와 NP가 무엇인지, 이 연구가 공업과 상업 등에서 얼마나 중요한지에 대해 조사한다. P와 NP가 같은지 다른지에 따라, 앞으로 문제 해결을 위한 연구의 접근 방식이 어떻게 달라지는지 알아보자.

리만가설의 시작, 바젤문제
● 관련 내용: 수열의 극한
베르누이가 제기하고 오일러가 해결한 바젤 문제 $\sum_{n=1}^{\infty} \frac{1}{n^2} = \frac{\pi^2}{6}$의 변형을 통해 소수만으로 이루어진 식이 원주율을 표현할 수 있음이 밝혀졌다. 바젤 문제를 알아보고 이것이 소수의 규칙과 어떤 관련이 있는지 탐구한다.

📖 같이 읽으면 좋은 책

《세계를 바꾼 17가지 방정식》(이언 스튜어트 | 사이언스북스 | 2016. 02.)

BOOK 73

《위대한 수학자의 수학의 즐거움》

레이먼드 플러드 · 로빈 윌슨 | 베이직북스 | 2015. 03.

피타고라스부터 노이만까지,
위대한 수학자들의 삶과 업적

에디슨이나 아인슈타인 같은 위대한 과학자들은 어린이들도 위인전을 통해 누구나 알고 있지만, 수학자들은 그에 비해 삶과 업적이 널리 알려진 경우가 많지 않습니다. 수학이라는 분야 자체가 수학자나 수학의 역사에 집중하지는 않기 때문일 것입니다.

이 책은 고대의 피타고라스와 유클리드부터 피보나치, 페르마, 파스칼, 오일러, 가우스, 뫼비우스를 지나 현대의 수학자인 힐베르트, 러셀과 괴델, 와일즈, 페렐만, 필즈상 수상자들까지 수학의 역사와 함께한 주요 수학자들의 일생과 업적을 소개합니다.

이들이 막연함을 구체화하고, 무에서 유를 창조하며, 때로는 꽉 막혀 있던 벽을 뚫기 위해 밤을 지새운 끝에 무언가를 이뤄냈을 때의 그 희열과 성취욕을 간접적으로 체험할 수 있습니다.

또한 이 책을 통해 수학의 역사는 문학, 음악, 미술의 역사만큼이나 길고 흥미로우며, 수학의 기원 또한 여러 나라와 문화에 폭넓게 걸쳐 있음을 알 수 있습니다.

수많은 수학자를 다루기에 수식과 계산이 함께 소개되지는 않지만, 수학사를 빛낸 유명한 업적과 관련 주제들을 친절히 안내하므로 추가 검색을 통해 충분히 정보를 얻을 수 있습니다.

🏛️ 관련 학과

수학과, 수학교육과

✋ 후속 활동으로 확장하기

수학사 및 수학자 관련 탐구
수학의 역사나 수학자와 관련된 주제로 여러 가지 수행평가를 할 때 참고해보자. 연대별로 대표 수학자와 그 업적 및 일화가 소개되어 있어, 좋은 참고가 된다.

레기오몬타누스의 최대각 문제(2010년 서울대학교 특기자 전형 면접 문제 출제)
● 관련 내용: 집합과 명제, 미분법
이와 같은 역사적인 문제는 기출 문제로 자주 등장하기 때문에 책을 통해 주제를 익힌 후 더 깊이 탐구해보는 것이 좋다. 기출 문제에서는 최대각을 구하는 세 가지 접근 방식에 관하여 출제했는데, 여러 가지 풀이법을 탐구한다.

베르누이 형제의 현수선과 사이클로이드 곡선
● 관련 내용: 미분법, 적분법

– 현수선은 무엇이며, 힘이 어떻게 작용하는지 조사한다. 미술과 건축 등에서 어떻게 활용되는지 탐구한다.

– 사이클로이드 곡선은 미적분에서 매개변수를 이용한 정의와 매개변수 미분법의 예시 문제로 자주 등장한다. 사이클로이드 곡선의 여러 가지 성질을 조사하고 탐구한다.

📖 같이 읽으면 좋은 책

《재밌어서 밤새 읽는 수학자들 이야기》(사쿠라이 스스무 | 더숲 | 2015. 04.)

BOOK 74

《발칙한 수학책》

최정담 | 웨일북 | 2021. 06.

이야기와 그림으로 논리적 감수성을 자극한다

수학은 오직 논리라는 무기만으로 예상치 못한 사실을 발견하고, 복잡한 상황을 해결하고 설명해줍니다. 예술이 인문학적 감수성을 키워주듯 수학은 논리적 감수성을 키워줍니다. 주어진 사실로부터 새로운 사실을 추론하는 능력, 여러 개념 사이의 연관성을 찾아내는 능력, 문제의 핵심을 꿰뚫고 이를 해결하는 데 필요한 조건을 찾아내는 능력이야말로 우리가 수학을 통해 정말 배우고자 하는 것들일 것입니다.

이 책은 "순수수학은 계산이 가장 필요 없는 분야 중 하나"라고 말하며 책 안에서 복잡한 숫자 계산은 하나도 사용하지 않습니다. 대신에 몇 가지 주제를 헤쳐가면서 문제를 푸는 단서를 얻고, 문제 해결의 결정적인 열쇠로 사용하는 과정을 보여줍니다. 비둘기집의 원리로 확률을 알아보고, 머그잔 안의 계핏가루로 고정점을 이해하는 식입니다. 논리적 감수성이 자극된 결과 고개가 절로 끄덕거려지는 짜릿한 순간을 이 책을 통해 체험한다면 좋겠습니다.

 관련 학과

수학과, 수학교육과

 후속 활동으로 확장하기

4차원에서 보물 훔치기
● 관련 내용: 공간도형
1차원(선)의 보물을 2차원(면)에서 빼낼 수 있을지, 혹은 현실 공간인 3차원(공간)에서는 보물을 빼낼 수 없지만 4차원 공간에서는 어떨지 생각한다. 2차원에서 3차원 도형이 어떻게 보이는지 그려보고, 3차원 현실 세계에서 4차원 도형은 어떻게 보일지 탐구한다.

비행기 착석 방식 알고리즘에 따른 탑승 소요 시간 연구
● 관련 학과: 항공운항과, 컴퓨터공학과
비행기 탑승 시간을 줄이기 위한 연구로 후전 착석 방법, 무작위 착석 방법, 스테판 착석 방법 각각의 소요 시간을 탐구해본다. 또한 자신만의 새로운 알고리즘 방법을 찾아본다.

1,000권의 책을 코드 순으로 정렬하기
● 관련 학과: 문헌정보학과, 컴퓨터공학과
책을 순서대로 빠르게 정렬하기 위한 연구로 버블 정렬, 퀵 정렬 방식이 있다. 1,000권의 책을 정렬하는 수학적인 소요 시간 연구를 n권으로 확장할 때, n이 커질수록 n보다 $\log_2 n$은 천천히 증가하므로 어떤 방식이 훨씬 더 빠른지 알 수 있다.

 같이 읽으면 좋은 책

《최고의 수학자가 사랑한 문제들》(이언 스튜어트 | 반니 | 2020. 09.)

BOOK 75

《수학은 실험이다》

구로다 토시로 | 수학사랑 | 2014. 07.

다양한 실험으로 배우는 살아 있는 수학

수학 개념 소개나 문제 풀이보다 '실험'에 포인트가 맞춰진 책입니다. 이 책은 고등학교 교육과정에 등장하는 개념에 대한 다양한 실험을 소개합니다. 학교에서 배우는 수학은 과학과 달리 형식적이고 추상적인 학습이 이뤄지기 때문에, 학생들이 실험하고 그 결과를 통해 개념과 원리를 익히는 경험을 할 기회가 많지 않습니다.

이 책의 도움을 받아 주도적으로 실험하고 결과를 분석하는 경험을 한다면, 배움의 깊이와 개념을 이해하는 정도가 다를 것입니다. 과제연구와 주제탐구 보고서의 소재로도 손색이 없습니다. 실험 설계 과정을 자세히 소개하고 결과를 다시 수학적으로 분석하기 때문에, 학생들의 힘만으로 실험 진행과 개념 정리까지 가능합니다. 한 권쯤 구비해놓고, 수업 안팎으로 다양한 활동에 틈틈이 참고하면 꽤 유용할 것입니다.

관련 학과

모든 계열(수학 심화)

 후속 활동으로 확장하기

무한히 카드 쌓기 실험
●관련 내용: 수열의 극한
– 무한급수가 수렴하면 일반항은 0으로 수렴하는데, 그 역은 성립하지 않는다는 것을 알 수 있다.
– 실험 결과에 대한 정리로 두 무한급수 $\sum_{n=1}^{\infty}\frac{1}{n}$, $\sum_{n=1}^{\infty}\frac{1}{n^2}$ 의 수렴/발산 여부를 수학적으로 탐구한다.

곡선 도형으로 팽이 만들기
●관련 내용: 다항함수의 적분법, 적분법
– 막대그래프에서 가중평균 구하는 방법을 적분에 적용하여 곡선 도형의 무게중심을 찾는 방법을 배운다.
– '파푸스-굴딘의 정리'를 소개하고, 가중평균을 이용한 적분의 방법과 비교해 본다. 이러한 수학적 원리를 사용한 예술 작품을 제작할 수 있는지 탐구한다.

수학 동아리 운영
위에 소개한 주제탐구 외에도 수학적 의미와 연결된 실험들이 다수 수록되어 있어, 1년 동안 진행되는 수학 동아리를 이끌어 갈 때 도움 받기 좋다. 함께 실험을 설계하고 예측 및 관찰하며, 결과를 정리한다. 고등학교 수준으로 부족한 부분은 선생님의 도움이나 인터넷, 유튜브, 관련 책의 도움을 받아서 보충할 수 있다.

같이 읽으면 좋은 책

《어메이징 수학》(수학사랑 | 수학사랑 | 2012. 07.)

BOOK 76

《더 이상한 수학책》

벤 올린 | 북라이프 | 2021. 03.

미적분학을 바라보는 다양한 시각

이 책의 전편인《이상한 수학책》이 수학의 전반적인 내용을 다루었다면,《더 이상한 수학책》은 미적분학만을 집중해서 다룹니다. 그런데 미적분을 자세히 알고 싶어서 이 책을 집어든 학생들은 정말 이상하다는 생각이 들지도 모릅니다. 분명히 수학책인데 문학, 철학, 사회학, 예술, 판타지 등 다양한 인문학적 시야를 통해서 미적분을 비유하고 설명하기 때문입니다. 수학을 이런 방식으로 접근하고 표현할 수도 있다는 사실이 신기하게 느껴지는 동시에, 생각지 못했던 부분을 고찰하게 됩니다.

미적분과 우리 일상생활 사이의 접점을 유쾌하게 포착한 작가의 통찰력과 빼어난 글솜씨가 매력적인 책으로, 복잡한 수식이 없는 미적분학을 나들이한다고 생각하며 작가가 어떤 시야로 수학에 접근하는지를 즐겨본다면 좋겠습니다.

수학, 과학 관련 계열

후속 활동으로 확장하기

수학을 인문학적 관점으로 비유하기
수학 개념을 이야기로 써내거나 함축적인 시로 표현하고, 철학적으로 생각하는 수학 활동을 할 때가 있다. 이런 부분에서 영감을 얻을 수 있는 책이다. 작가가 문학 작품을 미적분 개념과 연결 지어 생각한 것처럼 수학 개념을 생활, 문학, 철학 등으로 비유해본다.

행복 데이터 분석하기
● 관련 내용: 다항함수의 미분법, 다항함수의 적분법, 미분법, 적분법
작가는 버터 바른 토스트를 먹으며 느낀 찰나의 행복 상태 변화를 도함수와 이계도함수로 설명한다. 비슷하게 나의 일주일 행복 데이터를 꾸준히 기록하여 무엇을 하고, 누구와 함께하는지, 어떤 시간에 기분이 좋고 별로인지를 변화율(미분)과, 행복 합계(정적분)로 나타내어 행복 패턴을 분석한다.

바이어슈트라스 함수와 미적분학의 발전
● 관련 내용: 함수의 극한과 연속, 다항함수의 미분법, 미분법
– 실수 전체에서 연속인 함수는 일부분을 제외하고는 모든 곳에서 미분 가능한지에 대해 생각해본다.
– 작가는 입자의 브라운 운동을 바이어슈트라스 함수로 설명한다. 지오지브라를 활용하여 바이어슈트라스 함수를 단계적으로 그려보고 연속과 미분가능성에 관해 토론한다.
– 바이어슈트라스 함수가 등장한 이후 미분은 어떻게 발전했는지 조사한다.

같이 읽으면 좋은 책

《이상한 수학책》(벤 올린 | 북라이프 | 2020. 03.)
《수학, 인문으로 수를 읽다》(이광연 | 한국문학사 | 2014. 08.)

《인생에도 수학처럼 답이 있다면》
하마다 히로시 | 프리렉 | 2020. 02.

현실 세계의 문제를 해석하고 해결하는
수학 모델링

수학 모델이란 현실에서 일어나는 현상을 수학을 이용하여 수식으로 표현하고 설명하는 것입니다. 복잡한 현실 세계를 명확한 가정을 통해 단순화 및 추상화하여, 단순한 원리로 설명하는 것이 목적입니다. 이로부터 생각지 못한 시사점을 도출하거나 세계를 새롭게 이해하는 데 도움을 받게 됩니다.

이 책은 두 사람의 대화로 이야기가 진행됩니다. 살면서 수학은 필요 없다고 생각하는 여자와, 반대로 수학은 큰 도움이 된다고 말하는 남자. 두 친구의 대화를 통해, 우리 주변 사람들의 행동이나 사회 구조를 간단한 수학 모델을 사용하여 표현하고 설명하며, 때로는 시행착오를 거쳐 기존의 모델을 분해하고 개조하여 새로운 모델을 만들어내기도 합니다.

수학 잘하는 친구의 도움으로 세상을 수학의 관점에서 바라보는 눈을 키워나가듯, 수학 모델의 기초를 배울 수 있는 입문서입니다.

수학계열, 심리학과, 경제학과, 사회학과, 행동분석학과

🖐️ **후속 활동으로 확장하기**

비가 올 확률에 따라 우산을 가져갈지 말지 선택하기
● 관련 내용: 확률
비를 맞는 비용과 우산을 가져가는 비용을 수치화한다. 비가 올 확률에 따라 우산을 가져갔을 때와 가져가지 않았을 때의 기댓값을 비교하여 우산을 가져갈지 말지를 선택한다.

발등에 불이 떨어져야 과제를 시작하는 행동을 설명
● 관련 내용: 확률
과제 완수에 10시간이 걸리고, 10일 후가 과제 마감일이라고 하자. t 일을 미뤘을 때와, $t + 1$일을 미뤘을 때의 1일당 작업 시간을 구한다. 이를 통해 수학 모델이 단순화 및 추상화를 현실 세계에 어떻게 적용하는지 이해한다.

몇 번째 자취방을 선택해야 최선의 집을 구할 수 있는지를 설명
● 관련 내용: 확률, 미분법, 적분법
n개의 선택지에서 몇 번째까지 관찰하고 잠정 1위를 선택해야, 최고의 집을 구하는 확률값이 최대가 되는지 탐구한다. 최선의 선택 문제의 확률값에 자연상수 e 가 등장하는 것은 수학의 아름다움을 느낄 수 있는 부분이다.

수학 모델링 도전
책에 나오는 예시를 참고하여, 나의 현실 문제를 해결할 수 있는 수학 모델링을 구성하자. 복잡한 상황을 단순화, 추상화하고 이를 수학적으로 해석해보자.

📖 **같이 읽으면 좋은 책**

《복잡한 세상을 이기는 수학의 힘》(류쉐핑 | 미디어숲 | 2023. 01.)

《고교수학의 아름다운 이야기》

마스오 | 수학사랑 | 2019. 03.

간결한 증명과 신기한 공식을 얻을 수 있는
보물지도 같은 책

고교 수학의 '아름다운 이야기'라니, 무슨 내용인지 궁금해지는 이 책은 손바닥만 한 작은 책입니다. 다른 교양 수학 도서들이 내용을 글로 풀어낸다면, 이 책은 수식의 계산과 증명이 즐비해서 어찌 보면 문제지에 더 가까울 수도 있습니다. 그런데도 이 책이 특별한 이유가 있습니다. 기존에 우리가 잘 알지 못했던 신기하면서 유용한 공식들이 실려 있다는 점입니다. 접근 방법이 새롭거나, 간결한 여러 가지 증명 방식이 소개되어 있어서 증명에 대한 논리력을 키울 수 있습니다.

이 책은 유명한 정리와 공식들도 소개해줍니다. 고등학교 교과서에서 배운 개념이지만 그것이 전부가 아니라는 것을 알 수 있고, 배우지 않았지만 유용하고 재미있는 내용도 소개하고 있습니다. 유명한 수학 문제나 도쿄대학교 기출문제 등이 수록되어 있어 심화 탐구과제나 논술 시험 등에 대한 정보를 얻을 수 있습니다.

새로운 수학 교재를 접한다 생각하고서, 문제를 풀고 증명을 살펴보는 방식으로 이 책을 편하게 활용해보면 좋겠습니다. 수학에 관심 있는 학생들이라면 충분히 즐겁게 읽으며 다양한 수학 지식 또한 얻을 수 있을 것입니다.

관련 학과

수학, 과학 관련 계열

후속 활동으로 확장하기

교과서 밖 유용한 공식들 소개하기
$\sin 15°$ 값, 변의 길이가 무리수인 헤론의 공식, 외접원의 반지름으로 삼각형 넓이 구하는 공식 등 교과서에서 다루지 않지만 암기하면 유용한 공식을 예제 문제와 함께 친구들에게 소개한다.

가위바위보 놀이의 최적 전략
● 관련 내용: 확률
– 기댓값을 통한 최적 전략의 의미를 이해하고, 상대가 가위, 바위, 보를 일정 비율로 내는 전략을 취할 때, 나의 최적 전략은 무엇인지 구해본다.
– 상대 전략이 고정되어 있을 때와, 임의의 비율일 때에 대한 전략 차이를 탐구한다.

물체를 던졌을 때 최대 비거리를 위한 각도 구하기
● 관련 내용: 미분법, 적분법, 벡터
– 물체를 던졌을 때, 날아가는 물체에 적용되는 힘의 작용을 알아본다. 이를 통해 물체의 속도 $\vec{v}$ 의 x 성분과 y 성분, 물체의 위치 (x, y) 를 미적분을 사용하여 구한다.

– 자취의 방정식을 구해보고, 비거리의 최댓값이 나오는 각도 (θ)가 얼마인지 탐구한다.

삼각형의 페르마 점

● 관련 내용: 도형의 방정식. 이차곡선

– 삼각형의 페르마 점의 정의를 이해하고, 페르마 점의 성질을 증명한다.

– 경제적 비용의 최소화 관점에서 페르마 점의 의미를 생각해보고 실생활에 적용할 수 있는 사례를 조사한다. 비누 거품에서 페르마 점이 관찰되는 이유를 표면장력과 페르마 점을 통해 탐구한다.

📖 같이 읽으면 좋은 책

《일상의 무기가 되는 수학 초능력–수학의 정리 편》(고미야마 히로히토 | 북라이프 | 2019. 07.)

《일상의 무기가 되는 수학 초능력–미적분 편》(오오가미 타케히코 | 북라이프 | 2019. 07.)

《일상의 무기가 되는 수학 초능력–확률 편》(노구치 데쓰노리 | 북라이프 | 2019. 07)

지식과 개그를 절묘하게 엮은 수학 만화

한때 만화가를 꿈꾸던 서울대 공대생이 유명한 수학자와 과학자들의 생애와 업적을 재미있게 만화로 그렸습니다. 천재 수학자나 과학자들은 괴짜 같은 성격과 엉뚱한 면모를 지닌 경우가 많은데, 이들의 알려지지 않은 뒷이야기를 작가 특유의 유머러스한 그림과 쉬운 설명으로 접할 수 있습니다.

만화라서 쉽게 읽히고, 수학적인 내용보다 삶과 사건에 집중되어 지루할 틈이 없습니다. 또한 고등학교 때 배우는 미적분부터 알파고까지, 수학과 과학사의 중요한 개념과 사건들에 대해서, 원리와 의미를 쉽게 이해할 수 있도록 구성했습니다.

책의 중간중간 등장하는 인터뷰 페이지도 쏠쏠한 재미를 줍니다. 위대한 수학자와 일대일 톡으로 인터뷰를 한다는 설정인데, 개그와 정보를 절묘하게 이어 붙여서 만화에서 담지 못한 이야기를 대화체로 녹여냈습니다.

누구나 쉽게 완독할 수 있는 오래 기억에 남는 책으로서 학생들에게 추천합니다. 이 책을 읽고 수학자에 관한 즐거운 이야기가 친구들 사이에 오갔으면 좋겠습니다.

🏛 관련 학과

수학, 과학 관련 계열

🧗 후속 활동으로 확장하기

수학 UCC 및 연극 발표하기
조별 수학 UCC 및 연극 등 활동적인 과제에서는 수학적인 깊이보다 재미있고 강렬한 에피소드가 있는 주제를 택하는 것이 좋은데, 이럴 때 안성맞춤인 책이다.

수학 명문가 베르누이 가족 이야기를 만화로 그리기
수학 분야의 명문가인 베르누이 가문 사람들의 다툼을 수학 만화로 그려보자. 형제 사이인 자코브와 요한 베르누이, 부자지간인 요한과 다니엘 베르누이가 함께 수학 이론을 증명하고 문제를 푸는 과정에서 불화와 논쟁을 겪은 이야기를 자세히 알아보고 수학 만화로 재미있게 표현해본다.

푸앵카레의 추측 증명하기
푸앵카레의 추측이 러시아의 은둔형 수학자 페렐만에 의하여 증명되었다. 수학계의 커다란 주목을 받았으나 필즈상과 상금을 모두 거절하는 등 의외의 모습을 보였다. 이후 중국인 하버드 교수가 푸앵카레 추측을 자신이 증명했다고 주장했는데, 그는 어떻게 행동했는지 알아본다.

📖 같이 읽으면 좋은 책

《미치도록 기발한 수학 천재들》(송명진 | 블랙피쉬 | 2022. 07.)

BOOK 80

《수학님은 어디에나 계셔》

티모시 레벨 | 예문아카이브 | 2019. 05.

보이지 않는 곳에서 우리를 도와주는 '수학님'을 만난다

수학의 풍부함을 알 수 있는 책입니다. 인간의 심리와 관계, 도시, 스포츠, 컴퓨터 바이러스, 영화, 소셜 미디어, 우주까지 이미 수학은 우리 삶에 깊숙이 자리 잡고 있습니다. 이 책은 친근하고 재미있는 스토리로 수학 문제를 풀어냅니다. 데이트를 앞두고 커플링을 잃어버렸을 때는 '베이즈의 정리Bayes' theorem'를 사용하여 반지를 찾을 수 있고, 새 학기에 반에서 생일이 똑같은 두 사람이 만나게 되는 상황은, 확률을 구해봄으로써 '리틀우드의 법칙Littlewood's law'을 따른다는 것을 알 수 있습니다. 자연스럽게 스토리를 따라가다 보면 어느덧 해답을 찾을 수 있으며, 그동안 멀게만 느껴졌던 수학이 한층 가까워지는 것을 느끼게 됩니다.

수학은 바다에 잠긴 보물선을 발견하게 해주고, 이상형에 가까운 짝을 찾아주며, 더 사실적인 3D 애니메이션을 구현해주고, 전염병을 예측해줍니다. 이처럼 수학은 일상의 수많은 문제를 보이지 않은 곳에서 해결해주며 우리와 함께하고 있습니다. 저자가 수학을 '수학님'이라고 부르는 이유입니다.

서로 관련 없어 보이는 영역을 이어주고, 인간의 직관과 한계를 명쾌한 논리로 바로잡아주는 수학적 통찰력을 이 책에서 엿본다면 좋겠습니다.

🏛 관련 학과

수학과, 경영 · 경제학과, 통계학과, 도시공학과, 컴퓨터공학과, 스포츠학과, 생물학과

✍ 후속 활동으로 확장하기

베이즈 정리를 이용해 물건 찾기
● 관련 내용: 확률
물건을 어딘가에 두고서 이를 찾으려고 온 집 안을 돌아다닌 경험은 누구에게나 있을 것이다. 베이즈 정리를 이용하여, 실패한 탐색으로 확률을 갱신하면서 물건을 찾아보자. 갱신된 확률에서 물건이 발견될 확률이 가장 높은 방을 다시 탐색하는 것을 반복한다.

내쉬의 균형이론 탐구하기
● 관련 학과: 경제학과, 경영학과, 도시공학과 등
- 내쉬의 균형이론을 조사하자. 유명한 사례로 브라에스의 역설, 죄수의 딜레마, 기업 간의 마케팅 문제 등이 있는데, 주변에서 내쉬의 균형이론을 적용할 수 있는 사례를 찾아본다.
- 영화 〈뷰티풀 마인드〉를 보면 존 내쉬가 술집에서 애덤 스미스의 이론은 틀렸다고 말하면서 균형이론의 단서를 발견하는 장면이 나온다. 이를 바탕으로, 애덤 스미스의 국부론과 내쉬의 균형이론이 어떻게 다른지 탐구한다.

실생활 속 수학 활용 사례 소개하기
데이터 분석은 스포츠 분야의 발전에 중요한 기여를 했으며, 벤포드의 법칙은 범죄 및 선거 조작 사건을 조사할 때 요긴하게 쓰인다. 이처럼 우리 사회 곳곳에서 수학이 활용되는 사례를 조사한다.

같이 읽으면 좋은 책

《세상을 움직이는 수학 개념 100》(라파엘 로젠 | 반니 | 2016. 03.)

BOOK 81

《모든 것의 수다》

고계원 외 | 반니 | 2019. 07.

한국을 대표하는 수학자 열 명에게 듣는
'수학의 쓸모'

2018년 봄, 카오스 재단은 '수학은 어떤 것인가'를 주제로 '모든 것의 수다'라는 고급수학 특강을 진행했습니다. 이 책은 대한민국을 대표하는 수학자들 열 명의 당시 강연을 담은 책입니다. 이들이 어떤 수학 이론에 매료되었고 어떤 연구를 해왔는지 보여줌으로써 '수'라는 관점을 통해 세상을 들여다보고자 합니다.

수학자들은 자연현상을 미분방정식으로 모델링하고, 역사와 문학 작품을 데이터 과학을 통해 해석하며, 인간의 행동을 게임 이론을 통해 예측하기도 하고, 생물학을 수리생물학으로 분석하여 전염병을 예상합니다. 책에서는 블록체인과 인공지능, 랭글랜즈의 대통일 이론 등 순수수학만이 아닌 다른 분야의 연구에서 수학이 어떻게 쓰이는지도 소개합니다.

경제, 공학, 생물학, 인문학 등의 다양한 분야에서 수학 없이는 연구가 이뤄지기 어렵다는 사실을 확인하면서, 수학의 쓰임은 우리 생각보다 훨씬 넓다는 것을 알게 됩니다. 무엇보다 한국 교수님들이 청중에게 직접 전하는 이야기라 더 친밀하게 느껴집니다.

특히 생활기록부 진로활동 특기사항에 기록할 만한 내용이 많이 수록되어 있습니다. 다른 분야에서 활용되는 수학의 연구 방법과 흐름, 미래 전망을 참고한다면 진로를 고민할 때 좋은 조언이 될 것입니다. 입시에서 수학은 가장 중요한 과목이지만 진로 선택에서는 학생들이 기피하는 경향이 있는데, 이 책을 통해 진로로서의 수학 또한 매력적임을 알게 되었으면 좋겠습니다.

🏛 관련 학과

수학과, 경영 · 경제학과, 통계학과, 도시공학과, 컴퓨터공학과, 스포츠학과, 생물학과

🔍 후속 활동으로 확장하기

데이터 과학의 활용
● 관련 분야: 통계, 문학, 미술, 역사, 정치
현재는 문학, 역사, 그림 등을 디지털 형태로 변환하여 데이터 과학으로 분석할 수 있게 되었다. 왕이 사용한 단어의 빈도수를 분석하여 왕의 통치 스타일을 연구하거나, 예송 논쟁에서 서인과 남인의 중심 인물 및 당파의 관계도를 작성하는가 하면, 국회의원들의 공동발의 법안을 연구하여 네트워크 관계 분석 등을 할 수도 있다. 이처럼 자신의 진로에서 데이터 과학으로 분석할 수 있는 주제를 탐구해본다.

아인슈타인의 이론과 기하학의 비교

● 관련 분야: 물리학, 지구과학 등

– 아인슈타인의 이론을 구조적으로 바라보자. 특수상대성이론이 자명한 두 가지 가정을 기반으로 물리적 결과를 유도하는데, 이는 유클리드 기하학의 어떤 점과 유사한지 탐구한다.

– 아인슈타인은 일반상대성이론을 발표하면서 '비유클리드 기하학을 몰랐다면 결코 상대성이론을 완성하지 못했을 것이다'라고 말하며 기하학의 중요성을 인정했다고 한다. 일반상대성이론과 비유클리드 기하학의 접점을 탐구한다.

📖 같이 읽으면 좋은 책

《박경미의 수학N》(박경미 | 동아시아 | 2016. 02.)

BOOK 82

《일하는 수학》
시노자키 나오코 | 타임북스 | 2016.08.

25가지 직업으로 만나보는 수학의 세계

우리는 무엇을 위해 수학을 공부하는 걸까요? 수학을 공부하면서 한번쯤은 떠올랐을 의문이지만, 교과서나 문제집에서는 답을 찾지 못했을 것입니다. 이 책은 헤어 디자이너, 편의점 점장, 파티시에, 치과의사, 건축가, 파일럿, 부동산 중개인, 작가 등 25가지 직업의 현장에서 수학이 어떻게 활용될 수 있는지를 보여줍니다. 각각의 직업에서 쓰이는 수학 개념과 성질을 정리하고, 직업의 전문 지식을 함께 담아 수학과 직업의 영역을 동시에 탐구할 수 있습니다.

수학의 실용성을 깨닫는 것을 넘어서, 다양한 분야의 직업에 두루 쓰이는 수학적 사고법의 중요함을 느꼈으면 합니다. 생활기록부의 진로활동 특기사항에 실리면 좋은 내용이 잘 정리되어 있어서, 특정 직업 분야를 희망하는 학생들이 해당 내용을 찾아 읽기도 좋을 듯합니다.

관련 학과

경영학과, 건축학과, 의료공학, 공학계열, 시각디자인학과 외 다수

 후속 활동으로 확장하기

피보나치 수열 탐구하기
- ●관련 내용: 수열, 수열의 극한
- 피보나치의 저서 《산반서》에 수록된 '토끼 문제'에서 피보나치 수열을 인식한다.
- 점화식 $pa_{n+2} + qa_{n+1} + ra_n = 0$ 꼴의 일반항 구하는 과정 탐구를 통해 피보나치 수열의 일반항을 구하고, 연속한 두 항 비율의 극한값이 황금비임을 구해본다. 프로그램 작성에 관심이 있다면 피보나치 수열의 값을 코딩(C언어, 파이썬 등) 해본다.

CT 스캔과 3D 프린터에 적용되는 미적분 알아보기
- ●관련 내용: 다항함수의 적분법, 공간도형
병원의 CT 촬영과 3D 프린터의 구동 원리에서 미분과 적분의 기본 아이디어를 찾아본다. CT 스캔을 처리하는 과정에서 푸리에 변환이 사용되는데, 푸리에 변환은 전파, 통신, 휴대폰 및 AI 음성 인식 등 물리학 및 전자공학에 적용되어 큰 영향을 끼쳤다. 그 핵심 아이디어와 활용 사례를 조사하자.

클로소이드 곡선
- ●관련 내용: 다항함수의 미분법, 다항함수의 적분법, 미분법, 적분법
클로소이드 곡선은 완화 곡선의 일종으로 안전한 도로 설계에 널리 쓰인다. 지오지브라를 활용해서 클로소이드 곡선과 다른 비교 곡선들을 마련하자. 이들을 확대하여 운동장에 그리고, 자전거나 유모차로 안전성을 실험해본다. 이때 기울기와 기울기의 변화량을 측정하여 분석할 수 있다.

같이 읽으면 좋은 책

《수학으로 보는 4차 산업과 미래 직업》(박구연 | 지브레인 | 2019. 04.)

두루 써먹을 수 있는 기초 교양 수학

수학 개념을 잘 아는 것도 중요하지만 이 개념이 왜 등장했는지, 다른 개념과 어떤 관계가 있는지 이해하지 않으면 단순한 지식 알갱이에 불과합니다. 이 책은 실생활에서 자주 사용하는 중요한 개념과 공식들의 핵심을 간략히 정리한 책입니다. 고등학교 교육과정을 기본으로 아래로는 중학교 수학의 복습, 위로는 고등학생이 알면 도움 되는 대학 수학 내용을 백과사전처럼 다루고 있습니다. 대학 수학의 경우 완전한 이해는 어렵더라도, 아이디어에 따른 흐름은 학생들도 충분히 파악할 수 있습니다.

책에서는 특정 상황에서 어떤 수학 개념을 사용하면 좋을지를 판단하는 감각이 중요함을 강조합니다. 많은 지식을 폭넓게 다루고 있어서 설명이 깊지는 않기 때문에, 관심 있는 주제는 추가로 찾아보고 탐색을 확장해나갈 것을 권합니다.

관련 학과

수학과, 물리학과, 컴퓨터공학과, 천문학

 후속 활동으로 확장하기

수치 데이터로 근사 다항함수 찾기
● 관련 내용: 다항함수의 미분법, 미분법
– 물체의 위치 측정과 같은 실험에서 얻은 데이터 자료를 엑셀로 정리한다. 엑셀에는 데이터를 만족시키는 근사 다항함수를 찾아주는 기능이 있는데, 이를 이용해서 다음 값을 예측해본다.
– 미분가능 함수의 근사 다항함수를 구하는 것이 테일러급수다. 대학 과정이지만 직관적으로 이해하기 좋고 활용도가 높다. 엑셀과 테일러급수를 통한 예측값을 비교한다.

로그를 이용해 큰 수 계산하기
● 관련 내용: 지수와 로그
존 네이피어가 로그를 만든 이후 천문학자들의 수명이 두 배가 되었다는 말이 있을 정도로, 로그의 발명 덕분에 큰 수의 계산이 편해졌다. $255434 \times 2578690 \div 34766$과 같은 큰 수의 계산을 로그를 이용해서 해보자. 오차를 줄이기 위한 비례 부분의 법칙을 탐구한다.

호프만 계수, 라이프니츠 계수 비교하기
● 관련 직업: 금융 계열(손해사정사, 보험사), 법학 계열
일실이익이란 '사고가 없었다고 가정한다면 피해자가 장래에 얻을 수 있으리라 예측되는 이익'을 말한다. 사고로 장애를 입거나 사망할 경우, 일식이익을 기준으로 보험금 및 보상액을 산정하는데 보험사는 라이프니츠 계수(단리법)을, 법원은 호프만 계수(복리법)을 사용한다. 계산 결과를 통해 왜 두 기관의 산정 기법이 다른지를 생각해본다. 추가로 보험금에 관련한 법원의 판례 자료를 수집하여 법률적 도움을 받아야 하는 상황에 대해 탐구한다.

 같이 읽으면 좋은 책

《처음 배우는 딥러닝 수학》(와쿠이 요시유키 외 | 한빛 미디어 | 2018. 02.)

BOOK 84

《물리가 쉬워지는 미적분》

나가노 히로유키 | 비전코리아 | 2018. 06.

미적분과 물리의 연결고리로
두 과목을 동시에 잡는다

통합교과적인 물리수학책으로 골치 아픈 물리, 복잡한 미적분을 벗어나 '수학'으로 '물리'를 쉽게 이해하는 책입니다. 기본 수학 미적분으로 뉴턴 역학을 풀이하는 즐거움을 맛볼 수 있습니다. 누구도 분명히 말해주지 않았던 물리와 수학의 연결고리를 통해, 암기가 아닌 연결로 공부하면 시너지 효과가 커진다고 저자는 말합니다.

이 책은 전체 3장으로 구성되어 있습니다. 1장은 미분을, 2장은 적분을 다루는데 고등학교 수학Ⅱ, 미적분 수준에 해당합니다. 3장 미분방정식 파트는 대학교 저학년 수준의 내용이라 고등학생들도 맛보기로 미리 경험해볼 만합니다.

이 책의 기획 의도는 기본적인 수학 지식이 없어서 물리로 눈을 돌리지 못하는 사람들, 또한 수학과 물리에 발목 잡혀 꿈을 접은 사람들을 돕기 위한 것이라고 합니다. 수학 개념이 친절히 풀이되어 있고, 특히 물리에 필요한 수학의 이해를 돕습니다. 또한 책에서 배운 내용을 바탕으로 기출문제를 풀고 Q&A를 통해 내용을 확장하여 배울 수 있습니다. 융합 수업에 활용될 수 있는 대표적인 책입니다.

🏛 관련 학과

공학계열, 소프트웨어학과, 물리학과

🖐 후속 활동으로 확장하기

미분방정식 내용 이해하기
● 관련 내용: 미분법
미분방정식의 기본 개념에 대해 탐색하고 공부하여 3장 미분방정식 단원의 내용을 이해하여 발표한다.

물리 기출문제 해결하기
● 관련 내용: 미분법, 적분법
미적분 내용이 적용된 다른 물리 기출문제를 찾아 미적분에 대한 이해를 바탕으로 문제를 분석하여 해결한다.

삼각함수의 극한의 도형 활용문제 해결하기
● 관련 내용: 미분법
삼각함수의 극한을 도형에 활용할 때, 직관적 이해를 바탕으로 수식 없이 문제를 해결할 수 있는 부분에 대해 연구한다.

지오지브라로 미적분 개념 이해하기
● 관련 내용: 미분법, 적분법
미적분에서 미분계수, 구분구적법, 넓이 개념을 공학적 도구인 지오지브라를 이용해서 시각화하고, 관련 문제를 프로그래밍하는 능력을 직접 탐구하여 발표한다.

📖 같이 읽으면 좋은 책

《수학은 우주로 흐른다》(송용진 | 브라이트 | 2021. 12.)
《지오지브라 무작정 따라하기》(최중오 | 지오북스 | 2020. 05.)
《수학, 세계사를 만나다》(이광연 저 | 투비북스 | 2017. 01.)

《한국사에서 수학을 보다》

이광연 | 위즈덤코리아 | 2020. 06.

문과생에게는 수학의 매력을,
이과생에게는 인문학적 교양을

선사시대 한반도에 살았던 사람들이 주먹도끼를 황금비에 가깝게 만든 이유는 무엇일까요? 조선의 음악가 박연이 정확한 음을 얻기 위해 만든 관악기 '황종관'은 어떻게 도량형의 척도가 되었을까요? 수막새(지붕의 기왓골 끝에 사용된 기와) '신라의 미소'를 '삼각형의 외심'을 이용해 복원하면 어떤 모양이 될까요?

《한국사에서 수학을 보다》는 이처럼 우리 역사 곳곳에 숨어 있는 수학의 비밀을 흥미로운 사례를 들어 서술합니다. 우리의 역사적 순간에 수학이 어떤 역할을 했고, 또 수학으로 인하여 역사가 어떻게 전개되었는지를 설명합니다. 역사적 진실에 한발 더 다가서는 동시에 수학 지식을 한층 깊이 알아갈 수 있습니다.

과목 계열이 다르다 보니 한국사를 공부하며 수학을 관련시키는 학생은 거의 없을 것입니다. 그런 점에서 한국사의 단면을 수학적 원리로 생각한다는 데 이 책의 의미가 있습니다. 기발한 수학적 아이디어를 통해서 과거와 현재, 미래를 연결 지어 이해하는 흥미로운 경험을 해보길 바랍니다.

🏛 관련 학과

공학계열, 소프트웨어학과, 물리학과

✍ 후속 활동으로 확장하기

확률과 통계의 인공지능 활용하기
● 관련 내용: 확률, 통계
인간과 인공지능의 바둑 대결에서 인공지능이 이기는 이유는 무엇일까? 그 열쇠인 딥러닝과 몬테카를로 트리 탐색Monte Carlo Tree Search에 대해 조사한다.

확률과 통계의 실생활 적용하기
● 관련 내용: 확률
윷놀이에서 윷가락은 원기둥을 반으로 잘라 놓은 모양을 하고 있다. 편의상 원기둥의 반지름의 길이는 1, 높이는 a라고 하자. 이때 도, 개, 걸, 윷, 모가 나올 확률이 각각 얼마나 되는지 탐구해본다.

지오지브라로 사이클로이드 탐구하기
● 관련 내용: 미분법, 적분법
사이클로이드 곡선(직선 위를 구르는 원에서 원주 위의 한 점이 그리는 자취)을 지오지브라를 이용하여 동적으로 움직여서 그려 원리를 파악해보고 실생활에는 어떻게 적용되는지 탐구한다.

📖 같이 읽으면 좋은 책

《수학, 세계사를 만나다》(이광연 저 | 투비북스 | 2017. 01.)

BOOK 86	《미술관에 간 수학자》
	이광연 | 어바웃어북 | 2018. 02.

아름다운 명화로 수학을 감상한다

이 책의 저자는 "세상에서 가장 아름다운 수학자는 화가"라고 말합니다. 시대의 예술을 이끈 화가들은 인류 역사상 가장 치밀한 수학자라 해도 지나치지 않습니다. 마사초Masaccio는 원근법으로 회화의 2차원성을 극복하는 길을 열었고, 뒤러Albrecht Dürer는 황금비를 통해 인간의 아름다움을 극대화했습니다. 쇠라Georges Seurat와 몬드리안Piet Mondrian은 점과 선만으로 색과 형태의 본질을 포착했고, 에셔Maurits Cornelis Escher는 푸앵카레의 우주 모델에 착안해 무한의 원리를 그려냈습니다.

수학자들이 밝혀낸 수학 원리를 화가들이 미술의 언어로 해석하여 완벽에 가까운 미를 완성해낸 이야기를 통해서, 수학적 시선으로 예술과 세상을 바라보는 연습을 해보길 바랍니다. 고정관념에서 벗어나 조화와 균형의 시각을 갖추는 데 도움이 될 것입니다. 수학을 통해 미술을 감상하고, 거꾸로 미

351

술을 통해 수학을 감상하는 계기가 되는 책입니다.

🏛 관련 학과

공학계열, 소프트웨어학과, 미술학과

✍ 후속 활동으로 확장하기

미술 작품에서 수학 찾기
●관련 내용: 방정식과 부등식
– 해외 작품이 아닌 국내 작품에서도 수학적 내용이 적용된 작품들이 있는 경우를 조사하여 발표한다.
– 미술 교과서 그림 속에 소실점, 황금비 등이 적용된 예를 찾아 수학과 관련지어 연구 분석한다.

알지오매스 블록코딩으로 테셀레이션 그리기
●관련 내용: 도형의 방정식
도형을 이용해 어떤 틈이나 겹침이 없이 평면 또는 공간을 완전히 메꾸는 미술 장르를 '테셀레이션'이라 한다. 테셀레이션 그림을 알지오매스 블록코딩을 이용해 그리는 과제를 선정해보자. 거북이를 이용한 정다각형 그리기, 변수를 이용한 정n각형 그리기, 함수를 이용한 테셀레이션 만들기 등으로 과제를 해결한다.

📖 같이 읽으면 좋은 책

《수학, 인문으로 수를 읽다》(이광연 | 한국문학사 | 2014. 08.)

BOOK 87

《프로그래머, 수학으로 생각하라》

유키 히로시 | 프리렉 | 2018.07.

실력 있는 프로그래머에게 필요한
수학적 사고력

프로그래머가 되기 위해서는 다양한 능력이 필요합니다. 그중에서 프로그래밍의 기본이 되는 컴퓨터 과학은 수학을 밑바탕으로 합니다. 물론 일반적인 프로그래밍에서 프로그래머에게 고도의 수학적 지식을 요구하는 경우는 그리 많지 않습니다. 다만, 문제의 구조를 파악하고 그것을 간단히 표현하여 일관성 있는 규칙으로 정리하는 일련의 과정은 수학적 사고가 바탕이 되어야 가능한 일입니다. 이는 프로그래머에게 일상적인 활동이므로, 수학적 사고력을 갖추어야 실력 있는 프로그래머가 될 수 있다고 해도 틀린 말은 아닙니다.

이 책은 조건 분기, 수학적 귀납법, 수를 세는 법칙, 재귀, 지수적 폭발 등, 프로그래밍에 도움이 되는 수학적 사고방식을 소개합니다. 고등학교 수준의 수학 지식에 해당하므로 학생들도 쉽게 읽을 수 있습니다. 이 책을 통해 사람과 컴퓨터가 공동으로 이루고자 하는 것이 무엇인지를 한번쯤 생각해본다면 좋겠습니다.

🏛 관련 학과

공학계열, 소프트웨어학과, 통계학과, 경제학과, 경영학과

✍ 후속 활동으로 확장하기

수학적 귀납법과 하노이의 탑 적용하기
- 관련 내용: 수열
- n개 항의 산술기하 평균 공식을 수학적 귀납법을 이용해서 증명해본다.
- '자기 자신을 사용하여 자신을 정의한다'는 신기한 사고방식이 재귀이다. '하노이의 탑' 문제를 통해서 재귀적인 구조를 발견하는 연습을 한다. 더 나아가 재귀가 활용되는 다른 예들에 대해 탐구한다.

C언어로 하노이의 탑 해결하기
- 관련 내용: 수열
팀을 구성하여 C언어 프로그램에 대해 기본적인 내용을 배운다. 조원들과 협력하여, 하노이의 탑을 푸는 순서를 나타내는 프로그램을 C언어로 프로그래밍해서 답을 구하는 방법을 연구한다.

📖 같이 읽으면 좋은 책

《C 언어본색》(박정민 | 프리렉 | 2011. 01.)
《암호 수학》(자넷 베시너 · 베라 플리스 | 지브레인 | 2017. 07.)

BOOK 88

《다시, 수학이 필요한 순간》

김민형 | 인플루엔셜 | 2020. 08.

수학의 거장과 함께하는 교양 수학 세미나

한국인 최초의 옥스퍼드대 수학과 교수, 김민형 교수가 수학을 사랑하는 독자들과 함께한 아홉 번의 특별한 세미나를 옮긴 책입니다. 수학을 통해 인간의 사고능력과 자연에 대해 탐구하는 이 책의 내용은 난이도가 어느 정도 있는 편입니다. 학생들이 배우지 않았거나 이해할 수 없는 개념과 수식들이 툭툭 튀어나와 당혹스러울 수도 있습니다. 하지만 수식과 도형으로 된 낯선 수학의 언어들을 차근차근 훈련하며 결국 어려운 수학의 개념들을 파고드는 지적 즐거움을 누리게 됩니다.

책의 1부 '수학의 토대'는 수학의 일반론을 중심으로 하며, 2부 '수학의 모험'에서는 수학 공식이 많이 등장합니다. 수학을 다양한 영역으로 확장하는 과정을 통해, 수학적 탐구에 대한 열정이 읽는 이들의 마음에 자리 잡았으면 합니다.

관련 학과

공학계열, 경제학과, 경영학과

 후속 활동으로 확장하기

개념의 활용과 정리
● 관련 내용: 함수의 극한과 연속
– 수학 개념과 관련된 주제를 한 가지 선정하여 이 개념은 왜 만들어졌고 어디에 쓰이는지에 대해 조사하고 탐구한다.
– 최대 최소 정리와 사잇값 정리는 고등학교 교육과정에서는 엄밀히 증명하지 않고 그래프를 통해 직관적으로 이해하는 것으로 한다. 이 주제를 친구들과 질문과 토론의 형식으로 더 깊게 탐구하여 정리하고 발표한다.

제논의 역설을 급수 개념으로 설명하기
● 관련 내용: 수열의 극한
'제논의 역설'을 화살표와 과녁 이외의 버전으로 설명하고 급수 개념을 도입하여 관련 내용을 탐구해본다.

 같이 읽으면 좋은 책

《수학의 기쁨 혹은 가능성》(김민형 | 김영사 | 2022. 10.)

《미적분으로 바라본 하루》

오스카 E. 페르난데스 | 프리렉 | 2015. 01.

일상에서 최적의 길을 찾아주는 미적분

수업 시간에 배웠던 내용을 이해하고 있다면 어렵지 않게 읽을 수 있는 책입니다. 수학자인 저자는 일상 속에서 세상을 형성하는 수학, 그중에서도 미적분을 하나하나 찾아냅니다.

학생들은 '미분은 부분의 변화 상태를 분석하는 수학적 도구이며, 적분은 미분의 역연산 과정'이라고 배웁니다. 언뜻 듣기에는 미적분이 우리 일상과 통하는 부분이 있을까 싶지만, 저자가 '가장 효과적인 수면 시간', '연료를 아끼는 법', '영화관에서 가장 좋은 좌석 찾는 법' 등에 미적분을 활용하는 것을 보면서 그 절묘한 관점에 감탄하게 됩니다. 부록에는 공식과 그래프 등으로 수학 개념을 설명해놓아서 책의 내용을 깊이 있게 이해하는 데 도움이 되며, 책에서 다룬 내용을 다시 한번 되짚어볼 수 있습니다.

주변 세상을 눈을 크게 뜨고 자세히 보면 어디에서나 수학을 발견할 수 있습니다. 생각지 못한 곳에서 수학이 다양한 현상들을 깊고 아름다운 방식으로 연결하고 있다는 것을 알게 됩니다. 이것이 바로 수학의 재미일 것입니다. 수학적 문제해결 능력과 사고력을 자극하고, 독창적인 수학적 아이디어까지 얻을 수 있는 책입니다.

🏛 관련 학과

공학계열, 경제학과, 경영학과

✍ 후속 활동으로 확장하기

평균값 정리를 통해 '구간단속' 설명하기
● 관련 내용: 미분법
무인 과속단속 카메라의 단점을 보완하기 위해 우리나라는 구간단속(도로 구간의 시작과 끝 지점을 기준으로, 차량 통과 시각 및 이동 거리를 측정하는 과속 단속 방법)을 하고 있다. 이를 평균값 정리를 통해 설명해보고, 평균값 정리를 통해 부등식의 증명, 방정식의 실근의 근삿값을 구하는 부분에 대해 탐구하여 발표한다.

구분구적법의 활용과 지오지브라로 연구하기
● 관련 내용: 적분법
– 적분에서 곡선으로 둘러싸인 도형의 넓이와 곡면으로 둘러싸인 도형의 부피를 구할 때 구분구적법(도형을 세분하여 각 부분의 넓이나 부피를 구한 후, 이들의 합의 극한값으로 본래의 도형의 넓이 또는 부피를 구하는 방법)을 이용할 수 있다. 제한된 범위 내에서 곡선의 길이 공식을 구분구적법을 통해 유도하는 과정을 탐구한다.
– 지오지브라를 이용하여 닫힌 구간에서 곡선과 x축으로 둘러싸인 도형의 넓이의 어림값을 구하고, 정적분의 값과 비교해 보는 과제를 연구한다.

📖 같이 읽으면 좋은 책

《미적분학 갤러리》(윌리엄 던햄 | 한승 | 2011. 05.)

BOOK
90

《오일러가 사랑한 수 e》

엘리 마오 | 경문사 | 2020. 08.

위대한 수 e와 한걸음 가까워진다

수학의 공식, 정의, 정리, 증명은 우리를 작아지게 만드는 경향이 있습니다. 교과서에서 극한값으로 등장하는 무리수인 오일러 상수가 탄생하게 된 배경은 단순하지 않습니다. 하지만 이 수의 역사적 진화 과정에 대해서는 수업 시간에 거의 언급하지 않습니다. 그래서인지 십계명처럼 어떤 신성한 곳으로부터 뚝 떨어진 존재라는 인상을 줍니다.

이 책은 무리수 e의 역사적 배경을 상세히 소개함으로써 그런 막연한 거리감을 해소해줍니다. e의 역사에서 중요한 역할을 담당한 많은 인물들의 삶의 기록을 이 책에서 확인할 수 있습니다. 현대 수학의 각 분야는 이 수를 절대적으로 요구했고, 이에 따라 e는 현대 수학의 역사를 한걸음 한걸음 함께 만들어왔습니다. 현대 수학에서 하나의 수 e가 얼마나 중요한 역할을 했는지 새삼 깨닫게 됩니다. e의 개념에 대한 근본적인 내용과 더불어 오일러 상수 e의 위대함을 알 수 있는 책입니다.

 관련 학과

공학계열, 통계학과, 경제학과, 경영학과

 후속 활동으로 확장하기

현수선의 방정식 탐구하기
● 관련 내용: 지수함수와 로그함수
현수선의 방정식은 $y = \dfrac{e^{ax} + e^{-ax}}{2a}$ (단, a는 상수)이다. $a = 1$일 때 현수선의 방정식은 $y = \dfrac{e^x + e^{-x}}{2}$ 이다. 미분을 이용하지 않고 지수함수의 그래프의 특성을 가지고서 이 그래프를 그려보고, 산술기하평균을 이용해 함수의 최솟값이 그래프와 일치하는지 탐구해본다.

몬모루의 문제 탐구하기
● 관련 내용: 확률
몬모루의 문제(네 사람에게 편지를 쓰고, 봉투 네 장에 받는 사람 이름을 썼다. 네 통의 편지를 무작위로 한 통씩 봉투에 넣을 때, 모든 편지가 보낼 곳과 다른 봉투에 넣어질 확률을 구하시오.)를 통해서 무리수 e를 발견하여 유도하는 수학실험 과제를 연구하고 분석하여 발표한다.

e가 무리수임을 귀류법으로 증명하기
● 관련 내용: 미적분
e가 무리수임을 귀류법(명제의 결론을 부정한 다음, 가정 또는 일반적인 사실에 모순이 됨을 보임으로써 결론이 참임을 증명하는 방법)을 통해서 증명하는 과정을 탐구하고 발표한다.

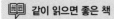 **같이 읽으면 좋은 책**

《파이의 역사》(페트르 베크만 | 경문사 | 2021. 11.)

《 x 의 즐거움》

스티븐 스트로가츠 | 웅진지식하우스 | 2014.07.

수학을 안다는 것이 이토록 즐거울 줄이야

수학에서 아주 중요하면서 널리 쓰이는 개념들을 쉽게 소개하는 책입니다. 수학과 친해질 마음이 있다면 친절한 설명을 천천히 즐기며 재미있게 읽을 수 있습니다. 이 책의 목적은 부족한 수학 실력을 보충하기 위한 것이 아닙니다. 수학이란 무엇이며, 수학을 이해하는 것이 왜 그토록 즐거운 일인지 깨닫게 하는 것이 주된 목적입니다.

어린 시절 손가락을 꼽으며 숫자 세는 법을 처음 익히던 놀라운 깨달음의 순간을 상기시켜주는가 하면, 소수를 설명할 때는 자신과 1로만 나누어지는 '쓸쓸하고 신비로운 수'라고 표현합니다.

산술부터 대수학, 기하학, 미적분학, 확률과 통계까지 수학의 전체 분야를 폭넓게 담았으며, 참신한 비유와 설명으로 어렵기만 하던 수학을 그야말로 즐거운 시선으로 바라보도록

돕습니다. 고등학교 교육과정에서 배우는 조건부확률이나 이
차곡선 등도 다루고 있어 실제 공부와도 접목할 수 있습니다.
재미와 실용성을 모두 담은 책으로, 학생들이 가볍게 읽을 만
합니다.

🏛 관련 학과

공학계열, 소프트웨어학과, 물리학과

🖐 후속 활동으로 확장하기

복소수의 실생활 적용하기
● 관련 내용: 방정식과 부등식
복소수 개념이 실생활에 적용되는 예들에 대해 조사하고 발표한다.

알지오매스 블록코딩으로 사인함수의 그래프 그리기
● 관련 내용: 삼각함수
단위원을 이용하여 사인함수의 그래프를 그리는 원리를 바탕으로, 알지오매스
블록코딩을 통해 사인함수의 그래프를 그리는 과제를 연구한다.

급수의 특성 탐구하기
● 관련 내용: 수열의 극한
급수 $1 - \frac{1}{2} + \frac{1}{3} - \frac{1}{4} + \frac{1}{5} - \frac{1}{6} + \cdots$ 은 수렴한다. 항이 유한개인 경우에는 덧셈에 대
한 교환법칙과 결합법칙이 성립하지만, 급수의 경우에는 성립하지 않음을 이 예
제를 통해 나타내는 과정을 탐구한다.

📖 같이 읽으면 좋은 책

《미적분의 힘》(스티븐 스트로가츠 | 해나무 | 2021. 09.)

《수학의 쓸모》

닉 폴슨 · 제임스 스콧 | 더퀘스트 | 2020. 04.

인공지능 시대,
우리에게는 여전히 수학이 필요하다

인공지능 AI 시대로 향해가는 사회 속에서 사람들은 말합니다. 인간은 기계처럼 정확한 판단과 의사결정을 하지 못하므로, 이제 기계가 인간의 역할을 대신하게 될 것이라고. 그러니 우리가 수학을 직접 배울 필요가 뭐가 있느냐고. 하지만 이 책은 '우리에게는 여전히 수학이 필요하다'고 주장합니다.

세상을 바꾸는 AI 뒤에는 수학이 있습니다. AI 개발자의 역할은 알고리즘에 무엇을 할지 가르쳐주는 것이 아닙니다. 통계와 확률의 규칙을 이용해, 무엇을 할지 스스로 배우는 방법을 가르쳐주는 것입니다.

그것이 바로 인간을 오늘날의 수준으로 이끈 수학적 아이디어입니다. 이렇게 기술적 요인과 하나의 중요한 아이디어가 결합하여 현재의 초신성과 같은 폭발이 일어났음을 책은 설명합니다. 또한 '똑똑한 기계'는 '똑똑한 사람'이 필요하다는 사실을 강조합니다.

지성과 기술이 결합할 때 인간이 얼마나 위대해질 수 있는지를, 그런 의미에서 수학은 여전히 얼마나 쓸모 있는지를 학생들도 이 책을 통해 느낄 수 있다면 좋겠습니다.

🏛 관련 학과

공학계열, 통계학과, 경제학과, 경영학과

✊ 후속 활동으로 확장하기

최소제곱법의 논쟁사 조사하기
● 관련 내용: 통계
최소제곱법에 대해서는 우선권 논쟁이 있었다. 최초로 정립한 사람은 위대한 독일 수학자 가우스였지만 프랑스의 수학자 르장드르가 그 방법을 처음 발표했다. 관련 수학사에 대해 조사하고 발표해보자.

베이즈 정리 탐구하기
● 관련 내용: 확률
베이즈 정리에 대해 설명하고 이것이 사용되는 수학적인 예에 대해서 주제를 선정해 탐구하고 발표한다.

알파고의 확률 시뮬레이션 알아보기
● 관련 내용: 확률
알파고에 사용된 확률 시뮬레이션 기법을 과제로 선정하여 내용을 이해하고 연구한다.

📖 같이 읽으면 좋은 책

《수학이 일상에서 이렇게 쓸모 있을 줄이야》(클라라 그리마 | 하이픈 | 2018. 12)

《이 문제 풀 수 있겠어?》

알렉스 벨로스 | 북라이프 | 2018. 08.

125개의 퍼즐과 함께하는 '즐거운 고통'의 시간

이 책은 고대부터 현대까지 지난 2,000년 동안의 퍼즐 중에서 125편을 엄선한 퍼즐 모음집입니다. 쉽게 풀리는 퍼즐도 있고 꽤 오랜 시간이 걸리는 퍼즐도 있습니다. 나라마다 전통적으로 전해 내려오는 수수께끼도 있고, 현대의 최고 수학자들이 고안해낸 문제도 있습니다. 심지어 전 세계 2퍼센트만 풀 수 있다고 하는 아인슈타인이 만든 문제도 포함됩니다.

퍼즐의 기원과 여기 얽힌 흥미로운 역사도 함께 엮어서 읽을 거리가 풍성한 책입니다. 이 책에 실린 퍼즐을 푸는 데는 창의적인 발상과 논리적 사고가 필요할 뿐 어려운 수학 이론은 필요하지 않습니다.

저자는 설명하기를, 퍼즐이 우리에게 기쁨을 주는 이유는 무언가로부터 의미를 발견하기 때문이라고 합니다. 단순한 소일거리처럼 보일지 몰라도, 그 풀이에 사용되는 전략들은 살면서 마주하는 다양한 문제들과 맞서는 데 필요한 능력과도 맞닿아 있습니다.

머리를 싸매고 퍼즐을 풀어내는 연습을 할 때 문제해결력이 향상되어 수업 시간에 배우는 개념과 문제들도 좀 더 유연하게 해석하고 이해할 수 있습니다. 이 책과 씨름하면서 창의적인 수학적 아이디어들도 덤으로 챙겨보길 권합니다.

🏫 관련 학과

공학계열, 통계학과, 경제학과, 경영학과

🖐 후속 활동으로 확장하기

사다리 타기를 합성함수로 설명하기
- 관련 내용: 함수

'사다리 타기'는 일상에서 찾을 수 있는 일대일 대응의 손쉬운 예다. 두 종류 이상의 사다리 타기 게임을 연결시키는 것이 가능할 때, 이를 합성함수와 관련지어 설명하는 것을 탐구해본다.

조합과 중복조합의 개념 이해하기
- 관련 내용: 경우의 수

– 경우의 수에서 최단 거리 문제를 '같은 것이 있는 순열'의 개념이 아닌, 조합 개념을 이용하여 풀이하는 방법에 대해 탐구하고 발표한다.
– 중복조합의 개념을 이해할 때 셀 방법(직사각형을 작은 칸으로 나누어 문제를 해결하는 방법)을 이용해서 공식을 유도해보고 관련 문제를 해결하는 과정을 탐구한다.

📖 같이 읽으면 좋은 책

《숫자 없는 수학책》(마일로 베크먼 | 시공사 | 2021. 09.)

공포의 미적분이 만만해지는 책

학생들 중에는 미적분 단원에 대해 막연한 부담감을 넘어 공포를 느끼는 경우가 적지 않습니다. 이 책은 미적분 개념을 재미있게 이해하고, 미적분을 일상 속 여러 가지 상황에 대입하여 문제를 해결해보는 책입니다. 다변수함수의 미분, 중적분, 곡면적분, 급수 등 이 책에서 다루지 않은 내용들도 있지만 미적분의 개념만 이해하면 모두 혼자서도 공부할 수 있는 분야입니다.

총 10장에 걸쳐 실생활 속 주제를 선정하여 그 안에 숨어 있는 미적분의 원리를 설명합니다. '복사집에서 방대한 양의 책을 축소 복사할 때 복사 용지가 얼마만큼 필요할까?', '주식 시장에서 어떤 주식의 가치가 올라갈지 떨어질지 어떻게 예측할 수 있을까?' '술을 마셨을 때 알코올이 체내에 어떻게 분포될까?' 모두 미적분을 응용하여 어렵지 않게 풀 수 있는 문제들입니다.

수업 시간에 배운 내용을 좀 더 확장하여 설명하기 때문에 수학에 대한 이해의 폭을 넓히고 수학의 재미를 느껴보는 좋은 경험이 될 듯합니다. 특히 제시된 심화 문제를 해결하면서 성취감을 얻을 수 있으며 수학적 역량을 향상시킬 수 있으리라 생각합니다.

 관련 학과

공학계열, 경제학과, 경영학과

후속 활동으로 확장하기

미분가능성과 로피탈 정리 탐구하기
●관련 내용: 미분법
– 그래프가 매끄럽게 연결되어 있어도 미분가능하지 않을 수 있다. 즉 함수 $f(x)$ 가 $x = a$에서 미분가능하면 곡선 $y = f(x)$ 위의 점 $(a, f(a))$에서의 접선이 존재하지만 그 역은 성립하지 않는다. 역이 성립하지 않는 예를 찾아 탐구해본다.
– 극한에서 부정형의 문제를 해결할 때 로피탈의 정리가 사용된다. 이를 코시의 평균값 정리를 이용하여 증명하는 과정을 탐구한다.

테일러 공식으로 함수 나타내기
●관련 내용: 미분법
테일러 공식을 이용하여 e^x을 표시해보고 테일러 공식을 이용하여 $\sin x$를 표시해본다. 이 밖에도 테일러 공식을 이용해서 나타낼 수 있는 함수는 어떤 것들이 있는지 탐구한다.

📖 같이 읽으면 좋은 책

《뉴턴이 들려주는 미분1 이야기》(김승태 | 자음과모음 | 2009. 06.)
《뉴턴이 들려주는 미분2 이야기》(김승태 | 자음과모음 | 2009. 06.)
《리만이 들려주는 적분1 이야기》(차용욱 | 자음과모음 | 2007. 11.)
《리만이 들려주는 적분2 이야기》(전현정 | 자음과모음 | 2010. 03.)

BOOK 95

《페르마의 마지막 정리》

사이먼 싱 | 영림카디널 | 2022. 07.

350년간 전 세계 수학자들을 사로잡았던 하나의 문제

이 책은 고대 그리스 수학자, 피타고라스의 이야기로부터 시작됩니다. 시간이 흘러 17세기 프랑스의 아마추어 수학자 페르마^Pierre de Fermat가 피타고라스의 정리에서 파생된 문제 하나를 불쑥 던지고, 이후 350년 동안 수많은 수학자들이 번뇌한 끝에 마침내 영국의 앤드루 와일즈^Andrew John Wiles가 페르마의 마지막 정리를 증명해내는 이야기로 끝맺습니다.

저자는 페르마의 마지막 정리와 관련한 수학적 개념들을 설명할 때 되도록 방정식을 쓰지 않으려 했으며, 어쩔 수 없이 수식을 쓰는 경우에는 수학의 문외한도 이해할 수 있을 정도로 충분히 설명을 곁들였습니다.

페르마의 마지막 정리가 증명된 사건은, 당장 눈앞에 보이는 결과물을 놓고 그 가치를 판단하려고 하는 우리의 성급한 마음에 잠시나마 제동을 걸고 순수과학의 존재 이유를 다시 한번 되돌아보게 합니다.

수학 개념들은 유기적으로 연결되어 있습니다. 하나의 수학적 개념을 증명하기 위해서는 여러 수학 개념들을 적용해야 하는 경우가 많습니다. 페르마의 마지막 정리에 답을 얻기 위해 수많은 수학자들이 쏟았던 350년의 시간과 열정에 대해 생각해보는 시간이 되었으면 합니다.

🏛️ 관련 학과

공학계열, 소프트웨어학과

🎋 후속 활동으로 확장하기

정수론의 수학사 탐구하기
● 관련 내용: 방정식과 부등식
정수론의 수학사에 대한 전반적인 내용을 정리해보고 그 흐름과 인과관계를 탐구한다.

지오지브라로 피타고라스의 정리 증명하기
● 관련 내용: 도형의 방정식
피타고라스의 정리를 공학적 도구인 지오지브라로 넓이 개념을 적용하여 구현해 증명하는 과정을 탐구한다.

피타고라스의 3중수 명제 증명하기
● 관련 내용: 방정식과 부등식
'피타고라스의 3중수(세 개의 정수들로 이루어진 집합으로서 이들 중 한 수를 제곱한 값이 나머지 두 개의 수를 각각 제곱하여 더한 값과 일치하는 수이다)는 무수히 많다'를 증명해본다.

3점선 추론 증명하기

● 관련 내용: 도형의 방정식

3점선 추론(임의의 도형에 포함된 모든 선들이 적어도 세 개 이상의 점을 지나가도록 만드는 것은 불가능하다)을 그림을 통해 증명해본다.

📖 **같이 읽으면 좋은 책**

《수학의 천재들》(윌리언 던햄 | 경문사 | 2004. 02.)

**BOOK
96**

《처음 시작하는 만화 통계학》

오오가미 타케히코 | 반니 | 2020. 03.

만화로 쉽고 재미있게 배우는 개념 통계학

'만화 통계학'이라는 제목처럼 만화가 절반을 차지하는 책입니다. 통계의 개념을 몇 컷의 만화로 보여준 다음 글로 차근차근 설명합니다. 특히 중요하고 어려운 부분이 만화와 함께 강조되어서 쉽고 재미있게 이해할 수 있습니다.

또 한 가지 이 책의 장점은, 소개된 통계 개념의 범위가 상당히 적절하다는 것입니다. 고등학교 '확률과 통계' 단원에 수록된 내용과 구성이 거의 유사하며 추가로 푸아송 분포와 t분포, 카이제곱분포 정도가 소개되어 있습니다. 사실 고등학교에서 배운 정규분포로만으로는 실생활 속 다양한 현상을 설명하기에 부족하므로, 책에서 소개하는 분포를 함께 알아두고 사용하면 매우 유용할 듯합니다.

책의 마지막 장에서는 '추측 통계학의 꽃'이라고 불리는 가설검정을 다룹니다. 가설검정은 과거 교육과정에 포함되었지만 현재는 제외되었습니다. 추측 통계의 목적이 여기에 있다고 할 정도로 의미 있는 부분이므로, 학생들도 읽어두면 좋겠습니다.

🏛 관련 학과

통계학과, 경영학과, 모든 학과

🖐 후속 활동으로 확장하기

정규분포의 특징과 식의 매칭
● 관련 내용: 통계
정규분포의 확률밀도함수 식은 복잡해서 기억하기 어렵다. 정규분포의 네 가지 성질을 알아보고, 이를 만족하는 확률밀도함수를 거꾸로 유도해가는 과정을 탐구한다.

푸아송 분포
– 1년에 평균 5번 교통사고가 나는 도로에서 1년 동안 7번 교통사고가 일어날 확률을 구하려 한다. 교통사고는 일어나거나 일어나지 않거나의 양자택일 상황이라 이항분포를 적용해도 될 것 같지만, 적용할 수 없는 이유가 있다. 그 이유를 찾아서 푸아송 분포를 언제 사용하는지 이해한다.
– 푸아송 분포를 적용하는 상황에서, 이항분포의 확률밀도함수로 포아송분포의 확률밀도함수를 유도해가는 과정을 탐구한다.

t분포
– 고등학교 확률과 통계에서는 '표본을 추출하여 모평균을 추정할 때, 모표준편차 σ값을 모르는 경우 표본표준편차 s를 대신 사용해도 좋다.'라고 되어 있다. 하지만 이런 경우에는 정규분포보다 다른 분포를 사용하는 것이 더 정확한데, t분포를 언제, 어떻게 사용하는지에 대해 이해한다.
– 표본 분산을 구할 때, n이 아닌 $n-1$로 나누는 이유를 이해한다.

📖 같이 읽으면 좋은 책

《스토리가 있는 통계학》(앤드루 비커스 | 신한출판미디어 | 2020. 02.)

확률과 통계의 두 가지 얼굴을 읽는다

학교에서 배운 기술적인 확률과 통계의 의미를 알아보고, 한발 더 나아가 비판적 사고를 강조하는 책입니다. 통계값은 데이터의 의미를 잘 요약하고 있어, 이를 통해 우리는 상황을 판단하거나 질문에 답을 할 때 더 정확해질 수 있습니다. 통계는 더 나은 의사 결정을 하는 데도 도움을 줍니다.

하지만 저자는 "통계로 거짓말하기는 쉬워도, 진실을 말하기는 어렵다"고 말합니다. 과하게 확대하거나 틀리게 해석하면, 통계는 문제를 일으킬 수 있습니다. 그래서 책은 다양한 예시를 통해 확률과 통계를 어떻게 해석해야 하고, 한계는 무엇인지에 대해 생각할 거리를 던집니다.

넷플릭스가 내 영화 취향을 알아내는 법, 시험에서 부정행위를 판별하는 법, 일류대학 학위와 소득의 관계 등 호기심을 자극하는 사례들을 접할 수 있으며, 확률과 통계에 관한 유명한 사건들을 통해 '통계학적 사고'의 매력을 느낄 수 있습니다.

 관련 학과

통계학과, 경영학과, 스포츠 과학과, 정치학과

 후속 활동으로 확장하기

확률을 이용한 이색 마케팅
● 관련 내용: 확률
– 1981년 슐리츠 맥주는 생방송으로 경쟁사인 미켈롭 맥주와 블라인딩 맛 테스트를 진행했다. 슐리츠 맥주의 맛이 경쟁사보다 뛰어나지 않은 상황에서, 이러한 마케팅은 어떤 확률적인 전략을 바탕으로 설계된 것인지 분석한다.
– 마케팅이 성공할 확률을 이항분포와 정규분포를 이용하여 계산하고, '큰 수의 법칙'의 의미를 탐구한다.

중심극한 정리
● 관련 내용: 통계
– 표본조사를 통한 결과를 전체 모집단으로 일반화할 수 있는 놀라운 힘은 중심극한 정리에서 나오는데, 이를 다양한 사례로 이해한다.
– 모집단 분포에 관계없이 표본평균이 정규분포를 가지는 세 가지 이유를 직관적인 개념으로 설명하고, 중심극한 정리를 모의실험 할 수 있는 사이트에서 모집단과 표본의 크기를 변화시키면서 결과를 확인한다.

통계적 문제점이 있는 기사 찾기
● 관련 내용: 통계
상관계수는 인과관계를 내포하지 않기 때문에, 상관관계가 있다고 해서 한 변수에서 일어난 변화가 다른 변수를 변화시키는 것은 아니다. 그런데 상관관계를 인과관계처럼 설명하는 자극적이고 과장된 기사를 쉽게 찾을 수 있다. 이처럼 자료를 잘못 해석한 다양한 기사를 수집하여, 올바른 통계 개념을 소개한다.

같이 읽으면 좋은 책

《통계의 거짓말》(게르트 보스바흐·옌스 위르겐 코르프 | 지브레인 | 2019. 12.)

《새빨간 거짓말, 통계》

대럴 허프 | 청년정신 | 2022.01.

통계가 어떻게 사람을 속일 수 있는지 알려주는 책

통계가 항상 사실을 그대로 전달하는 것은 아닙니다. 통계를 어떻게 작성하느냐에 따라 그 결과가 달라지기 때문입니다. 그래서 통계학은 증거를 중요시하는 현대의 문화에 스며들어, 사람들을 선동하거나 혼란에 빠뜨리곤 합니다. 특히 사물을 과장하거나 극도로 단순화하는 용도로도 통계는 자주 이용됩니다.

사회나 경제의 동향, 기업의 경영 상태, 여론조사, 국제 조사 등 방대한 데이터를 기록하는 데 있어 통계적 방법과 통계적 용어는 결코 없어서는 안 되는 수단입니다. 그러나 발표자들이 그 용어를 정직하게 사용할 때, 그리고 대중들이 사용된 용어의 뜻을 올바르게 이해할 때만이 통계가 본연의 역할을 다할 수 있습니다. 그렇지 않다면 통계 결과는 황당한 말장난에 그치게 될 것입니다.

이 책은 통계로 어떻게 사람을 속일 수 있는지를 보여줍니다. 확률과 통계 내용을 생활에 적용할 때 어떤 오류가 일어날 수 있는지를 자세히 언급하고 있어 올바른 통계적 지식을 갖추고 비판적 사고를 키우는 데 유용한 책입니다.

🏛 관련 학과

공학계열, 빅데이터학과, 통계학과, 경제학과, 경영학과

🤚 후속 활동으로 확장하기

표본추출 방법과 통계적 추정 탐구하기
● 관련 내용: 통계
– 층화추출법, 집락추출법, 체계적 추출법 등 여러 가지 표본추출 방법들에 대해 탐구하고 발표한다.
– 통계적 추정에서 '모평균 m의 신뢰도 95%의 신뢰구간'의 뜻을 설명하고 신뢰도 99%보다 신뢰도 95%를 더 많이 사용하는 이유에 대해서 탐구한다.

여론조사 오차 범위 증명하기
● 관련 내용: 통계
신문기사에 나온 여론조사를 발췌하여 그 기사에 명시된 오차 범위의 수치를 증명하고 그 뜻을 설명해본다. 여론조사가 통계적으로 문제가 없는지 연구한다.

📖 같이 읽으면 좋은 책

《통계 속 숫자의 거짓말》(게르트 보스바흐 외 | 작은책방 | 2012. 02)
《괴짜가 사랑한 통계학》(그레이엄 테터솔 | 한겨레출판 | 2009. 09.)

《수학은 어떻게 문명을 만들었는가》

마이클 브룩스 | 브론스테인 | 2022. 09.

인간의 위대한 업적, 수학에 관한 역사 교양서

주거, 의료, 정치, 사업 등 인간이 생활하는 거의 모든 측면
은 수학적 바탕 위에 세워집니다. 인류는 수학을 통해 우리가
더 나은 경험을 누릴 수 있도록, 세상을 삶에 도움이 되는 쪽
으로 재구성합니다. 그렇게 인간의 뇌가 수학으로 작업해온
방식에 따라서 인류는 꾸준히 혜택을 입었습니다.

이 책은 인류의 조상이 수학을 배우고 체계화하여 오늘날
의 눈부신 문명을 이루기까지의 역사를 다룹니다. 고대 이집
트의 사제들과 중세 건축가들, 르네상스 시대 화가들을 거쳐
제2차 세계대전의 순간과 현대의 온라인 세상 인프라가 구축
되는 시기까지 수학이 어떻게 인류 문명과 역사에 관여했는
지를 흥미롭게 서술합니다.

산술, 기하학, 대수학, 미적분학, 로그, 허수, 통계, 정보이
론을 주제로 하는 각 장은 수업 시간에 교과서로 배운 딱딱한

내용을 재미있는 소설처럼 펼쳐 보여주어서 수학의 위대함을 배울 수 있습니다. 수학자란 "플라톤식 풍경에서 발견을 해내는 탐험가"라기보다 "특정 주제를 창조하는 예술가"로 보아야 한다는 저자의 이야기를 곱씹어 본다면 좋겠습니다.

🏛 관련 학과

공학계열, 통계학과, 경제학과, 경영학과

✍ 후속 활동으로 확장하기

지수적 성장과 네이피어의 로그 계산법 탐구하기
● 관련 내용: 지수함수와 로그함수
– 지수적 성장 편향(지수적, 즉 기하급수적이라는 말을 이해하지 못한다는 것이다)이 전염병 분석 및 예측에 적용되면 잘못된 경계심이 생긴다. 우리나라의 코로나19 일일 신규 감염 건수 자료를 발췌하여 수학적으로 올바르게 분석하여 설명해본다.
– 네이피어의 로그 계산법에 대해 조사하여 설명하고, 이를 이용하면 삼각형을 무한히 만드는 방법을 생각할 수 있다는 것을 탐구한다.

지오지브라로 푸아송분포 탐구하기
● 관련 내용: 통계
연속확률변수의 대표적인 확률분포인 정규분포는, 수많은 독립 요인이 측정 대상에 아주 적은 영향을 미칠 때에 해당한다. 데이터 분포를 다른 방법으로 나타내는 확률 분포로 푸아송분포가 있다. 지오지브라 확률 기능을 이용하여 푸아송분포 그래프를 그려서 확률변수의 값에 따라 확률값이 어떻게 바뀌는지 살펴보고 그 의미를 탐구해본다.

💬 같이 읽으면 좋은 책

《세상은 수학이다》(고지마 히로유키 | 해나무 | 2008. 08)

BOOK 100

《수학이 좋아지는 수학》

알렉스 벨로스 | 해나무 | 2016. 08.

유쾌한 입담으로 풀어내는 수학 이야기

'수학은 유머'라고 저자는 말합니다. 그래서 알아들을 수 있어야만 웃을 수 있습니다. 유머와 마찬가지로 수학도 짜임새를 통해 결정타에 도달하는데, 이 순간 밀려드는 지적 만족감에 지금까지의 힘든 과정을 잊고 미소를 짓게 된다는 것입니다.

이 책은 수학으로 세상을 이해하는 법뿐 아니라 세상을 즐기는 법을 말하고자 합니다. 벤포드의 법칙을 통한 회계 부정 알아채기, 삼각함수를 통한 지구 반지름 구하기, 확률을 통한 최적 멈춤 이론, 지수적 성장 곡선과 붕괴 곡선으로 설명하는 현수선 등에 관한 이야기를 저자 특유의 유머러스한 입담과 함께 따라가다 보면 수학의 개념이 생각보다도 쉽고 유용하다는 생각이 절로 듭니다. 이 책을 읽고 수학이 조금이라도 더 좋아지는 경험을 하게 되기를 바랍니다.

수학과, 건축학과, 천문학, 물리학, 통계학과

🗯️ **후속 활동으로 확장하기**

이차곡선 실험
●관련 내용: 이차곡선
– 타원의 빛 반사 성질을 이용한 타원 당구대, 타원체 건축물의 소리 성질 등을
조사하고, 수학적으로 탐구한다. 타원체 조명을 만들어 다른 초점에 빛이 모이는
지 실험한다.
– 포물선의 빛 반사 성질을 이용한 손전등, 태양열 조리기 등을 조사하고, 수학
적으로 탐구해본다. 거울 시트지를 이용하여 포물면 태양열 조리기를 만들고, 음
식이 익는지 실험한다.

오일러 공식
●관련 내용: 수열의 극한
– 오일러 공식 $e^{i\pi} + 1 = 0$은 수학에서 중요한 수 5개가 연결된 공식이다.
e, i, π는 다른 탐구 분야에서 유래했지만, 오일러 등식에서 완벽하게 결합한다.
각각의 유래를 조사한다.
– 테일러 급수로 $e^x, \sin x, \cos x$를 표현하여 오일러 공식을 유도하고, 복소평면
으로 확장하여 오일러 공식의 의미를 파악한다. 또한 i^i과 같은 값을 탐구한다.

아르키메데스와 적분
●관련 내용: 적분법
고대 그리스의 수학자 아르키메데스는 구적법을 사용하여 π의 근삿값, 원의 넓
이, 포물선의 넓이를 구했다. 이는 적분의 개념과 일맥상통하는 것으로 적분 개
념의 원형이 되었다. 역사적 의미가 있는 이 방법들에 대해 탐구한다.

📖 **같이 읽으면 좋은 책**

《수학의 이유》(이언 스튜어트 | 반니 | 2002. 05.)

독서로 챙기는 생기부 사례

활용 도서	《한국사에서 수학을 보다》

[미분법, 적분법] 사이클로이드 곡선을 지오지브라를 이용하여 동적으로 움직여서 그려 원리를 파악해보고, 실생활에는 어떻게 적용되는지 탐구한다.

탐구물 작성 예시 일부

1. 사이클로이드의 정의 및 특성

1) 정의

사이클로이드^{Cycloid}는 원이 한 직선을 따라 구를 때 그 원 상의 고정된 한 점이 그리는 자취이다.

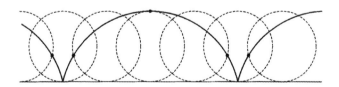

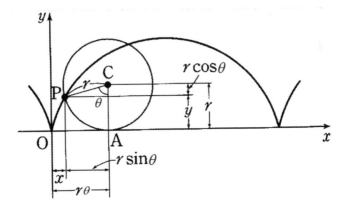

위의 그림은 원이 회전할 때 점 P가 그리는 자취이다. 이때 위 그림으로부터 점 $P(x, y)$의 좌표는 $x = r\theta - r\sin\theta = r(\theta - \sin\theta)$이고 $y = r - r\cos\theta = r(1 - \cos\theta)$로 나타낸다. 따라서 사이클로이드의 식은 다음과 같다.

$$\begin{cases} x = r(\theta - \sin\theta) \\ y = r(1 - \cos\theta) \end{cases}$$

2) 특성

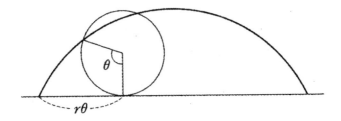

사이클로이드를 뒤집어 놓아 사이클로이드 곡면을 만든 후 높이가 다른 지점에서 각각 동시에 공을 굴리면 바닥에 도달하는 시간이 서로 같다. 이런 이유로 사이클로이드 곡선을 등시곡선이라 한다. 직선, 포물면, 사이클로이드 곡면의 같은 높이에서 동시에 공을 굴리면 사이클로이드 곡면의 공이 가장 먼저 바닥면에 도달하게 된다. 언뜻 생각하면 직선 경로가 거리가 짧아서 가장 먼저 도착할 것 같지만, 사이클로이드에서는 가속도에 의해 보다 빨리 속도가 증가하므로 거리가 길지만 먼저 도달하게 된다. 이런 이유로 사이클로이드 곡선을 최단강하곡선이라고 한다.

2. 사이클로이드의 지오지브라를 통한 탐구

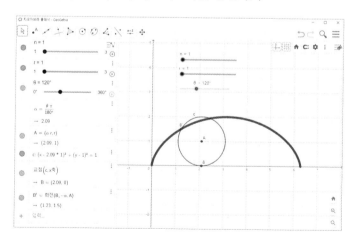

관계식 $\alpha = \dfrac{\theta\pi}{180\,°}$ 를 이용해 육십분법 각 θ를 호도법 각 α로 바꾼다. '점을 중심으로 회전' 기능을 이용한다. 회전시킬 대상 점 B를 선택한 후 중심점 A를 선택하고 각 $-\alpha$를 입력(반시계 방향)하여 점 B'을 나타낸다. 각 θ의 재생 버튼을 누르면 점 B'의 자취인 사이클로이드 곡선이 그려진다.

3. 사이클로이드의 실생활 적용 예

사이클로이드의 정의가 적용된 예는, 기차의 바퀴가 레일 위를 굴러갈 때 레일에 접하는 바퀴 위의 점은 사이클로이드를 그린다는 것이다. 또 한 가지 예로, 독수리는 먹이를 향해 낙하할 때 이 곡선 형태에 가깝게 낙하한다. 땅 위에 있는 먹이를 잡을 때 직선이 아닌, 최단 시간이 소요되는 곡선을 그리며 목표물로 향한다는 것이다. 또한 우리나라 전통 가옥의 기와 역시 사이클로이드를 뒤집은 곡선의 모양을 하고 있어 빗물로 인한 목조건물의 부식을 막는 데 최적화되어 있다.

지오지브라를 통한 사이클로이드 탐구하기 | 과세특 예시

'한국사에서 수학을 보다(이광연)'를 읽고 사이클로이드 곡선을 동적으로 이해하고 실생활 적용 예들에 대해서 탐구할 필요성을 느낌. 공학적 도구인 지오지브라를 이용해서 대수창에 수식을 입력하여 자취를 그리는 것을 시도하였으며, 이 과정에서 어려움을 느꼈지만 수학적 개념을 정확히 적용하는 노력 끝에 사이클로이드를 완성함. 급우들 앞에서 재생해서 구현하고 다른 실생활 적용 예들에 대해서 발표하여 좋은 평가를 받음.

이에 성취감과 자신감을 가지게 되었고 곡선을 움직여서 그리는 원리를 입체적으로 파악하게 됨. 또한 지오지브라로 수학 개념들을 시각화하고 수학 문제를 프로그래밍하는 능력과, 수학적 창의성이 향상됨. 나아가 적분을 적용하여 '사이클로이드의 한 호의 아랫부분의 넓이는 그것을 만드는 회전원의 넓이의 3배이고, 사이클로이드의 한 호의 길이는 회전원의 반지름의 8배임'을 깨닫는 심화 활동을 하여 수학적 사고의 깊이를 더함.

활용 도서	《수학이 좋아지는 수학》

[이차곡선] 포물선의 빛 반사 성질을 이용한 손전등, 태양열 조리기 등을 조사하고, 수학적으로 탐구해본다. 거울 시트지를 이용하여 포물면 태양열 조리기를 만들고 음식이 익는지 실험해본다.

보고서 작성 예시 일부

1. 포물선 정의 및 활용

1) 정의

평면 위의 한 점 F(초점)와 이 점을 지나지 않는 한 직선 l (준선)이 주어질 때, 점 F $(p, 0)$와 직선 l $(x = -p)$에 이르는 거리가 같은 점들의 집합이 포물선이다. 초점을 지나고 준선에 수직인 직선을 포물선의 축, 포물선과 축의 교점을 포물선의 꼭짓점이라고 한다.

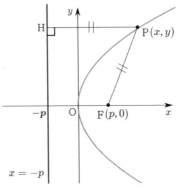

포물선의 방정식:
$$y^2 = 4px$$

(포물선의 정의를 체험할 수 있는 포물선 종이접기)

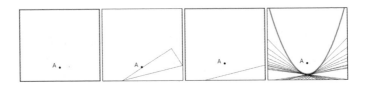

2) 포물선의 빛 반사 원리에 대한 수학적 탐구

포물선의 축과 평행하게 들어온 모든 빛은 반사되어 초점으로 모인다.

[증명]

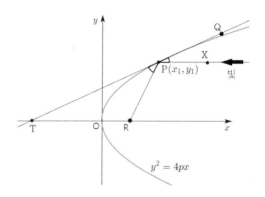

빛이 포물선의 축과 평행하게 들어온다고 하자. 빛이 포물면과 만나는 점을 $P(x_1, y_1)$, 반사되어 x축과 만나는 점을 $R(r, 0)$, 포물선 위의 점 P에서의 접선을 직선 PQ, 직선 PQ가 x축과 만나는 점을 T라고 하자. 그러면 $y_1^2 = 4px_1$ ···㉠ 이고, 직선 PQ의 접선의 방정식은 $y_1 y = 2px + 2px_1$, 점 T의 좌표는 $(-x_1, 0)$이다.

빛은 반사될 때 입사각과 반사각이 같으므로 $\angle TPR = \angle QPX$이다. 또한 빛과 x축이 평행하므로 $\angle QPX = \angle PTR$ 이고, $\triangle PTR$은 이등변삼각형이므로 $\overline{RP} = \overline{RT}$ 이다.

즉, $(x_1 - r)^2 + y_1^2 = (x_1 + r)^2$이다. 이를 정리하면

$r = \dfrac{y_1{}^2}{4x_1}$ 이고, ㉠에 의해 $r = p$이고, R = F 이다. 따라서 포물선에 의해 반사된 빛은 초점으로 모두 모이게 된다.

3) 활용 사례 조사

포물선의 빛 반사 성질은 두 가지 방향으로 활용된다. 첫 번째로 손전등이나 자동차의 전조등과 같이 빛을 내보낼 때, 초점에서 나간 빛은 축에 평행하게 반사되어 나가기 때문에 멀리까지 빛을 비출 수 있다. 자동차 전조등의 경우, 초점 위치에서 빛을 비추면 멀리까지 나아가기 때문에 상향등이 되고, 반대편 차의 눈부심을 적게 하기 위한 하향등은 초점의 위치를 옮겨서 바닥을 비추는 원리로 작동된다.

두 번째로 수신 안테나나 태양열 조리기와 같이 빛이나 전파를 받을 때, 축과 평행하게 들어온 모든 빛이나 전파는 초점에 모이게 된다. 그래서 약한 전파라도 한곳에 모아 강한 전파를 만들어낼 수 있고, 음식을 익힐 만큼의 태양 빛을 한곳으로 모을 수 있다.

4) 태양열 조리기 실험

ㄱ. 포물선의 빛 반사 성질을 정확하게 이해하고, 적당한 크기의 포물선을 지오지브라 등을 통해 그리고, 인쇄한다.

ㄴ. 여러 장의 하드보드지에 포물선을 따라 그리고, 이를

잘라 붙여 포물면을 만든다.

ㄷ. 포물면에 거울 시트지를 붙이고, 초점에는 음식물을 올려 놓을 지지대를 설치한다.

ㄹ. 날씨가 맑은 날, 그림자가 생기지 않는 방향으로 태양열 조리기를 설치하여 햇빛이 평행으로 들어오도록 하고, 베이컨 등이 정말 익는지 실험한다.

포물선의 빛 반사 성질을 적용한 태양열 조리기 실험 | 과세특 예시

'수학이 좋아지는 수학(알렉스 벨로스)'를 읽고 네 가지 이차곡선이 아폴로니우스의 원뿔곡선 연구를 통해 탄생하였다는 것을 알게 됨. 각각의 정의와 방정식의 형태에서 공통점과 차이점을 지적함으로써 통합적 이해와 직관력을 드러냄. 특히 책에서 간략히 언급된 포물선의 빛 반사 성질에 관해 추가로 탐구하여 증명한 내용이 논리적이고 명확함. 이를 활용한 사례를 조사한 후, 그중 태양열 조리기를 제작하여 음식물이 익는지를 시현함. 손으로 직접 제작하여 오차가 있었으나 실험에 성공함. 시중에 파는 실험 키트가 아닌, 시작부터 끝까지 직접 설계하고 제작한 결과물을 통해 수학에 대한 도전정신과 열정을 느낄 수 있었음.

인문사회 계열

《강원국의 글쓰기》 강원국 | 메디치미디어 | 2018. 06.
《강의》 신영복 | 돌베개 | 2004. 12.
《거꾸로 읽는 세계사》 유시민 | 창비 | 2019. 07.
《게으른 완벽주의자를 위한 심리학》 헤이든 핀치 | 시크릿하우스 | 2022. 08.
《관촌수필》 이문구 | 문학과지성사 | 2018. 09.
《공간의 미래》 유현준 | 을유문화사 | 2021. 04.
《공부머리 독서법》 최승필 | 책구루 | 2018. 05.
《공부의 미래》 구본권 | 한겨레출판 | 2019. 06.
《공정하다는 착각》 마이클 샌델 | 와이즈베리 | 2020. 12.
《광장》 최인훈 저 | 문학과지성사 | 2014. 12.
《괴짜 경제학》 스티븐 더브너 외 | 웅진지식하우스 | 2007. 04.
《교사와 학생 사이》 하임 G.기너트 | 양철북 | 2003. 11.
《교사 인문학》 황현산 외 | 세종서적 | 2017. 01.
《기묘한 미술관》 진병관 | 빅피시 | 2021. 09.
《긴즈버그의 차별 정의》 루스 베이더 긴즈버그 | 블랙피쉬 | 2021. 08.
《길 위에서 만난 독립운동가》 김학천 | 선율 | 2021. 04.
《그 많던 싱아는 누가 다 먹었을까》 박완서 | 웅진지식하우스 | 2021. 01.
《나는 생각하고 말하는 사람이 되기로 했다》 홍승우 | 웨일북 | 2021. 07.
《나는 여성이고 독립운동가입니다》 심옥주 | 우리학교 | 2019. 02.
《나는 풍요로웠고, 지구는 달라졌다》 호프 자런 | 김영사 | 2020. 09.
《난장이가 쏘아올린 작은 공》 조세희 | 이성과 힘 | 2000. 07.
《내가 만난 소년에 대하여》 천종호 | 우리학교 | 2021. 03.
《넛지》 리처드 탈러 · 캐스 선스타인 | 리더스북 | 2022. 06.
《누이를 이해하기 위하여》 김승옥 | 청아출판사 | 2002. 04.
《다시, 책으로》 매리언 울프 | 어크로스 | 2019. 05.
《다시, 책은 도끼다》 박웅현 | 북하우스 | 2016. 06.
《대통령의 글쓰기》 강원국 | 메디치미디어 | 2014. 02.
《도시는 왜 불평등한가》 리처드 플로리다 | 매일경제신문사 | 2018. 06.
《도시의 생존》 에드워드 글레이저 외 | 한국경제신문사 | 2022. 11)
《도시의 승리》 에드워드 글레이저 | 해냄 | 2021. 01.

《동물들의 위대한 법정》장 뤽 포르케│서해문집│2022. 09.

《동주, 걷다》김태빈│레드우드│2020. 12.

《땀 흘리는 소설》김혜진 외│창비교육│2019. 03.

《로봇 시대, 인간의 일》구본길│어크로스│2020. 05.

《마음의 법칙》폴커 키츠 외│포레스트북스│2022. 02.

《만화 경제학 강의》조립식·조윤형│길벗│2018. 12.

《만화로 보는 3분 철학》김재훈·서정욱│카시오페아│2022. 05.

《말의 무게》뮈시 미셸│초록서재│2022. 07.

《말의 품격》이기주│황소북스│2017. 05.

《메타버스》김상균│플랜비디자인│2020. 12.

《몰입의 즐거움》미하이 칙센트미하이│해냄│2021. 05.

《무심코 지나쳤던 우리동네 독립운동가 이야기》유정호│믹스커피│2022. 08.

《무엇이 행동하게 하는가》유리 그니지 외│김영사│2014. 06.

《문명의 붕괴》제레드 다이아몬드│김영사│2005. 11.

《문학 속의 지리 이야기》조지욱│사계절│2014. 05.

《문학의 숲을 거닐다》장영희│샘터│2022. 07.

《미끄러지는 말들》백승주│타인의사유│2022. 04.

《미디어 리터러시, 세상을 읽는 힘》강용철·정형근│샘터│2022. 04.

《미라클모닝》할 엘로드│한빛비즈│2016. 02.

《미래 사회 보고서》유기윤 외│라온북│2017. 10.

《방구석 미술관》조원재│블랙피쉬│2018. 08.

《백석을 읽다》전국국어교사모임│휴머니스트│2019. 06.

《빈곤의 연대기》박선미·김희순│갈라파고스│2015. 03.

《사유의 건축》최동규│넥서스BOOKS│2020. 11.)

《사회심리학이 이렇게 재미있을 줄이야》펠리치타스 아우어슈페르크│반니│2021. 08.

《삶의 무기가 되는 쓸모있는 경제학》이완배│북트리거│2019. 04.

《생각에 관한 생각》대니얼 카너먼│이창신 역│김영사│2018. 03.

《생각의 지도》리처드 니스벳│김영사│2004. 04.

《생각이 많은 10대를 위한 철학 사전》황진규│나무생각│2021. 08.

《서른세 번의 만남, 백석과 동주》김응교│아카넷│2020. 11.

《선량한 차별주의자》김지혜│창비│2019. 07.

《세계사를 바꾼 전염병 13가지》제니퍼 라이트│산처럼│2020. 03.

《소년을 위한 재판》심재광│공명│2019. 03.

《시민의 한국사》(1, 2권 세트) 한국역사연구회│돌베개│2022. 06.

《심리학의 오해》키이스 스타노비치│혜안│2013. 07.

《심리학이 이토록 재미있을 줄이야》류혜인│스몰빅인사이트│2021. 08.

《쓰기의 말들》은유│유유│2016. 08.

《아무도 의심하지 않는 일곱 가지 교육 미신》데이지 크리스토둘루│페이퍼로드│2018. 09.

《아주 작은 습관의 힘》제임스 클리어│비즈니스북스│2019. 02.

《아트인문학》김태진│카시오페아│2017. 08.

《아틀라스 세계사》김성환 | 사계절 | 2009. 09.

《아틀라스 한국사》송호정 외 | 사계절 | 2022. 09.

《아픔이 길이 되려면》김승섭 | 동아시아 | 2017. 09.

《알고 보면 반할 지도》정대영 | 태학사 | 2021. 11.

《어디서 살 것인가》유현준 | 을유문화사 | 2018. 05.

《어떤 양형 이유》박주형 | 모로 | 2023. 01.

《언어의 온도》이기주 | 말글터 | 2016. 08.

《언어의 줄다리기》신지영 | 21세기북스 | 2021. 05.

《엄마의 말뚝》박완서 | 세계사 | 2012. 01.

《여덟 단어》박웅현 | 북하우스 | 2013. 05.

《여섯 번째 대멸종》엘리자베스 콜버트 | 쌤앤파커스 | 2022. 11.

《역사란 무엇인가》E.H 카 | 까치 | 2015. 03.

《왜 법이 문제일까?》김희균 | 반니 | 2019. 09.

《왜 세계의 가난은 사라지지 않는가》장 지글러 | 시공사 | 2019. 01.

《왜 세계의 절반은 굶주리는가?》장 지글러 | 갈라파고스 | 2016. 03.

《요즘 소비 트렌드》노준영 | 솔로미디어 | 2022. 11.

《유럽 도시 기행 1》유시민 | 생각의길 | 2019. 07.

《유럽 도시 기행 2》유시민 | 생각의길 | 2022. 07.

《유튜브는 책을 집어삼킬 것인가》김성우 · 엄기호 | 따비 | 2020. 04.

《유혹하는 글쓰기》스티븐킹 | 김영사 | 2017. 12.

《윤동주를 읽다》전국국어교사모임 | 휴머니스트 | 2020. 02.

《이야기 세계지리》최재희 | 살림Friends | 2022. 03.

《이야기 한국지리》최재희 | 살림어린이 | 2016. 07.

《인간관계론》데일 카네기 | 현대지성 | 2019. 10.

《인간 본성의 법칙》로버트 그린 | 위즈덤하우스 | 2019. 07.

《인간 본성 불패의 법칙》로런 노드그런 외 | 다산북스 | 2022. 10.

《인간력》다사카 히로시 | 웅진지식하우스 | 2017. 05.

《인생의 역사》신영철 | 난다 | 2022. 10.

《일취월장》고영성 · 신영준 | 로크미디어 | 2017. 12.

《작별인사》김영하 | 복복서가 | 2022. 09.

《전염병의 지리학》박선미 | 갈라파고스 | 2022. 08.

《정의란 무엇인가》마이클 샌델 | 와이즈베리 | 2014. 11.

《존엄하게 산다는 것》게랄트 휘터 | 인플루엔셜 | 2019. 05.

《죽은 경제학자의 살아있는 아이디어》토드 부크홀츠 | 김영사 | 2009. 09.

《지구 끝 온실》김초엽 | 자이언트북스 | 2021. 08.

《지구는 괜찮아, 우리가 문제지》곽재식 | 어크로스 | 2022. 02.

《지리 선생님, 스크린에 풍덩!》전국사회과교과연구회 | 서해문집 | 2011. 07.

《지리의 힘》팀 마샬 | 사이 | 2016. 08.

《지리의 힘2》팀 마샬 | 사이 | 2022. 04.

《직업으로서의 소설가》무라카미 하루키 | 현대문학 | 2016. 04.

《진작 이렇게 책을 읽었더라면》장경철 | 생각지도 | 2020. 11
《착한 소비는 없다》최원형 | 자연과생태 | 2020. 10.
《책은 도끼다》박웅현 | 북하우스 | 2011. 10.
《철학의 역사》나이절 워버턴 | 소소의책 | 2019. 07.
《철학적 시 읽기의 즐거움》강신주 | 동녘 | 2010. 02.
《청소년을 위한 친절한 서양 철학사》박해용 · 심옥숙 | 문예춘추사 | 2021. 03.
《청춘의 독서》유시민 | 웅진지식하우스 | 2017. 07.
《최소한의 선의》문유석 | 문학동네 | 2021. 12.
《침묵의 봄》레이첼 카슨 | 김은령 역 | 에코리브르 | 2011. 12.
《카인의 후예》황순원 | 문학과지성사 | 2006. 02.
《코로나로 아이들이 잃은 것들》김현수 | 덴스토리 | 2020. 11.
《클라우스 슈밥의 제4차 산업혁명 THE NEXT》클라우드 슈밥 | 메가스터디북스 | 2018. 04.
《탈향》이호철 | 사피엔스21 | 2012. 07.
《트렌드 읽는 습관》김선주 · 안현정 | 좋은습관연구소 | 2020. 06.
《트렌드 코리아 2022》김난도 외 | 미래의창 | 2021. 10.
《트렌드 코리아 2023》김난도 외 | 미래의창 | 2011. 10.
《판결의 재구성》도진기 | 비채 | 2019. 04.)
《팩트풀니스》한스 로슬링 | 김영사 | 2019. 03
《페스트》알베르 까뮈 | 민음사 | 2011. 03.
《평균의 종말》토드 로즈 | 21세기북스 | 2021. 06.
《포노 사피엔스》최재붕 | 쌤앤파커스 | 2019. 03.
《포노 사피엔스 경제학》전승화 | 메가스터디북스 | 2019. 09.
《하란사》권비영 | 특별한서재 | 2021. 07.
《한 권으로 정리하는 4차산업혁명》최진기 | 이지퍼블리싱 | 2018. 05.
《행동경제학》리차드 탈러 | 웅진지식하우스 | 2021. 03.
《헌법 쉽게 읽기》김광민 | 인물과사상사 | 2017. 10.)
《헌법의 자리》박한철 | 김영사 | 2022. 09.
《호모 데우스》유발 하라리 | 김영사 | 2017. 05.
《EBS 다큐프라임 자본주의》정지은 · 고희정 | 가나출판사 | 2013. 09.
《10대에 작가가 되고 싶은 나, 어떻게 할까?》김은재 | 오유아이 | 2020. 11.
《10대와 통하는 노동 인권 이야기》차남호 | 철수와영희 | 2013. 01.
《1984》조지 오웰 | 민음사 | 2003. 06.

 과학 계열

《걱정 많은 어른들을 위한 화학 이야기》윤정인 | 푸른숲 | 2022. 09.
《공간의 미래》유현준 | 을유문화사 | 2021. 04.

《과학교과서, 영화에 딴지 걸다》이재진 | 푸른숲주니어 | 2004.03.
《과학자의 미술관》전창림 외 | 어바웃어북 | 2021. 03.
《곽재식의 세균 박람회》곽재식 | 김영사 | 2020. 02.
《광물, 그 호기심의 문을 열다》이지섭 | 동명사 | 2018. 03.
《나는 미생물과 산다》김응빈 | 을유문화사 | 2018. 04.
《내가 누구인지 뉴턴에게 물었다》김범준 | 21세기북스 | 2021.03.
《내가 만든 약이 세상을 구한다면》송은호 | 다른 | 2021. 08.
《데이터 과학자의 일》박준석 외 | 휴머니스트 | 2021. 10.
《도시를 움직이는 모든 것들의 과학》로리 윙클리스 | 반니 | 2020. 09.
《돌의 사전》야하기 치하루 | 지금이책 | 2020.12.
《두 번째 지구는 없다》타일러 라쉬 | 알에이치코리아 | 2020. 07.
《매일매일 유해화학물질》이동수 외 | 휴(休) | 2019. 03
《모두의 데이터 분석 with 파이썬》송석리·이현아 | 길벗 | 2019. 04.
《모두의 딥러닝》조태호 | 길벗 | 2022. 03.
《모든 사람을 위한 빅뱅 우주론 강의》이석영 | 사이언스북스 | 2017. 03
《무섭지만 재밌어서 밤새 읽는 화학 이야기》사마키 다케오 | 더숲 | 2022. 12.
《물리는 어떻게 진화했는가》알베르트 아인슈타인 외 | 서커스출판상회 | 2021. 03.
《물리학자는 영화에서 과학을 본다》정재승 | 어크로스 | 2012. 07.
《미드 보다 과학에 빠지다》안드레아 젠틸레 | 반니 | 2018. 03.
《미술관에 간 화학자》전창림 | 어바웃어북 | 2013. 02.
《병원에서 일하는 의료데이터과학자》김휘영 | 토크쇼 | 2021. 02.
《비커 군과 실험실 친구들》우에타니 부부 | 더숲 | 2018. 03
《비커 군과 친구들의 유쾌한 화학실험》우에타니 부부 | 더숲 | 2018. 09.
《빌 게이츠, 기후재앙을 피하는 법》빌게이츠 | 김영사 | 2021. 02.
《빛이 매혹이 될 때》서민아 | 인플루엔셜 | 2002. 02.
《사피엔스》유발 하라리 | 김영사 | 2015. 11.
《상상이 현실이 되는 순간》조엘 레비 | 행복 | 2020. 10.
《생명과학, 바이오테크로 날개 달다》김응빈 | 한국문학사 | 2021. 02.
《세상은 온통 화학이야》마이 티 응우엔 킴·김민경 | 한국경제신문사 | 2019. 09.
《세상을 바꿀 미래 과학 설명서》(1, 2, 3권) 안종제 외 | 다른 | 2017.07~12.
《세상을 바꿀 미래 의학 설명서》사라 라타 | 매직사이언스 | 2020. 02.
《수학 없는 물리》폴 휴이트 | 프로텍미디어 | 2017. 08.
《스파이크》마크 험프리스 | 해나무 | 2022. 06.
《시그널, 기후의 경고》안영인 | 엔자임헬스 | 2021. 05.
《십대를 위한 미래과학 콘서트》권용주 외 | 청어람미디어 | 2018. 10.
《아름답고 우아한 물리학 방정식》브뤼노 망술리에 | 클 | 2019. 03.
《암석의 미시 세계》정지곤 외 | 시그마프레스 | 2011. 02.
《얼음의 나이》오코우치 나오히코 | 계단 | 2013. 08.
《영화로 만나는 수학·과학》최은미 | 한남대학교출판부 | 2022. 08.
《오늘의 천체관측》심재철 외 | 현암사 | 2021. 11.

《오늘의 화학》 조지 자이던 | 시공사 | 2021. 04.
《우리 집에 화학자가 산다》 김민경 | 휴머니스트 | 2019. 03
《우주 미션 이야기》 황정아 | 플루토 | 2022. 09
《우주시대에 오신 것을 환영합니다》 켈리 제라디 | 혜윰터 | 2022. 08.
《우주의 끝을 찾아서》 이강환 | 현암사 | 2014. 04.
《우주론 1》 사토 카츠히코 외 | 지성사 | 2012. 07.
《우주론 2》 후타마세 토시후미 외 | 지성사 | 2014. 04.
《우주 패권의 시대, 4차원의 우주이야기》 이철환 | 새빛 | 2022. 10.
《위대하고 위험한 약 이야기》 정진호 | 푸른숲 | 2017. 08.
《유해물질 의문 100》 이토 가쓰히로 | 보누스 | 2016.12
《이기적 유전자》 리처드 도킨슨 | 을유문화사 | 2018. 10
《이상한 미래 연구소》 잭 와이너스미스 외 | 시공사 | 2018. 08.
《이토록 뜻밖의 뇌과학》 리사 팰트먼 배럿 | 더퀘스트 | 2021. 08.
《인공지능과 뇌는 어떻게 생각하는가》 이상완 | 솔 | 2022. 09.
《인류를 구한 12가지 약 이야기》 정승규 | 반니 | 2019. 05.
《인류세 쫌 아는 10대》 허정림 저 | 풀빛 | 2021. 10.
《인류에게 필요한 11가지 약 이야기》 정승규 저 | 반니 | 2020. 05.
《진정일 교수의 교실 밖 화학 이야기》 진정일 저 | 궁리출판 | 2022. 06.
《지구를 위한다는 착각》 마이클 셸렌버거 저 | 부키 | 2021. 04.
《지속가능한 미래를 위한 기후변화 데이터북》 박훈 저 | 사회평론아카데미 | 2021. 12.
《참탐구를 위한 천체 관측 활동》 최승언 외 저 | 교육과학사 | 2018. 09.
《천 개의 뇌》 제프 호킨스 저 | 이데아 | 2021. 05.
《최신 일반화학실험》 화학교재연구회 저 | 사이플러스 | 2022. 03.
《파란하늘, 빨간지구》 조천호 저 | 동아시아 | 2019. 03.
《플라스틱 수프》 미힐 로스캄 아빙 저 | 양철북 | 2020. 12.
《핵심 일반화학실험》 일반화학위원회 저 | 사이플러스 | 2022. 02.
《협력의 유전자》 니컬라 라이하니 저 | 한빛비즈 | 2022. 09.
《호킹이 들려주는 빅뱅 우주 이야기》 정완상 저 | 자음과모음 | 2010. 09.
《화학, 알아두면 사는 데 도움이 됩니다》 씨에지양 | 지식너머 | 2019. 03
《화학에서 인생을 배우다》 황영애 저 | 더숲 | 2010. 09
《AI 2041》 리카이푸 외 | 한빛비즈 | 2023. 01.
《SEASON 과학서평매거진》 갈다(주) 편집부 | 갈다
《SF, 시대 정신이 되다》 이동신 | 21세기북스 | 2022. 11.
《SF 크로스 미래과학》 김보영 외 | 우리학교 | 2017. 09.
《10퍼센트 인간》 앨러나 콜렌 | 시공사 | 2016. 02.
《2023 미래과학 트랜드》 국립과천과학관 | 위즈덤하우스 | 2022.11.

수학 계열

《고교수학의 아름다운 이야기》 마스오 | 수학사랑 | 2019. 03.
《괴짜가 사랑한 통계학》 그레이엄 테터솔 | 한겨레출판 | 2009. 09.
《뉴턴이 들려주는 미분1 이야기》 김승태 | 자음과모음 | 2009. 06.
《뉴턴이 들려주는 미분2 이야기》 김승태 | 자음과모음 | 2009. 06.
《다시, 수학이 필요한 순간》 김민형 | 인플루엔셜 | 2020. 08.
《더 이상한 수학책》 벤 올린 | 북라이프 | 2021. 03.
《리만이 들려주는 적분1 이야기》 차용욱 | 자음과모음 | 2007. 11.
《리만이 들려주는 적분2 이야기》 전현정 | 자음과모음 | 2010. 03.
《모든 것의 수다》 고계원 외 | 반니 | 2019. 07.
《물리가 쉬워지는 미적분》 나가노 히로유키 | 비전코리아 | 2018. 06.
《미술관에 간 수학자》 이광연 | 어바웃어북 | 2018. 02.
《미적분으로 바라본 하루》 오스카 E. 페르난데스 | 프리렉 | 2015. 01.
《미적분의 힘》 스티븐 스트로가츠 | 해나무 | 2021. 09.
《미적분학 갤러리》 윌리엄 던햄 | 한승 | 2011. 05.
《미치도록 기발한 수학 천재들》 송명진 | 블랙피쉬 | 2022. 07.
《박경미의 수학N》 박경미 | 동아시아 | 2016. 02.
《발칙한 수학책》 최정담 | 웨일북 | 2021. 06.
《벌거벗은 통계학》 찰스 윌런 | 책읽는수요일 | 2013. 10.
《복잡한 세상을 이기는 수학의 힘》 류쉐핑 | 미디어숲 | 2023. 01.
《새빨간 거짓말, 통계》 대럴 허프 | 청년정신 | 2022. 01.
《세계를 바꾼 17가지 방정식》 이언 스튜어트 | 사이언스북스 | 2016. 02.
《세상은 수학이다》 고지마 히로유키 | 해나무 | 2008. 08
《세상을 움직이는 수학 개념 100》 라파엘 로젠 | 반니 | 2016. 03.
《수학님은 어디에나 계셔》 티모시 레벨 | 예문아카이브 | 2019. 05.
《수학대백과사전》 구라모토 다카후미 | 동양북스 | 2020. 12.
《수학, 세계사를 만나다》 이광연 | 투비북스 | 2017. 01.
《수학으로 보는 4차 산업과 미래 직업》 박구연 | 지브레인 | 2019. 04.
《수학은 실험이다》 구로다 토시로 | 수학사랑 | 2014. 07.
《수학은 어떻게 문명을 만들었는가》 마이클 브룩스 | 브론스테인 | 2022. 09.
《수학은 우주로 흐른다》 송용진 | 브라이트 | 2021. 12.
《수학을 낳은 위대한 질문들》 토니 크릴리 | 휴먼사이언스 | 2013. 04.
《수학의 기쁨 혹은 가능성》 김민형 | 김영사 | 2022. 10.
《수학의 밀레니엄 문제들 7》 전대호 | 까치 | 2004. 02.
《수학의 쓸모》 닉 폴슨 외 | 더퀘스트 | 2020. 04.
《수학의 이유》 이언 스튜어트 | 반니 | 2002. 05.
《수학의 천재들》 윌리언 던햄 | 경문사 | 2004. 02.

《수학이 일상에서 이렇게 쓸모 있을 줄이야》 클라라 그리마 │ 하이픈 │ 2018. 12.

《수학이 좋아지는 수학》 알렉스 벨로스 │ 해나무 │ 2016. 08.

《수학, 인문으로 수를 읽다》 이광연 │ 한국문학사 │ 2014. 08.

《수학책을 탈출한 미적분》 류치 │ 동아엠앤비 │ 2020. 07.

《숫자 없는 수학책》 마일로 베크먼 │ 시공사 │ 2021. 09.

《스토리가 있는 통계학》 앤드루 비커스 │ 신한출판미디어 │ 2020. 02.

《암호 수학》 자넷 베시너 외 │ 지브레인 │ 2017. 07.

《야밤의 공대생 만화》 맹기완 │ 뿌리와이파리 │ 2017. 07.

《어메이징 수학》 수학사랑 │ 수학사랑 │ 2012. 07.

《오일리가 사랑한 수 e》 엘리 마오 │ 경문사 │ 2020. 08.

《위대한 수학자의 수학의 즐거움》 레이먼드 플러드 외 │ 베이직북스 │ 2015. 03.

《이런 수학은 처음이야》(1, 2, 3권 세트) 최영기 │ 21세기북스 │ 2022. 07.

《이 문제 풀 수 있겠어?》 알렉스 벨로스 │ 북라이프 │ 2018. 08.

《이상한 수학책》 벤 올린 │ 북라이프 │ 2020. 03.

《인생에도 수학처럼 답이 있다면》 하마다 히로시 │ 프리렉 │ 2020. 02.

《일상의 무기가 되는 수학 초능력-미적분 편》 오오가미 타케히코 │ 북라이프 │ 2019. 07.

《일상의 무기가 되는 수학 초능력-수학의 정리 편》 고미야마 히로히토 │ 북라이프 │ 2019. 07.

《일상의 무기가 되는 수학 초능력-확률 편》 노구치 데쓰노리 │ 북라이프 │ 2019. 07

《일하는 수학》 시노자키 나오코 │ 타임북스 │ 2016. 08.

《재밌어서 밤새 읽는 수학자들 이야기》 사쿠라이 스스무 │ 더숲 │ 2015. 04.

《지오지브라 무작정 따라하기》 최중오 │ 지오북스 │ 2020. 05.

《처음 배우는 딥러닝 수학》 와쿠이 요시유키 외 │ 한빛 미디어 │ 2018. 02.

《처음 시작하는 만화 통계학》 오오가미 타케히코 │ 반니 │ 2020. 03.

《최고의 수학자가 사랑한 문제들》 이언 스튜어트 │ 반니 │ 2020. 09.

《통계 속 숫자의 거짓말》 게르트 보스바흐 │ 작은책방 │ 2012. 02

《통계의 거짓말》 게르트 보스바흐 외 │ 지브레인 │ 2019. 12.

《파이의 역사》 페트르 베크만 │ 경문사 │ 2021. 11.

《페르마의 마지막 정리》 사이먼 싱 │ 영림카디널 │ 2022. 07.

《프로그래머, 수학으로 생각하라》 유키 히로시 │ 프리렉 │ 2018. 07.

《플랫랜드》 에드윈 A. 애보트 │ 늘봄출판사 │ 2009. 09.

《한국사에서 수학을 보다》 이광연 │ 위즈덤코리아 │ 2020. 06.

《C언어본색》 박정민 │ 프리렉 │ 2011. 01.

《x의 즐거움》 스티븐 스트로가츠 │ 웅진지식하우스 │ 2014. 07.

생기부 필독서 100

초판 1쇄 발행 2023년 3월 20일
개정판 1쇄 발행 2025년 4월 14일

지은이 주경아, 정재화, 방희조, 이재환, 이현규
펴낸이 정덕식, 김재현
펴낸곳 (주)센시오

출판등록 2009년 10월 14일 제300-2009-126호
주소 서울특별시 마포구 성암로 189, 1711호
전화 02-734-0981
팩스 02-333-0081
전자우편 sensio@sensiobook.com

디자인 LUCKY BEAR

ISBN 979-11-6657-198-5 13370

소중한 원고를 기다립니다. sensio@sensiobook.com

생기부
필독서
100